皮草人生

孫佐民自传

CCTP
中央编译出版社
Central Compilation & Translation Press

图书在版编目（CIP）数据

皮草人生 / 孙佐民著. —北京：中央编译出版社，2012.7

ISBN 978-7-5117-1429-9

Ⅰ. ① 皮…

Ⅱ. ① 孙…

Ⅲ. ① 孙佐民－传记

Ⅳ. ① K825.38

中国版本图书馆CIP数据核字(2012)第144644号

皮草人生

责任编辑	邓　彤
责任印制	尹　珺
出版发行	中央编译出版社
地　　址	北京西城区车公庄大街乙5号鸿儒大厦B座（100044）
电　　话	(010)52612345（总编室） (010)52612351（编辑室） (010)66161011（团购部） (010)52612332（网络销售） (010)66130345（发行部） (010)66509618（读者服务部）
网　　址	www.cctpbook.com
经　　销	全国新华书店
印　　刷	北京友谊印刷有限公司
开　　本	700毫米×1000毫米　1/16
字　　数	280千字
印　　张	24.75印张
版　　次	2012年7月第1版第1次印刷
定　　价	125.00元

凡有印装质量问题，本社负责调换，电话：(010)66509618

序言

我和学华结婚已有十七年之久。十七年来，我们朝夕相处，鹣鲽情深，尽情享受着爱的温暖、生活的甜蜜、人生的幸福。我如今八十四岁了，可感觉还像六、七十岁一样年轻。

大约十年前，学华就提出为我写传的想法，她认为我的人生是不平凡的，有各方面的经验值得后人了解和借鉴。可我想我只是个小买卖人，既没创出大事业，也没什么大贡献，做过一点小善事，实在觉得不足挂齿，因此并未放在心上。而学华从那时起就已开始做有关的准备工作，随时记录、收集我的资料，并陆续寄给李玉霞图书馆馆长屈林生整理保管。在她不断的劝说和鼓励下，我对此事逐渐产生了新的认识：如果我的人生经历能给人以启迪，那么我非常愿意去做这件事。

2007年11月，在温哥华的家中，我正式开始写我的回忆录。往事如昨，历历在目，思潮涌至，一气呵成。于2008年3月，真不敢想象我竟然能写出十余万字的回忆文稿。2008年5月，我们乘邮轮，在新加坡——迪拜的旅途中，学华早已准备了小录音机和拟定了大纲，她以采访的形式启发帮助我回忆了八十年的人生历程，制作了十六小时的访谈录音文件。这为本传的编写奠定了坚实的基础。

2008年9月，学华经过深思熟虑并征得我的同意，精心挑选了三位对我本人经历有较深了解的人，组建了文字整理小组。第一位是河北日报社记者吴艳荣小姐。她是枣强人，李玉霞教育基金会奖学金获得者，毕业于中国人民大学。她在大学读书时就曾写过采访我的文章。第二位是屈林生先生。他任李玉霞图书馆馆长多年，对我十分了解，为整理我的资料做了大量深入细致的工作。第三位是学华的胞姐张学采女士。我们已有十几年的交往。她曾在香港大公报及香港亚视任职，精通英文和粤语。文字整理小组成员在北京见面开会，确定了总体框架，安排分工，各负其责。

2010年2月，本传第一稿整理完成，书名《根在大营》。

由于艳荣的工作非常繁忙，2010年9月，我们特邀屈馆长的夫人张贵云女士加入，她是枣强县文化馆创作员，曾为某中学资深语文教师。他二人的合作非常有利于本传的顺利推进。2011年7月，第二稿整理完成，书名《皮革人生》。

经过我、学华、学采姐与其他各位字斟句酌、一丝不苟地反复求证修改，2012年2月，本传定稿。

此传记录了我一生的坎坷经历，有成功的经验，也有失败的教训，如果它确实对准备创业的年轻人有借鉴的作用和价值，我真感到此生没白活。在我有生之年还能为社会再做一点贡献，我心里十分地高兴。

我只读到初中一年级就辍学了，没学识，不会写，幸有学华支持鼓励，以及诸位的齐心协力、鼎力相助，才使本传得以面世。在此，我谨向为本传耗费了大量时间和心血的爱妻学华、艳荣、林生、贵云和学采姐表示衷心感谢！向为印刷出版发行此传做了大量工作的学江弟和他的团队表示衷心感谢！

经我屡次审阅，本传内容全部属实。因本人年事已高，记错说错之处在所难免，敬请海涵。

孙佐民

2012年2月

目录

Contents

目　录

Contents

目录

Contents

目录

Contents

目录

Contents

目录

Contents

目录

Contents

目录

Contents

第一章

在乱世中成长

一 故 乡

生逢乱世 1929年8月17日（农历7月13），冀南平原一个普通的村子——河北省枣强县大营镇后马庄，村子中段一个很深的胡同，胡同尽头的孙家，随着一个男婴呱呱坠地，一家人的欢笑声，喜庆的鞭炮声，飞快地传遍村子的每个角落，顿时全村都被笼罩在欢乐的气氛中。这个刚刚出生的男孩儿就是我。因前面是三个姐姐，我的到来，给这个家庭带来莫大的荣耀和快乐。按照家族辈份排序，长辈给我取名连义，后取号佐民。

我们的村子后马庄在大营正东，距大营有五六里的路程。

大营镇位于河北省枣强县南端，史属冀南古镇。大营的名字源于历史战争。明朝建文年间（1399—1402年），燕王朱棣从北平起兵，挥师南征夺天下。这一带曾是战地，兵马络绎，营垒遍设，生民惨遭洗劫，几绝炊烟。后来，官府从山西、山东等地向这一带大规模移民，于是就以大营、老小营、东小营、西小营、老官营等作为村名[1]。我们的村子后马庄是不是也跟这军营有关，是当年饲养战马的地方呢？这是我的猜想，无从考证它的

[1]王桓，焦广文，《大营皮毛志》，中国广播电视出版社，2009年，第32页。

真实。

小时候，家乡经常闹土匪，本地的土匪，还有山东德州一带的土匪，说不准什么时候就闯进村子烧杀抢夺。

一天晚上，我跟父亲去地里看庄稼，睡在窝棚里，半夜时分，忽然听到有土匪到南姚庄抢劫。他们在村里放火杀人，枪声喊杀声哭叫声连成一片，吓得我们一夜都没敢合眼。等到天亮了，嘈杂声渐渐平息下来，我们看见十多个穿灰军装的人排着队向大营镇方向走去。看来是政府派兵去清剿土匪了，昨晚的枪声大概是双方在交战吧。

为了抗击土匪，各村都组织有青年队、红枪会或白枪会。父亲是红枪会的队长。他们用大刀、短刀、红缨枪等做武器。很多村民还自发地组成联户，在房顶搭上木板桥以便相互照应。有的富户还备有土制手榴弹和长枪。

又一天晚上，一伙土匪流窜到我们村。他们砸开南街张家某大户的门，要烧要杀，逼着要钱，喊叫声让全村的人又惊又怕。天快亮的时候，土匪招呼同帮到我家来抢。他们进了胡同，胡同里的狗狂叫起来。情急之下，父亲上了房顶，叫邻居们都到房顶上来，并且大喊："拿手榴弹上来！""拿长枪上来！""拿快枪上来！"土匪们一听不妙，不敢冒进，迟疑片刻就逃走了。其实我们什么武器也没有，母亲搂着我和姐姐吓得胆战心惊，多亏父亲虚张声势吓跑了土匪，我家才侥幸逃过这一劫。

土匪除了抢劫钱财，有的还偷抢拐骗顺眼的小男孩，转手卖掉。那时乡下，没男孩的人家被称做绝户，不但别人瞧不起，自己也觉得低人一等，抬不起头来。没男孩的人家，有的就想办法买个小男孩回来收养，将来让他顶立门户。我7岁这年，土匪越闹越猖狂，为我的安全着想，父亲把我送到上海，寄养在二叔家。9岁时，因为母亲思儿心切，父亲把我从上海接了回来。在家住了半年，日军开始进犯大营，乡亲们的日子雪上加霜，内忧外患让人天天提心吊胆，不得安宁。形势所逼，父亲又把我送回上海。

在这次去上海的路上，我们又遭遇了土匪。

当时没有公共汽车，自行车也很少，去上海要步行到德州坐火车。从我们村到德州全程90里，大约要走一天。父亲经常外出，去北平，去上海，算是村里见过世面的人。每次外出，他总是带上三五个年轻同乡，帮他们在外面找工作，这次带了七八个。当走到村东清凉江一带时，父亲忽然发现前面高粱地里有人影攒动。这个地方常有土匪出没，他知道遇上抢劫的土匪了。父亲胆大心细，早有准备，马上小声吩咐大家都在头上包上白手巾，听他的号令，高呼着“一二三四”排队行走，如同八路军、游击队。土匪见势不妙，没敢轻举妄动。这一招又把土匪吓住了。父亲带着我们平平安安到达德州火车站，登上了去上海的火车。

世事难料，没想到我与家乡这一别就是几十年。

天下裘都　小时候，村里很多人家都做皮子生意，大营镇上皮局子（皮草店）一家挨着一家。父亲有时也倒卖点皮子，不过数量很少。他带我到大营赶集时，常去几家皮局子——宽大的宅院，院里养着雪白的小兔子，小兔子满地乱跑；屋里挂着各式各样的兔皮褥子、羊皮褥子……那情景至今依然历历在目。

皮草业是故乡的主要产业，而且故乡的皮草业源远流长。

据历史记载，约前11世纪，商末少师比干曾在大营一带为官，那时他就带领人们制作裘服了。大营东有清凉江，西有索泸河，当时三年两涝，纣王赋税又很重，再加上贪官污吏的横征暴敛，百姓们过着“身无御寒衣，家无隔夜粮”的苦日子。他们有的卖儿卖女求生存，有的举家外逃求活命，不少好地也都渐渐长满野草和荆棘，变成一片荒野，獾、兔、狐狸、黄鼠狼等野兽成群结队出没其中。比干到任后，看到这种情况，便贴出告示，发动百姓开荒种地，并规定：谁开的地归谁，10年内免缴钱粮。消息传出，百姓大受鼓舞，就连外出逃难的也都纷纷回来了。过了几年，一片片新开垦的土地上长满了绿油油的庄稼，一度荒凉之地又重现生机。但是，野兽经常糟蹋庄稼，祸害百姓，肆虐为患。于是比干就鼓励百姓打猎食肉，并将兽皮收集起来，反复泡制，使生硬的兽皮变成柔软的熟皮，然后又将不同色泽、不同毛眼的皮张分类缝制成裘服。他把熟皮制裘技艺在乡里广为传授，造福百姓，为人津津乐道。

后来，比干进朝为相，忠言谏君，声望极高。然而纣王荒淫无道，听信妲己谗言，比干竟被逼剖腹摘心而死。大营百姓不仅为比干的忠烈赤诚精神所感动，更因他传授制裘技艺而感恩戴德，皮匠们便拜比干为祖师爷，在大营村北建了比干庙，塑了比干像。每逢中秋，皮匠们便领着徒弟来给比干烧香、上供、磕头，缅怀他的功德。据说，比干制裘时曾用大营镇比干公园内那口古井的水，熟制了世界上最早的皮张，因此，大营可说是世界上熟皮技艺的发祥地。

秦朝时，大营被秦始皇封为“天下裘都”。传说秦始皇统一六国后，为抵御匈奴，征百万农夫修长城，并派大将蒙恬监督。孟姜女的丈夫范喜良被征去修长城，春去冬不回。孟姜女徒步千里送寒衣，途经大营遇上大雪，又冻又饿昏倒在磨棚里。大营的皮匠们发现并救了她，送给她一身裘服，还让她给丈夫带了一身。孟姜女到长城后，听说丈夫已死，还被垒进长城，便嚎啕大哭，哭倒长城40里。秦始皇巡幸长城时，听蒙恬说到这一奇事，便传见孟姜女，并想纳她为妃。孟姜女机智多谋，假装答应，向秦始皇提出三个条件，其一就是为感谢大营父老的救命之恩，要求封大营为“天下裘都”。秦始皇点头答应并下诏，从此，大营便有了“天下裘都”的美称。

西汉时，有“三都”之说，即：临淄（今山东淄博所辖）为缫丝之都；巨鹿（今河北平乡一带）为织绢之都；广川（今河北枣强一带）为制裘之都。

明代，大营皮草业兴盛起来。元末明初，皮草业已经从大营扩展到周围上百个村庄。郑和下西洋时，大营皮草（习称营皮）与苏州绣品、景德镇瓷器等一同漂洋过海，到达沿途各国，并以“皮板柔软、毛眼遂适、做工考究、款式新颖、色泽协调”的特点，赢得欧亚上流社会的广泛赞誉。嘉靖年间，营皮被定为土贡，进入皇宫，成为一个享誉中外的名牌。大营因皮草而名扬天下，皮草也因大营而熠熠生辉。

清道光年间，营皮进入鼎盛时期。那时各地皮草商云集大营，售生买熟，出皮购裘，呈现出“街巷无处不经商，铺天盖地是皮张”的繁华景象。英、法、俄、日等国皮草商通过天津洋行购买营皮，并在大营设有皮货栈，大量营皮远销海外[1]。

[1]《河北省枣强县大营镇》，http://baike.baidu.com/view/1016616.htm。

日寇侵华时，营皮遭到沉重打击。在血雨腥风中，外商撤离，货栈、作坊纷纷关闭。皮匠们有的投身抗日，有的从事农耕，有的逃往京津、港澳或南洋。

新中国成立后，大营皮草业开始复苏。为了发展营皮，枣强县政府把仅有的20多家皮草店合并，组成了大营皮毛部，后来，又把它改建为枣强县地方国营大营皮毛厂，并在县城建立了枣强县皮毛厂。在计划经济体制下，这两个厂垄断经营了20年，同时也培养了一批熟练的技术工人和优秀的管理人员。

改革开放以来，大营皮草业日新月异，绽放出绚丽的光彩。如今，大营皮草业已经辐射到周边五个市县的300多个村庄，拥有加工企业和摊点3万多家，从业人员10万余人。这里形成了一个方圆上百里的经济圈，“村村干皮毛，户户搞加工，家家有老板，人人懂经营”成为这一带农村的真实写照。大营皮草业年产值近百亿元，农民家庭收入的90%来自皮草业。营皮种类繁多，有十大系列2千多个品种，产品畅销20多个国家和地区。大营已经成为全国最大的裘皮生产加工集散地和国际著名的皮草交易中心[1]。

“悠悠三千载，辉煌贯古今。”尽管大营的皮草业名闻天下，尽管故乡的空气中处处弥漫着皮草的气息，但我的先辈们并没有因此而发家致富，后来我进入皮草业发展，也只是机缘巧合。

---

[1]王桓，焦广文，《大营皮毛志》，中国广播电视出版社，2009年，第1—5页。

二 我的父亲母亲

父亲 1518年（大明正德13年），我的始祖孙进礼由山东省武城县孙家庄迁至河北省枣强县大营镇后马庄，至今已近五百年了。以始祖孙进礼的“进”字为首，孙氏祖先拟定了30代的辈份排序，即：进有兆向美，枝福玉魁仲，德胜庆连绍，景耀克延崇，学念绪以培，嗣世继怀宗。我这一辈已是第14代子孙了。

我的父亲孙庆堂

我的父辈是“庆”字辈。父亲兄弟四个，父亲名庆堂，号寿臣，为长兄，在家务农；二叔名庆田，号荩臣，在上海经营地毯；三叔名庆祥，号瑞臣；四叔名庆榜，号汉臣，他们都在上海电车公司上班。兄弟四人尊老爱幼，团结和睦，多年没分家，家里家外的所有财产归兄弟四人共有，不分你我。我的祖父母去世后，身为长子的父亲挑起了这个大家庭的重担。在他的带领下，兄弟四人继续同心协力，置办家业，共谋发展。

二叔在上海创办了大有地毯公司。公司创办之初，三叔四叔把工资都贴补到了里面。公司越办越好，同时也陆续从家乡带出来一些年轻人。这些年轻人都是父亲挑选出来送到上海的，大多是亲戚朋友家的孩子。他们从此走出闭塞的村庄，融入外面精彩的世界。后来，很多人靠自己努力，打拼出一片属于自己的天空。

父亲没什么文化，但是非常勤劳能干，他在家种着地，开着油坊，偶尔还倒腾点皮子。我家是一处大宅院，分前后院。新盖的大门外，有一个高大的牲口房，里面喂着一头白骡子、两头牛。出了胡同口，街对面，还有一个较大的南场院，场院里有草料棚、磨房和油坊。油坊里常常蒸着棉籽，烟雾弥漫看不见人。雇工们一边喊着号子，一边挥动大锤击打木柱挤棉籽油，那声音铿锵悦耳，不时传来。家里雇着俩干活儿的，但是好多活儿还是父亲自己干。他里里外外，忙东忙西，很少有闲下的时候。

我家本来很穷，在父辈的手中，变得越来越富裕，逐渐成了村里的大户。然而，土匪的骚扰打破了家乡的安宁，日寇的入侵使生存环境更加恶劣。太平洋战争爆发后，盘踞在枣强县的日军，为了巩固这块占领区，进行了更加疯狂的扫荡。1942年6月，日军1.2万多人对枣强南部进行铁壁合围。抗日军民在数十个村庄与敌人迂回作战。鬼子在距大营镇不远的焦里祥村将老百姓围在一起，拿着刺刀逼问粮食藏在哪里。老百姓无一回答，惨无人道的鬼子活埋了18位乡亲。9月，日军再次纠集万余步兵、骑兵，并动用汽车、飞机，对枣强南部进行更大规模的铁壁合围。抗日军民奋力还击，历时12个昼夜，终于使敌人败退。在这次扫荡中，鬼子无恶不作，杀死300多位乡亲，奸污了一些妇女，还抓走一批劳工[1]。

面对如此残酷的现实，1942年，父亲毅然决然地抛下全部家产，带着一家人逃到北平谋生。

初到北平时，父亲为大有地毯公司在京津采购地毯。他很会

[1] 王桓，《枣强县志》，文化艺术出版社，1994年，第19—20页。

买地毯，总能把价钱砍到最低。他经常去上海，看到公司缺什么货、什么花样最流行就记在脑子里，回来照着采购。除非遇到特别的订货，二叔才会到北平亲自与厂家洽商，一般的生意都由父亲一手操办。

后来京津地毯业不景气，父亲就不再代理大有公司采购地毯了，开始在京沪两地跑单帮。他去上海买毛笔料，买做毛笔用的黄狼尾（一把100根，价钱很贵）、山羊毛，带回北平卖给毛笔厂家，在北平买牛角梳子、分发针，带到上海卖；也曾去其它外地批发衣服，带回北平到天坛墙根摆摊儿卖估衣。一般在南方买，到北方卖。他有时带着二姐和焕妹同去。有一次，父亲带她们去上海跑单帮，回来时在火车上碰上日本鬼子上来查验货物。他们说是要上税，其实是抢钱，父亲给钱慢了，鬼子拿着刺刀，向父亲一刀挑去，把棉衣穿了个大洞，差点没刺破肚皮。这次遭遇把父亲吓得要命，从此，父亲再也不跑单帮了，太危险了。

父亲很有生意头脑，精明灵活，这个不行干那个，那个不行干这个。生意不行了就得转，转来转去就能转出条路子来。

虽然我们举家迁至北平，但父亲仍然与家乡保持着密切联系。那时乡亲们生活非常困苦，缺衣少食，经常有人到北平来找父亲，求他帮忙买下他们的宅子或土地以渡过难关。父亲总是一口答应，然后叫上海的二叔寄钱来。虽然大有地毯公司生意不错，但因资金周转很快，有时也抽不出钱来。有一次，父亲一听二叔不拿钱，大发雷霆，一巴掌把八仙桌拍了个窟窿。二叔拗不过父亲，只好想办法筹钱。兵荒马乱的年月，父亲明知道置什么买什么都没保障，但是面对那些几乎走投无路的乡亲，只要他们开了口，他就会伸手帮一把，那份乡谊让他无法袖手旁观。到解放时，父亲在村里买了大约300亩土地和几处宅子，还在大营镇上买了几个皮货店。解放后，我家没人再回乡生活，这些家产就全部归了公。

父亲豪爽仗义，脾气也非常火爆。我前面的一个姐姐，有一天中午睡觉起床晚了，没下地干活。父亲回家一看大发脾气，失手打在她头上，熟睡中的姐姐受了惊吓，致使她不久便不治而亡。当时她只有十四五岁。父亲为此万分痛心，悔恨终生。

因为他的暴脾气，他还闹过一个笑话。1950年，在香港，有一次父亲、二叔与朋友在九龙一个小饭馆吃饭。店伙计过来问父亲：“老先生，你要饭吧？”父亲把眼一瞪冲他说：“谁要饭啊？你才要饭呢!”父亲把那个伙计吓愣了。其实那个伙计是问他要不要添饭。经大家解释，父亲才知道是怎么个意思，又马上向人家赔礼道歉。

虽然父亲脾气大，但是他从来没打骂过我，而且对我特别疼爱。小时候，他常带我去大营赶集，把我放在他的肩膀上，或让我骑在他的脖子上，就这样来回要步行十几里路。在集上，他总会给我买好吃的：有时给我买个驴肉饼卷，驴肉饼卷是大营的特色小吃，烙饼薄如纸张，白润微黄，把刚出锅的五香驴肉剁碎，摊在饼上一卷，饼借肉香，肉借饼味，好吃极了；有时带我去吃炒饼，那股肉、菜加饼条爆炒出来的香味非常诱人。至今我仍爱吃炒饼，儿时的记忆真是难忘。

在那动荡不安的岁月里，我好像是父亲最心爱的一件宝贝，他把我放到家里不放心就放到上海，放到上海不放心就放到家里，放来放去，总想放到一个他认为最安全的地方，精心地呵护着，不让我受到一丝伤害。在乡下时，即使我去上学，他也不放

我与父亲(1949)

心，还特意去拜托老师对我多加照顾，不要打我。

父亲最爱我，可是他却没有把我留在他身边，为了我能有个美好的前程，他忍痛割爱让我去上海读书，去上海学徒，去香港发展，让我一次又一次与他远离。我与父亲在一起生活的时光总共也只有10年。父亲的抉择是那么自然简单，却又是多么意味深长啊！

母亲 母亲是大营镇南姚庄村人。我没见过外祖父母。母亲没有兄弟，只有一个妹妹。姐妹是双胞胎，长得极像，都是小个儿，小脚女人。姨母嫁到大营镇普路屯村王家，没有生育。她有个亲侄子叫王连雨，高高的个子，人很老实，也很孝顺。家住乡下的时候，二姐常去姨家住几天，陪她说说话儿，解解闷儿。

母亲出身贫寒，能吃苦耐劳。那时我们全家再加上雇工有八九口人，一日三餐都是母亲做。全家一年四季的铺盖、衣服、鞋袜，也都是母亲做。她做的千层底鞋非常好看，而且经穿耐用。姐姐们长大后渐渐成了母亲的小帮手，跟前跟后，也经常忙得不亦乐乎。母亲还看管着油坊，农忙的时候也去地里干活，有时给雇工搭搭下手，给牲口铡草——瘦小的母亲抱着草，把草放到铡板上，随着大铡刀的起落，草被一段一段地切碎，草的香味伴着“咔哧，咔哧”的节奏在场院里四散开来——这个场景永远定格在我童年的记忆里。

母亲很和善，乐于助人。她与街坊邻居相处得很好，不管谁家有事，她都会尽力去帮忙，不惜时间、体力甚至财物。有时遇到要饭的，母亲不但让他们吃得饱饱的，还要给他们带上路上吃的。

我的母亲孙门姚氏

那时我前有三个姐姐，后有一个妹妹，是家中唯一的男孩，母亲把我看作掌上明珠一般地宠爱着。直到6岁，我还在吃母奶。平时家里有好吃的饭食，母亲总是先让我和父亲吃，不让姐姐们进屋和我们同桌吃。姐姐们也很喜欢我，常带我玩，凡事都让着我。那时偷抢小男孩的事时有发生，父母很担心我被强盗看中，尤其是母亲。她天天看着我，干活的时候，把我带在身边，一旦我脱离了她的视线，听不到我的声音，她就会大惊失色。我7岁被父亲送往上海时，母亲百般舍不得，我年纪太小，她放心不下，却又无可奈何。我走了，她哭了，哭了两天两夜。我带走了母亲的心，带走了她那无尽的牵挂！

后来，母亲又给我生了个妹妹，即秀珍。在北平，母亲48岁时又给我生了个弟弟，即连让（在堂兄弟们中，他排行第八，都叫他八弟）。母亲一共生养了五女两男。

三　童年趣事

玩游戏　在我的童年记忆里，有遭遇土匪的惊险，有被父母宠爱的甜蜜，有被严师鞭笞的沮丧，也有与小伙伴们玩耍的快乐。

童年最快乐的事情，当数和村里的小伙伴们一起玩游戏。

我们玩的游戏有好多种，我最喜欢打铁砣子。铁砣子是三四分厚的圆铁块，分大中小三种，三两位同伴一起玩。先在地上画两条平行线，相隔约三尺；再离三尺，挖一道沟，沟深两三寸，宽约十寸；然后把一个或大或小的铁砣子竖立在沟内。首先站在靠近沟的第一条线处，翘起腿，从大腿下把手中的铁砣子送出，要打倒竖立的铁砣子；然后再由较远的第二条线，重复同样的打法，把铁砣子打倒为赢。

还有一种游戏叫打毛蛋。毛蛋多为自制，用一撮棉花，包裹点棉籽，外面用旧棉线层层紧密缠绕成球，外层用彩线排绕成花格。毛蛋软硬适中，很有弹性。玩的人分成两队，每队各出一名队员，一方抛球，另一方用圆木棍打球，打不着就换人。两队可交替进攻和防守。这种游戏的玩法很像现在的垒球打法，有人说垒球运动起源于美国，还有人说起源于日本，但是从我小时候的玩法看，我国民间很早就有这种运动游戏了。

还有一种游戏叫打耳，就是拿一根长的木棒去打一根短的，一般两人玩。短的叫耳，二三公分粗，约十公分长，两端削尖，磨光。将耳放在地上，用长木棒敲击耳的一端，使耳跳起，待耳尚未落地前，再用木棒将耳打向远方。然后自报距离，用手里的木棒测量，若测量距离不足自报数，则不计成绩。打耳分连二打，连三打，但都以最后成绩数多的为胜。

还有荡锅锅，就是两个人把双手牵起来成方形轿子，叫女孩子双腿插入两臂中，把人抬起来，如同坐轿一般。还有跳房子、踢毽子、捉迷藏、丢沙包、挤墙根、推铁圈等等。

那时的玩具大都是自制的，很少，也很简单，一个毛蛋，一个沙包，两根木棒，甚至是一坨泥巴，但是，那些游戏却充满了乐趣，常常让我们流连忘返，让我们回味无穷。我和小伙伴们追逐着那些游戏，跑遍了村子的角角落落，那些游戏陪伴着我度过了一段快乐的童年时光。

压花轿　记得有两次压花轿，很好玩。

第一次是参加堂姐群姐的婚礼。她嫁给南姚庄村万龙台为妻，家里陪送了衣柜、衣箱等嫁妆。结婚这天早起，衣柜、衣箱都上了锁，大人们让我拿着钥匙，压花轿，嘱咐我要保管好钥匙，然后如何如何。我边听边点头，觉得这个任务既神秘又光荣。男方来通路拉嫁妆时找钥匙，我当然不会交出来，也没人告诉他们在我这里，其实他们只是提醒女方别忘带而已。我们女方的亲戚跟着花轿到了新郎家，新郎来要钥匙，大家戏闹着帮我要红包。新郎也有准备，随手掏出个红包，大家欢笑着捏了捏，才让我把钥匙交给他。红包内有一个红纸卷，纸卷里有大铜钱若干。有的男家要花招，红包里放胡萝卜片，所以拿到红包后，不能马上给钥匙，先要捏一捏，软的是胡萝卜片，硬的才是铜钱。

堂姐九姐结婚时，也是我压花轿。九姐的婆家是顾庄的顾家，房子很大很气派，门窗都是玻璃的，一看就知道是个有钱的大富户，因为那时在乡下还没见过玻璃门窗呢。那喜庆的气氛，热闹的场面，热情的招待，丰盛的喜宴，让我感觉真好，尤其是还有红包拿，这可算是我童年时最美的差事了。

童年时也有不美的差事，比如去亲戚家吊祭。

印象最深的是四婶子的父亲去世，我跟着长辈们去吊祭。母亲给我穿上棕色方格长袍，短马褂，戴上小毡帽，嘱咐我进胡同就要哭，教我怎么三拜九叩，还让我在家里演习了一遍。

我很听话，到了村里，一进胡同就嚎哭起来，只是干哭，怎么也挤不出泪来。进了门，到了灵棚底下，三拜九叩进行吊祭，前边有大人领着，我也没出什么差错。孝男孝女们都穿着孝服，在鼓乐声里，放声痛哭。院子里有好多人围观，看上供啊，看祭拜啊……

那是一种热闹而悲伤的氛围，令人精神压抑。

四 求学漫记

郑老师 当时村里的小学离我家很近，就在我家所在的胡同口。我9岁在家乡的半年就在这里学习，学写毛笔字、背小九九歌、学打算盘、学唱歌、背书……学校的学生不多，我在一个复式班，班里高、中、低年级的学生都有。

教我们的老师姓郑，极为严厉，手里常拿着一把戒尺。那戒尺有一尺多长，二寸宽，一寸半厚，油漆锃亮，闪着一道寒光，打一下手心能疼一天，我曾经领教过它的厉害。

一次，我背书没背下来。

郑老师在课桌上垫了几本书，然后把犀利的目光投向我。

“手伸出来！”他命令我。

我怯怯地像其他同学那样伸出左手，掌心向上，放在书上。那戒尺被他熟练地抡起来，精准地拍在我的手心上。我本能地咬紧了牙，可眼泪却禁不住夺眶而出，太疼了，那是一股钻心的疼痛。

“你父亲不让打你，我非打你不可！”他一边打一边说，连打了我三戒尺。背不过书是他无法容忍的，所以他才不顾父亲的求情，坚决地对我进行惩戒。

放学后，我托着那只又红又肿的手回到家。母亲一问，我委屈地哭了，她很心疼，也很生老师的气。有了这次教训，我再也不敢不认真背书了。

相比而言，我还算是幸运的。有个同学叫张连成，和我同岁，先天残疾，他每只手的四指都是连在一起的，别人都喊他“小手巴掌”。他经常背不过书，郑老师有时用藤条抽他，打得身上一道一道的红印。张连成同学现在还健在，一直生活在村子里，我每次回乡，都和他见面，拉拉家常叙叙旧，帮他解决一点生活上的困难。

郑老师太厉害了，学生们都怕他，有的还恨他。有几个高年级的学生总想瞅机会捉弄他一下。这天，郑老师去大营赶集，机会来了，他们想了个歪点子。估计老师快回来的时候，他们照例开始给老师烧饭，不过这回破例派了个人到村口“迎接”。负责“迎接”的学生一发现老师的身影，就赶快跑回来报信：“来啦，来啦！”烧饭的早有准备，顺手在饭里下了巴豆药。正如他们期待的那样，老师回来吃了饭，不长时间就开始腹泻。出乎意料的是，老师腹泻很严重，大病了一场。后来郑老师知道是自己的学生干的，伤心极了，就辞职不教了。

郑老师走后，来了位马老师。马老师和蔼可亲，同学们都很喜欢。

多年之后，我听到一个故事。一位老师手举戒尺，让犯错的孩子们闭上眼睛，然后便用那把戒尺狠狠地抽打坐椅的垫子。孩子们实在受不了朋友受罚的痛苦，就都主动请求老师别打了。这次体罚，孩子们虽没有肌肤之痛，却都感触至深，铭记在心，他们再也没犯过类似的错误。我想，如果当年郑老师听了这个故事，或许会有所感悟吧。

转学　上小学的时候，我转过五次学，这让本性腼腆的我不得不一次又一次去努力适应新的环境。

1935年，我从家乡来到上海，进入光夏小学念书。两年后返回家乡，转到本村小学。过了半年重返上海，又回到光夏小学，一直念到四年级。

在上海求学期间，我就住在二叔家。那时二叔二婶已经有两女一子（即大姐慕贞、小弟连信、小妹素贞），加上我，全家有六口人。二叔除了管理大有地毯公司，还要管教四个孩子；二婶给我们洗衣做饭，照顾我们的生活。叔婶每天忙忙碌碌，非常辛苦。我很听话，也算懂事，生活上能自理的，尽量不让叔婶费心，也没有让叔婶生过气，兄弟姐妹关系非常融洽。我把叔婶当父母一样尊敬和爱戴，叔婶也把我当自己的孩子一样养育和疼爱。在上海这个繁华而陌生的世界里，年幼的我感受着家的温暖，感受着浓浓的亲情，从未感到过有一丝孤单。

1942年，为躲避战乱，父母姐妹从乡下搬到北平，租住在崇文门大街106号。不久，父亲把我从上海接到北平与家人团聚，我转到离瓷器口不远的求智小学念四年级。分离多年之后，我又回到父母身边，与同胞姐妹朝夕相处，其乐融融，幸福无比。一家在北平团聚的这段日子让我十分留恋。

我在求智小学上了一年，校长是一位姓房的老师。还有一位叫王元刚的同学给我印象最深，他当时住在学校附近，我们一起念书，一起玩耍，成了好朋友。

106号是一个很大的套院，有两个大院相连。院里有启元茶庄的货仓、益盛碱店、颜料公司。父亲租了两间房，这两间房既是我们一家七口的家，又是父亲代购地毯的办事处。房东姓冯，也经营地毯生意。房东的二太太信一贯道，常在西屋设坛做法，大院里很多人都迷信，被拉入道。父亲和母亲不喜欢这个古怪的院子，当年我们又搬到崇文区西八角胡同6号，租了三间南房。八弟就是这年底在这里出生的。

西八角胡同附近的花市大街有个回民学校叫穆德小学(即现在的东城区回民实验小学)，它是由著名京剧表演艺术家马连良、侯喜瑞先生带领同仁唱搭桌戏，并联合了一些在花市大街开买卖的回民老表捐资兴建的。穆德小学坐北朝南，有三座二层砖木结构的教学楼，楼前有一个大操场，操场东西两侧分布着器材室和老师办公室，校园里安放了爬杆、单杠、双杠、跳马等体育运动器具。穆德小学建得很好，口碑也不错，是当时这一片的名校，老百姓都希望把孩子送到这里念书。1943年，父亲托一位姓白的回民把我转到了穆德小学。

穆德小学除教授语文、算术、修身等正课外，还教授阿拉伯文、武术、手工等等。穆德小学设有一年级到六年级12个班(每年级都是招两个班)，12个班分别按忠、孝、仁、爱、信、义、和、平、敬、教、勤、学的顺序命名，真可谓别出心裁[1]。

[1] 徐刚，《花市大街的故事》，2009年5月19日，[2011-12-30]。http://www.china.com.cn/culture/zhuanti/2009-05/19/content_17800235_4.htm。

穆德小学办学很有特色，可同学都是回民，我是汉族，不习惯，不久我又转到北方小学。

北方小学和穆德小学在同一条街，相距不远。当时的校长姓王，脸上有麻子，同学们背地里都叫他王麻子。王校长的妹妹是副校长，他们兄妹二人多才多艺，会唱京戏。

沦陷时期的北平粮食极缺，人们清早四五点就去粮店门口排队，即使这样有时也只能买到一块两寸厚、榨过油的豆饼，或买点混合面，根本买不着白面，人们都吃不饱，生活非常艰苦。父亲这时在天坛墙根那里卖估衣，不上学的时候，我也去帮着照看摊位。

1944年9月，我升入北方中学念初一。

北方中学在和平门外，靠近城墙根，距我家六七里，我每天骑自行车上学。当时学校被日本人把持着，向学生灌输“复古”、“反共”等奴化和反动教育，开设日语课，搞日本军训。

木厂胡同58号旧址

军训教练是个日本人，对我们很凶，同学们特别讨厌他。

过了不久，我家搬到崇文门外木厂胡同58号（现在叫东兴隆街56号）。58号是个四合院，是1942年父亲和二叔花了13根大金条买的。与此同时，他们还在上海买了沪西大宅院。这都属于他们兄弟四个的共有财产。二叔他们住上海的房子，我们就搬进了北平自己的新家。这时大姐玉荣结婚了，姐夫叫张益三，他们就住西八角胡同的房子了。

我上初中的时候乡下最苦，我家买的地最多，买地时父亲就让我写汇票。我看着样子用毛笔写，写完给父亲念一遍，父亲一听没问题就盖上自己的章，然后交给卖地人，让他带着去上海大有地毯公司取款。这算是我最早的经商经历吧。

我频频转学，成绩欠佳，画画不合格，不爱好唱歌，踢足球又不行，语文也不好，只有数学还不错。1945年放暑假时，父亲说我会写信写汇票就可以了，让我到上海大有地毯公司当学徒，我从此辍学，走上了经商之路。

五 结 婚

父母之命　12岁那年，我与大营镇李崔浒村李玉霞订了婚，她比我大5岁。那时我远在上海读书，从未和她见过面，她到底啥模样，啥性格，家里啥情况，我一概不知。

我们的媒人是我的表兄张金湘。他可能很早就张罗这门亲事了。我9岁在乡下的时候，有一次和父亲路过李崔浒村，发现有人看着我指指点点的，还说看小女婿。父亲告诉我说："瞧，人家看你呢”。可我当时却什么都不知道。

表兄在上海做生意，和玉霞的父亲是师兄弟。玉霞的父亲、叔叔都在北平经营皮货生意。她父亲常年在外，在抚顺跑生意时娶了个小老婆，后来带到北平又安了一个家。玉霞的母亲则带着孩子在乡下，和玉霞的爷爷、奶奶、婶婶一起生活。玉霞是长女，下面有两个妹妹和一个弟弟。那时候，女孩子不准外出念书，她家就请人到家中教识字，她才勉强能看信写信。

1943年，冀南大旱，麦季绝收，秋收无几，饿死人的现象屡见不鲜[1]。更为恐怖的是，这年夏末，毫无人性的日寇在冀东南、鲁西北地区进行大规模细菌战，一时鼠疫、霍乱四起，数十万生灵惨遭荼毒。家乡的老百姓人心惶惶，纷纷四处逃亡[2]。在这种情况下，1944年，玉霞的父亲提议让我俩提早成婚，尽快把玉霞从乡下接到北平来，父亲当即同意。双方家长很快商定了结婚日期，做好了结婚安排。

为什么找了个比我大5岁的陌生的乡下姑娘做媳妇？我不知道，也没想过要问个明白，和那个时代大多数人一样，我只是听从父母之命。

16岁做新郎　1944年，我和玉霞在北平结婚。当时玉霞在乡下，我在北平北方中学念初一，时局又动荡不安，双方家长做了非常灵活的安排，因此，我们的婚礼也有点与众不同。

在乡下，先由二姐代替我坐轿迎娶新娘。过了几天，二姐和玉霞的姑姑把玉霞送到北平。我事先根本不知道娶媳妇的事，那

[1] 王桓，《枣强县志》，文化艺术出版社，1994年，第20页。
[2] 王桓，焦广文，《大营皮毛志》，中国广播电视出版社，2009年，第16页。

与玉霞在香港合影(1952)

天早晨去上学，仍像平常一样带着午饭准备在学校吃，到了中午，突然家里来人叫我回去吃饭。到了家一看，屋子里好多人，很喜庆，桌上点着香和红蜡烛，还有一位新娘，我这才恍然大悟。家人给我换上蓝布长衫，就按着我和新娘跪下拜天地，然后又叫我吃了几个小元宝水饺。当时我才16岁，害羞极了，脸红红的，吃完饭，脱下长衫，背起书包，骑着自行车就回学校上课去了。

结婚前，我和玉霞一次面都没见过，太陌生了，到了晚上，说什么也不肯进新房跟她一起睡。家人没办法，只好依着我。最后是二姐与玉霞同房睡，我仍与父母睡在一个大炕上。

当时我们住在西八角胡同6号的四合院，院里还有3户人家。外人不明白内里的原因，感到很纳闷：怎么结婚不同房呢？这让玉霞觉得很丢脸。这样的日子持续了有一个月，玉霞终于忍不住了，向大姐哭诉："为什么连义不进我房？"她叫大姐劝劝我。大姐反复给我讲道理，最后我勉强答应和她同房睡，但还是抹不开脸，不肯与她说话。我的冷漠让她感到十分委屈，有时半夜里听到她偷偷地哭，我也不知道如何安慰她。

我家是个传统的老式家庭，媳妇进了门就像女佣一样，伺候一家人。我结婚后，做饭、洗衣、缝缝补补等许多家务活就由玉霞来做了，姊妹们都很少帮手，玉霞在家里是最辛苦的人。尽管如此，她还经常遭到母亲的指责，嫌她炒菜油倒多了、饭做得不好吃了、衣服没有叠好了等等，说她不会过日子。玉霞很受母亲和姊妹的气。

1945年7月，我放下玉霞去了上海。玉霞的母亲在乡下，离得远，父亲在北平，虽然离得近，却不怎么关心她。况且父亲有小老婆，玉霞遇到难事或不顺心的事也不愿意找父亲，有时她心里有委屈就向我诉诉苦。有一次，她偷着写信给我，说手都冻裂了，想买点冬天用的防冻膏，向我要点钱。我向她发火说：我哪里有钱？不管！还有一次，我回京探望生病的母亲，她见了我大哭，说在家受气了，如何如何。我不但没安慰她，还嫌她事儿多，大发脾气。

后来玉霞的母亲在乡下病重，快不行了，叫她回去一趟。我母亲说："回去人也死了，还看什么？"也没让她见母亲最后一面。这是我家最对不起她的地方。

在那个旧时代，媳妇受气是个比较普遍的社会现象，然而，回想起来，我仍感到对玉霞有些歉疚。那时我年少无知，不懂得体贴关心妻子，真是苦了她了。

我的二叔孙庆田

六 跟二叔学徒

二叔　1945年7月，父亲送我到上海大有地毯公司学徒。

在去上海的途中，我们遭遇险情，差点丧命。当时抗日战争即将结束，铁路经常遭到日机轰炸。那天，火车快要到达南京时，警报突然响起，乘务员让旅客紧急撤离。父亲拉着我迅速下车，不顾一切地钻进旁边的庄稼地里，趴倒在地，眼见飞机上的机枪扫射了整列火车。过了一会儿，警报解除了，大家又跑回车厢。几个没来得及下车的人死的死，伤的伤。我们的座位上也有几个子弹孔，算是我们命大，又逃过了一劫。

大有地毯公司在上海市同孚路（现名石门一路）12、14号，是两间门店。这条街比较繁华，只地毯公司就好几家，有北洋地毯、大东地毯、皇家地毯、三阳地毯等。这些公司大都是做外国人的生意。

大有地毯是二叔一手创办的。想当年，家里很穷，为穷苦生活所逼，二叔决心走出去。在离开家乡时，他跪在村东头的关帝庙里发誓：不发财，不成功，永不回此村！那时他只有十七八岁。他先到天津学徒，后来当过警察，混不下去的时候还当过和尚，最后辗转来到上海谋生。在上海，他进入北洋地毯公司学徒，没几年就学会了，于是开始自己创业。当时没有本钱，为了筹集资金，他召集乡亲们凑钱做股东，开了大有地毯公司。开始的时候，生意不太好，其他股东失去信心，陆续都撤了，只有二叔还坚持着。其实也并不是二叔一个人在坚持，他的身后有父亲、三叔、四叔在全力支持着。在兄弟四人的共同努力下，公司逐渐兴旺起来，后来发展成为上海著名的地毯公司。

二叔很要强，很有生意头脑，也很聪明。在上海，他不但很快学会了经营地毯，而且还自学了英语、日语、古文和中医。

二叔非常善良。他懂中医，店里没有客人时就给人看病，有客人来也不耽误做生意。他不是挂牌行医，而是免费给人看病。几乎每天都有来看病的，多数是老乡，遇到家里穷的，他还赠送几副中药钱，有时几十块，多的时候几百块，让人家去抓药治病。他的爱心让人感动，大家都很尊敬他。

为父亲堂号刻匾留念(2012)

二叔很有学问。他没事的时候就看书，他看的书很多，都是古书。他常常教育徒弟，给徒弟们讲孔子、孟子的故事，讲为人处世之道，讲如何做生意。他是个谦虚的人，但求事功，不事张扬，不爱跟人争执，多数是礼让。我这辈是“连”字辈，有叔伯兄弟八人，都是二叔给起的名字，由大到小分别叫仁、义、智、信、良、恭、俭、让。这是二叔根据四书起的。他们兄弟四个事业有成后，说应该立个堂号，于是二叔又给同门四股各起了个堂号：父亲这股叫益寿堂，二叔叫增寿堂，三叔叫延寿堂，四叔叫天寿堂。

二叔白手起家，艰苦创业，最恨赌钱，经常告诫我们不要赌博。

我们学徒的都是年轻人，晚上在店里没事做，常有人赌钱，一般是掷色子或者推牌九。有一年春节，年三十晚上几个同事又偷着推起牌九来。他们正玩得全神贯注，忽然响起咚咚咚的敲门声，从门缝里往外一瞧，发现是老板来了，都吓坏了。二叔知道他们几个爱赌钱，特地半夜里过来查赌，大家也都晓得二叔恨赌钱，而且脾气大，弄不好就得挨两巴掌，所以都叽里咕噜钻进了被窝，衣服也没顾得脱，我甚至还穿着鞋。

“起来，装什么混啊！”二叔一边呵斥，一边走了进来。

我们赶紧下来站好，二叔狠狠地把我们训了一顿。他最后说：“不让你们赌是为你们好，下不为例！”

后来他们还是偷偷摸摸的赌。有个师兄，赌输了，没钱还账，就偷了两三块地毯出去卖了。也不知道卖给谁了，结果那个买地毯的又拿到我们店来卖。正巧赶上父亲在上海，他记性好，一看就说：“哎，二弟，你看这不是前几天丢的那地毯吗？”这个花样是他当年在北平买的，多少钱，哪个厂子做的，他都记得一清二楚。二叔马上报了警，巡捕房就把这个人扣押了。经审问得知，地毯是那位表兄偷出去的，二叔当即就把他开除了。这位表兄在店里待了好几年，也学到了本事，会画地毯图案样子。后来他自己开了店，也做地毯生意。开始生意还不错，但是他秉性不改，又赌又嫖，结果没两年就把店玩进去了，关门了。

还有一位师兄，在南京路上大华戏院对面，自己开了公司，也是玩啊嫖啊，把家产都败光了。

他们都是我很亲的人啊，眼看着他们事业成了，又倒了，再也没有好起来。人没信用了，就没人帮你，没人和你做朋友了。这给我一个深刻的警示。前车之鉴，后事之师，我至今都牢记着二叔的教导：做人要安分守己，不贪、不赌、不嫖。

二叔是对我们孙家贡献最大的人，是对我一生影响最大的人，是我特别尊敬的人。

学徒生活 我学徒的时候，有五六个师兄弟，有写账的，有画地毯图样的，有接待顾客的。这些师兄弟，大都是亲戚关系，是父亲从家乡送来的，二叔也不知道乡下谁是谁，父亲送来了就收下。

与其他同事一样，我每天开门、洗地、扫地、倒痰盂、打烊，一样活儿都不少干。大家在一起挺热闹，挺开心，一点儿也不觉得累。二叔订了几份报，每天早上送报的总会准时到来。我们最爱看上海申报上连载的连环画《三毛流浪记》，我和连信弟还抢着把这一页收集起来。晚上我们就睡在店里的地毯上。店是双开间，每间都平铺着9尺×12尺的地毯，等于两个大地毯床，每床摞着四五十条地毯。晚上打睡铺的时候，三尺一个，三尺一个，睡得一排一排的。吃的也不错，厨房中有一位山东厨师，做的饭菜很好吃。赶上吃面条，大家围着一盆面排队捞，一碗下肚，就又轮到捞第二碗面了。我们几个都是年轻力壮的小伙子，每天给客人掀毯子，抬毯子，很卖力气，每个人都能吃个两三碗。店里生意忙的时候，中午就换班吃饭，不耽误买卖。因为是学徒，我工钱只拿几块钱，平时就花掉了，也攒不下钱。

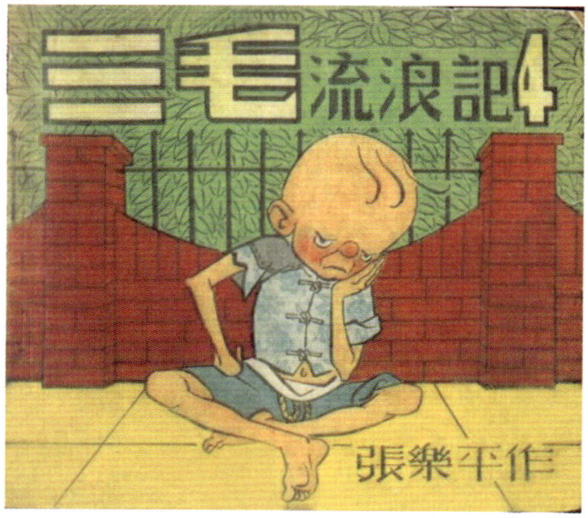

旧时连环画封面

在沪西大宅院里住的都是亲戚们，二叔在那里存了好多白织布，还有粮食、木柴、煤球。记得与师兄二人拉着小虎车，去那里拉劈柴，要走五六里路程。那小虎车，车尾有两个小车轮，车前有两个扶手，有宽皮带跨在肩膀上，用力拉着走。那是抗日战争胜利后，国民党非常腐败，经济衰退，货币贬值，一天一个价，非常毛。上海街头炒卖钱币的到处都是，金元券越来越不值钱，最坏的时期要用麻袋装现钞去购物，老百姓都不愿意存钱，而是购货存仓保值，或者换成金条保值。

快解放的时候，政府怕投机资本操纵金条、银元扰乱金融市场，就不允许私买私藏金条了。记得二叔二婶去北平探望我生病的母亲，回来时，在天桥买了几把笤帚，把笤帚把挖空，往里边藏了几根小金条，想带回上海，结果在火车站给抄出来没收了。当时我家里也有几根小金条，我藏到家中阁楼上的一双旧鞋里。有个老乡住在我家院里，有事回乡下，去阁楼上拿他存放的东西，顺便把这双没人穿的旧鞋也一块拿走了。后来我找不到小金条，才想起是那个老乡拿走了，问他，他说不知道，我就没再追要。

这个时期，我从二叔那里学到了投资的经验，尤其是市场不稳，通货膨胀时，如何才能让货币保值或者增值。

二叔说：在上海做生意，必须学英文，因为这里外国人很多。每天早晨，他来了就让我们念念卖地毯的英文小书。小书是他自己编的，里面都是卖地毯的日常用语。如：地毯有不同的针脚，有90针的、100针的、120针的……有不同的颜色，有红的、白的、黄的……有不同的产地，有北平的、天津的、西藏的……二叔把这些都总结到小书上，让大家背过。有个叫诸宝民的上海师兄最有意思，他是大学生，英文很好，会写信，但是来了客人就是张不开嘴。二叔教我们念英文一定要大声念，说只有这样到用时才能张口说出来，我们每天天一亮就爬到房顶上大声念英文。二叔会多少就教多少，他教出很多好徒弟。

二叔对我特别偏爱。为了培养我，他安排我上夜校补习英文，还试着让我学中医，背汤药歌。我对中医不感兴趣，就是背不下来，他最后放弃了，说我不是学医的料。那时我还不能单独接生意，因为有师兄们在前，我只能帮着掀毯子打开给客人看。二叔谈生意时，把客人让进账房后，特意叫我站到门外头隔着小门帘听他与客人谈，喊我倒茶时我就进去。我明白二叔的用心，所以很认真，学得很快，他也很看好我。有一次在二叔家吃饭，他告诉三叔和四叔："这小子将来是个做买卖的材料。"

学徒期间，还有一个人给我的印象很深刻。

当时在大有地毯公司楼上还有一个店，叫万文堂毛笔店。这个毛笔店是天津著名的老字号，老板姓万，是大营镇南姚庄人，他有个兄弟叫万丹卿，跟着他做生意。因为是老乡，又住楼上楼下，大家都很熟，每天晚上收工后，万丹卿就下来与我们闲聊，问这个问那个，了解地毯行情和做地毯生意的经验。时间长了，他摸清了门路，就在大有地毯公司对面也开了一个地毯店，叫万昌地毯店(Good Year Rug Co.)。后来他娶了我的堂姐慕贞，成了二叔的大女婿。

他经常到家来与二叔聊天，有时故意报点假消息，说北平地毯行情涨了、天津地毯行情涨了、羊毛涨了等等，让二叔小心点，别便宜卖货。二叔有时被他蒙蔽，信以为真，不敢轻意卖货，而他就有了更多的生意。他大胆创业，足智多谋，善于用人，极其能干，他的地毯生意很快就超过了毛笔生意，过了几年也超过了大有地毯公司的生意，万昌地毯成为上海最大的地毯店之一。1948年，他把地毯生意转移到香港，派他弟弟去接管，开的店还叫万昌地毯公司。

母亲去世 1948年，父亲送玉霞来上海，我就不在店里住了，我们搬到二叔家的二层小阁楼上。我白天照旧去店里学徒，玉霞就伺候二叔一家，做饭、洗衣、拖地、端茶、送水，像在北平侍奉公婆一样侍奉二叔二婶。

待了有一年，母亲病了，玉霞先自回北平，侍奉母亲去了。后来母亲病重，住入北平东交民巷的法国医院，我和二叔二婶也急速从上海赶了回来。母亲得的是肝肾病，在医院住了十几天。1949年9月28日，中华人民共和国即将成立，到处都在放鞭炮庆祝，整个北京都沉浸在欢乐喜庆的气氛中，可是我们全家人的心情却格外悲痛，因为医生说人已经不行了，让早点回家准备后事，否则一旦戒严就走不了了。于是大姐夫就和其他几位亲友把母亲从医院轮流抬回家来。回家后母亲还清醒，家人请神妈妈医治，当然也无效。母亲最终还是闭上了眼睛，兄弟姐妹失声痛哭，母亲永远离开了我们。

母亲的葬礼办得很隆重。她的棺材是用四块楠木造的，是当时北京最好的，只棺盖两个人都抬不动。10月1日出殡，有20多人抬棺，有四方绣花棚盖棺。母亲的灵柩过花市大街，走百步就有朋友在店门口摆酒祭拜，一直走到东南西华寺坟地，母亲在那里入土为安。

母亲一生操持家务，养儿育女，含辛茹苦，非常不容易，她去世时，八弟才7岁。母亲对我百般宠爱，而我与母亲聚少离多，对她的关心和照顾少之又少，在我还没来得及尽孝的时候，她已匆匆离我远去。每当我想起她那瘦小的身影，想起她那炽热的母爱，我就感到深深的愧疚，母亲的恩情我永远也无法报答了。

从大有到大中　1948年，父辈四兄弟分家，大有地毯公司分为4股。二叔到上海南京西路447号开设大华地毯公司。店面是两层楼，很宽敞，在市区算是很好的了。这里靠近大光明戏院、国际饭店、跑马厅，在仙乐斯舞厅对面，地段繁华，是高级商业区，单做地毯的就有好多家。那时上海即将解放，人们不知道将来形势如何，好多商家抢着卖店铺换钱走人。二叔花了40多根金条，买下了这个店。大有地毯公司老店则归父亲三叔四叔所有，由我和堂兄连仁（三叔的儿子）经管，各股东都有部分地毯在此经销。后来三叔退出，到安福路60号一个住宅区开设大丰地毯公司，四叔和我们没动，仍在大有老店维持着。四兄弟表面上分了家，但二叔仍兼顾大有公司的业务，因为他是大有的创始人。

解放前后的上海非常乱。

我们店对面是金都大戏院，戏院里经常放电影或唱越剧。一天晚上，几个宪兵队的人，没有票却要进去看戏。戏院不让进，宪兵特别横，就在那里捣乱。戏院报了警，结果警察来了也解决不了，还差点引起暴乱。第二天一早，南京政府派了一车荷枪实弹的军人占据了戏院，最后是如何解决的就不知道了。

1949年5月，上海解放，国民党军退守台湾和舟山等沿海岛

屿。由于没有海、空军和缺乏海上作战经验，10月，解放军在金门登陆战、登步岛战斗中接连失利，东南沿海的局面发生了重大转变，一再败退的国民党军转守为攻，依靠海、空军优势，向大陆发动了反扑。国民党军开始对大陆实施海上封锁和空袭。在渤海、长江口、华东及华南沿海布放水雷，查缉前往大陆的各国商轮，没收运往大陆的货物。当时上海工业原料大部分依赖进口，国民党的封锁使上海经济陷入困境。封锁奏效，国民党空军扩建舟山机场，调集大批飞机，对上海、杭州等城市进行了狂轰滥炸。在那段日子里，上海变成了一座黑暗的城市，萧条的气氛让人感到这个冬天格外寒冷[1]。

这个时候各行业开始组织商会，组织联营合作社。不少商人看不透形势会怎么发展，开始偷偷地将财产转移出去，以转移到香港的为多，也有的转移到台湾。二叔与父亲商议后决定将三分之一的货物——近万方尺地毯运到台湾。其实二叔对台湾并不熟悉，之所以做出这个决定，是因为他认识的一个做百货的高先生在台湾有朋友。这个高先生曾经给二叔介绍过一个徒弟，叫李金殿。二叔觉得高先生在台湾的朋友，李金殿应该也认识，或者能通过高先生认识，所以就派李金殿押货去了台湾。

结果李金殿一去就杳无音信了，几个月后大陆和台湾断绝了往来。运走了这么多货，怎么办？父亲和二叔很着急。最后二叔想了个办法：他去香港和李金殿联系，然后让李金殿把台湾的地毯发到香港。1950年底，二叔先到香港，随后父亲带着八弟也到

[1]《“二六”大轰炸》，http://baike.baidu.com/view/5121093.htm。

Captain King夫妇合影(1950)

了香港，他们几经周折，终于和李金殿联系上了。但是，怎么把货运到香港呢？二叔又经朋友介绍，认识了一位英航机师金机长（Captain King），托他每次从台湾飞香港时捎带两三条地毯。谈妥以后，二叔和父亲就在尖沙咀汉口道57号二楼租了一个店面，成立了大中地毯公司（Standard Rug Co.）。

大有彻底改变了我们家族的命运，大中又成为我们事业的一个新起点。

第二章

在香港艰苦创业

一 接管大中

初到香港　　在香港大中地毯公司里，父亲占三分之一的股份，二叔占三分之二的股份。公司成立后，父亲就带着八弟回了上海，二叔留在香港等待上海来人。父亲和二叔原想派大姐夫张益三去香港，他比我年纪大，也有经验，但是他不懂英语，最后决定让我去。

1951年1月12日，我和大华地毯公司的同事陈友志被派去香港接管大中地毯公司，随后堂兄连营也被派去。我们是偷渡过去的，每人的偷渡费400元。我们先住在广州的爱群酒店，晚上接洽人带我们到澳门坐船进入香港，并嘱咐好如何过海关。

下船时，我拿着报纸。海关人员问："你哪里的？"我回答："中山"。然后就被放过来了。

"中山"这两个字是现学的广东话，比较容易。那时候海关把我的姓名登记为孙连义（SAN LIN NIE），也是按广东话拼的，标准音应是SUN LIAN YI。当时我没注意，没更正过来，就用这个名字到了香港。那年我22岁。

大中地毯公司在汉口道57号二楼租有四间房，共700多方尺。

九龙汉口道57号现址

头房作为会客室，第二间房和第三间房打通，铺放地毯，后边有一间小木板房，约50方尺，仅能放一张小床，是我的睡房。在前房向街的窗外，我们挂了一个写着“大中地毯公司（Standard Rug Co.）”的大招牌，还挂了一面4尺×6尺的红旗，上面写着“RUGS 地毯店”几个白色大字。我们就这样将就着做生意。这条街上，同行有六家，都在二楼做生意。他们和我们一样都是从内地来香港避难的，认为不久就会回去，都舍不得花钱租一楼的门店。

把店里安排妥当后，二叔就回上海了。那时上海开始“三反五反”，二叔是地毯业联营会会长，首当其冲。他本想接二婶和堂妹同来香港，但是回去后就出不来了。不但他出不来，公司的其他职员也不准出来了。

二叔走的时候，让我与一位开洋行的郑先生常联系，他会介绍客人或代客买地毯。郑先生是华侨，讲英语。我英语很糟糕，每次去见郑先生之前，就先在家背几句英语会话，例如：“Any customer wants carpet? Please introduce to me.（有客人要买地毯吗？

请给我介绍介绍。)”、“I have new carpets, please visit my shop.(我有新地毯到了，请来我店看看。)”等等。有时去了也不敢推门，一次不敢，二次再去，进去了就说，说完就走。

香港的地毯生意很难做，当时只有为数不多的本地欧洲人的生意。我们广东话又听不懂，就靠刊登小广告卖地毯，卖一条地毯有时仅赚100元。公司的开支主要有房租每月400元、我们三个职员和一个洗衣做饭的工人每人月薪50元（50元的月薪也是凑合事儿，我们认为在这里是暂时的，能维持生活就可以了）以及我们几个人的生活费。卖地毯赚的钱根本就不够开支，每个月都要赔点。尽管入不敷出，二叔还常来信催我们汇钱回去，因为上海的工人也在逼他，让他把大中公司的钱汇回去，把货寄回去。当然，我们无法满足他们的要求。

独自经营　1951年末，连营和友志被调回上海，店里只剩下我一个人。不久，玉霞抱着不满两岁的儿子绍曾来到香港。

母亲去世后，父亲再婚。继母是乡下老家的人给介绍的。她与我的姊妹们相处得很不好。这时玉霞决定来香港找我。父亲留她，给她钱柜钥匙让她掌管家里的财物，她不要，她主意已定，谁劝也不行。她说：“绍曾不能没有爸爸，我要去找他爸爸。”没办法，父亲只得送她到深圳罗湖桥，然后再帮她偷渡来港。

临别时，父亲再三叮嘱玉霞，让她到香港后转告我：要争气要强，别赌别嫖，好好做生意。父亲的谆谆教导我时刻铭记在心，使我受用了一辈子。

最初的几年，我和玉霞守着地毯店，生意极少，每月只能卖两三条地毯，每条仅赚二三百元，甚至更少，日子难以为继。有时上海那边还要我争取外汇和生意，我就只好找洋行求助。来了新地毯就去洋行求外国人来看，他们见有好样子，价钱又便宜，就可能买几条。有时同行竞争，都把价压得很低，难获利润。

这时英航机师金机长还在为我们捎带地毯，他的台湾朋友给他介绍了一单大生意——台北圆山大饭店正在兴建，需要订购数千尺铺酒店大厅和房间的地毯。来港采购的是一位德国老商人，叫普山（Mr. Busse）。他是个中国通，能讲一口流利的中国话，太太是山东济南人。他还是位邮票收藏家，据说在台湾存有几大箱子古今邮票，人称“中国邮票大王”。他所在的采购公司叫香港采购服务公司（Hong Kong Purchase Service Co.）。经金机长介绍，普山先生在我店中放了一张写字台办公，作联络处，靠接受委托采购各种商品赚取佣金。普山先生给了我很多房租和地毯生意，大大减轻了我的生活负担。

两年后，普山先生因公司的原因搬走了，我们的收入顿时大幅减少，不得不靠吃老本维持生活。生意不多，人手也少，非常辛苦。有时地毯卸到马路上，拆包后再一条一条抬上去或自己背上去，楼梯又窄，仅一米多宽，很费事。送货的时候，大的地毯就坐出租车，小的就坐爬山电缆车，然后自己再背上山去。那时候年轻有力气，曾经从那个小阁楼上背下过一条9尺×12尺、120多磅的地毯。

1953年，女儿绍德出生。1956年，次子绍九出生。家里又多了两张嘴，原本拮据的生活更艰难了。后来李金殿不给发地毯了，说没有了。他一共才发来3千多方尺，应该还有6千多方尺。我也没办法去台湾追要，只好作罢，地毯损失了约三分之二。没有了货源，仅靠卖一点存货，一家五口能维持多久呢?

二　另谋出路

涉足皮草　1949年美国对华实行禁运，在朝鲜战争期间（1950年6月—1953年7月）达到高峰。香港经济因此而受到严重影响，进出口生意锐减，地毯业也日益萧条。1953年，我和朋友李润田、谭景才各出1600多元，凑了5千元，合买了一辆二手美国雪佛兰车，轮流学开车。那时学开车没想过是为以后享受，是考虑一旦生意不好也可去开出租车赚钱养家糊口，准备一条生存的后路。

香港是一个国际贸易中心，经商者来自世界各地，学习英语成为我创业的第一需要。白天辛苦地做生意，晚上我就去易通英文夜校学英语。夜校老师给我起了个英文名叫Michael，直到现在我还在用。在那里，我认识了一位叫方浩然的同学，就是他，引领我步入了皮草业。

我和小方是同桌，很要好，经常一起学习英语。每天天不亮我们就爬到京士柏山顶上朗读英语会话，一小时后互相背读。这样苦学了一年，我的英语水平有了很大长进，能用英语进行日常对话应付生意了。在上海开展“三反五反”运动时，二叔遭到审查和批斗，我在香港无法安心经营，也无法安心读英语了，就结束了夜校的学习。

小方是宁波人，父亲是蒋介石的护卫，打仗的时候死了。他父亲也有堂兄弟四个，他四叔是香港一家大皮草店——西伯利亚皮草店（Siberian Fur Store）的老板。他和二叔、三叔都在店里给四叔打工，没有股份。

小方是个很精明的年轻人。他知道我的亲人都在上海，就带我倒卖黄狼皮——在上海买皮，发到香港，然后由我出面卖给他叔叔。那时候黄狼皮十块钱一张，我本钱少，没力量多进，每次只进1至2千张黄狼皮，5至10张黄狼皮大衣片。走货都通过银行，上海那边将货交给银行，货到香港我付款提货。上海人工便宜，手工也不错，小方是行家，一看确实是好货，每张皮就加个一两元。一般每张黄狼皮赚一两元，每张大衣片可赚200元，每年倒卖五六次。

小方不出面，也不出钱，依旧在他叔叔店里工作，一切都由我操办，但纯利分给他一半。我在香港人生地不熟，没门路，没经验，也没资本，所以只能依靠小方。那时父亲和继母、八弟、妹妹都在上海，守着大有公司卖点存货。我从上海进货都通过二叔的大华地毯公司，父亲没沾着光。

后来小方提议，在港将大衣片吊上里子，做成成衣出售。他找来裁缝缝制毛皮大衣及披肩等小件商品，托人介绍到香港最著名最高级的外国百货店——连卡佛百货商店（Lane Crawford Store）寄售。卖出后店方抽取卖价的30%作佣金。这样一加工能赚到原来利润的两到三倍。两年后，我俩各分了4.8万元。小方没结婚，没孩子，都积攒起来了。我有店有家开支大，收益全做生活开支了，也没存下富裕钱。

当时制作毛皮服装的经验很少。一次，店主见我寄售的衣服毛不顺不亮，让我修整一下。我取回来，用粗藤条用力拍打，然后喷上水把毛刷顺。玉霞提醒我，拍打不可太用力，不然会把皮板打坏的。我向她发火说：你懂什么！我把衣服逐一修整好后送回商店。不料过了没几天，店员让我去看看。到商店一看，有几件衣服上竟出现了许多小洞，真被我打裂了。我只好再次取回家，向玉霞认了错，让她拆开里子缝补，又修整了一次。我们在这家商店大约寄售了两三年，生意很好。

玉霞在缝皮领(1964)

皮草行业有一个特点，衣服如果做错了颜色、款式或尺寸，都能重新修改再出售。做这一行，只要守本份，讲诚信，能吃苦，就一定会成功。

后来，小方跟他四叔闹翻了，住到我家里，晚上就睡在地毯上。有一次，他当着我的面在电话里和他叔叔吵骂起来。我劝他："不能对长辈这样，没有叔叔，你怎么能来香港，怎么能学到手艺呢？"清官难断家务事，他听不进我的劝说。

1956年，小方告诉我，他想自己开公司，让我帮着找个合适的店。碰巧我亲戚姚文超的古董店有闲置的柜台出租，而且位置很好，在金马伦道，我便介绍他在那里以月租500元租了一排衣橱柜。他就此成立了James Fur Co.。

小方开店时，我真心实意想帮他，把放在连卡佛百货店寄售的衣服一下拿回来十多件，摆到他的店里撑门面。不久他从我家搬出去了，也不再与我合作了。我摆到他店里的衣服他只是拿来做样子充数，如果有人买，他就按我的样子给人做新的，不卖我的。他既聪明又能说，在他叔叔店里工作多年早已成了皮草行家，跟毛毛匠和熟练工人也混得很熟，他买了皮子，拉了毛毛匠自己做起来驾轻就熟，做得风生水起。后来我亲戚说，那一年他赚了40多万。当时全香港只有两三家皮草店，皮草生意毛利润高达300%以上，店少利大，很容易发财。

当时，我还继续倒卖黄狼皮和大衣片给小方的叔叔，上海有货来，我就叫小方的三叔来看货，也继续做成衣在连卡佛百货店寄售。生意不多，也赚不了多少钱，我就琢磨，要想发财，也得像小方那样自己开店。我便对小方说，也想开皮草店，请他指点。不料他却即刻翻脸，断然拒绝说："你做你的地毯，做你的黄狼皮买卖，你不可以开皮草店，否则我们就断绝朋友关系。"我真没有想到我的好朋友竟然为了自己的利益置友情于不顾。但是，我认准了皮草业蕴藏着巨大的商机，没有动摇，下定决心要在这个行业发展，绝不会因他人反对而改变。

时过境迁，我对小方当年引领我进入皮草行业永远心存感激。

办皮草公司　在地毯业有一位河北老乡叫李庚杰，他原在上海开了家北京地毯公司，经营得很好。他是个大老板，据说来香港时带了不少钱。到了香港，他主要是打打牌，跳跳舞，享受生活。他在我店里放了个写字台，摆着点地毯，有一搭无一搭地做点生意。他很实在，不会耍滑头，我俩很合脾气。我见小方开皮草店很发财，自己又懂点皮草，就和他商量："咱俩小本投资，合作开个皮草店如何？"我们一谈即成，他出1.5万元资金，我出价值1.5万元的皮草衣服存货，共投资3万元，在金马伦道7号我亲戚万君良先生的服装店中，以每月500元租下一个"L"形橱柜，于1957年11月18日成立了香港皮草公司（Hong Kong Fur Company）。

此前香港只有3家皮草店，即：西伯利亚皮草店、巨安皮草百年老店和James Fur Co.。香港是世界大都会，是国际金融中心，在全球都极具吸引力，“香港”叫着又响亮又容易记，所以我就起了“香港皮草公司”这样一个名。这是我创办的第一个公司。

我和玉霞在门市接待顾客(1964)

李庚杰对我非常信任，我们没立协议也没签字，公司一切业务均由我自主发展。店里能摆挂20件衣服，开业时店里的大衣多数是向同行借的。毕竟我不是皮草内行，开业后遇到很多难题。比如：怎么开小工厂？怎么请工人？去哪里买机器？到哪里买水貂皮？等等。我店在小方店的斜对门，遇到不懂的我就去向小方请教，可他不告诉我，我只好自己想办法。

在上海时，李庚杰的公司隔壁是一个皮草店，店里有个江苏的毛毛匠叫孙庭椿，他们很熟。碰巧孙师傅也来到香港，在一家皮草店内打工。李庚杰就把他拉过来帮忙，又请了个徒弟，也是孙师傅的亲戚，叫端木家胜。

通过银行，我查到了卖机器的那个公司，知道了机器的牌子、找到了公司的地址，买来了机器。

有了工人和机器，我们就在大中地毯公司那间8尺×12尺的头房里开了个小工厂。两个工人在这里做黄狼皮大小衣片，我们再把衣片发给外面的小家庭裁缝吊里子。有个裁缝叫沈耀明，他住在赫德道1号地下，离我们很近，我们有活就发给他做。有时候活多他做不过来，我们还发给一个叫高福财的毛毛匠。他在自己家里开了个小工厂，雇了两三个工人代客加工。后来我们生意忙了，就又请了一个叫张小弟的工人。他们三人就挤在这个不足100方尺的小工作间做活。

这期间九龙又陆续开了七八家皮草店，过了两三年同行更多了。皮草业一旦形成规模，自己就不用出去买皮子了，卖皮子的就登门推销了。有个卖皮子的叫王德昌，南京人，还有一个叫陈元善，外号陈聋子，我跟他们熟了以后能赊欠两三个月，这样资金就周转开了。

当时我店只卖黄狼皮衣、兔皮衣、羊皮衣等低档衣服，做不着大生意。貂皮衣服档次高，利润大，我决定做貂皮衣服。

我查看以前小方和我合作时买貂皮的单子，找到卖貂皮的维逊克皮草公司（Weinschenker Fur Company）在纽约的地址，一个挺长的名字，寄去一封简单的英文信，写明我要买几张皮（那时候一张貂皮要数十美元）。很快对方就回电了，真是太高兴了。他要我买一张美金银行汇票，到香港机场去拿邮包，我给了支票他们才让取货。这样买了五六次货之后，他才记住我。

买来貂皮先做围巾披肩，开路子，找经验，然后再做貂皮衣服。那时一件貂皮大衣两个人做也要一两天，成本在2万左右，做成后能赚一两倍多，相当于买一层楼的钱。同行中如果谁卖了一件貂皮大衣，全香港就出名了。开始我还算不清成本，即使接到做貂皮大衣的生意，也不会要价。后来请教工人才知道，做明克大衣，公貂皮用25—30张，母貂皮用50—60张。当然大衣样子不同，尺寸不同，用料也有相应变化，所以接生意要格外小心计

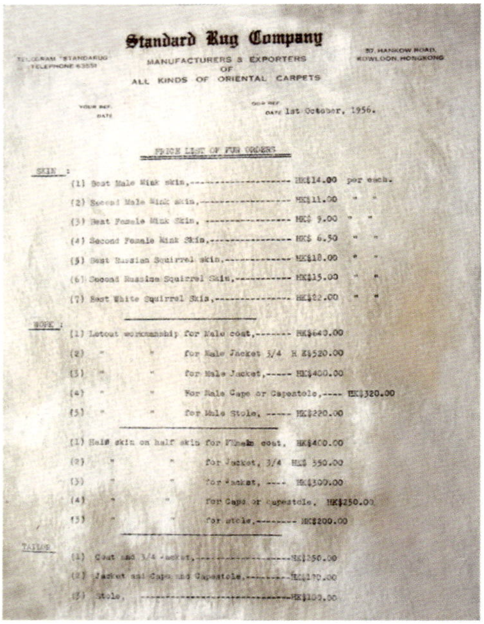

Standard Rug Company

TELEGRAM "STANDARUG"
TELEPHONE 63551

MANUFACTURERS & EXPORTERS
OF
ALL KINDS OF ORIENTAL CARPETS

57, HANKOW ROAD,
KOWLOON, HONGKONG

YOUR REF.
DATE

OUR REF.
DATE 1st October, 1956.

PRICE LIST OF FUR ORDERS

SKIN :

(1) Best Male Mink skin,------------------ HK$14.00 per each.
(2) Second Male Mink skin,---------------- HK$11.00 " "
(3) Best Female Mink Skin, --------------- HK$ 9.00 " "
(4) Second Female Mink Skin,-------------- HK$ 6.50 " "
(5) Best Russian Squirrel skin,----------- HK$18.00 " "
(6) Second Russian Squirrel Skin,--------- HK$15.00 " "
(7) Best White Squirrel Skin,------------- HK$22.00 " "

WORK :

(1) Letout workmanship for Male coat,------- HK$640.00
(2) " " for Male Jacket 3/4 HK$520.00
(3) " " for Male Jacket,----- HK$400.00
(4) " " For Male Cape or Capestole,---- HK$320.00
(5) " " for Male Stole, ----- HK$220.00

(1) Half skin on half skin for Female coat, HK$400.00
(2) " " for Jacket, 3/4 HK$ 350.00
(3) " " for Jacket, ---- HK$300.00
(4) " " for Cape or Capestole, HK$250.00
(5) " " for stole,-------- HK$200.00

TAILOR

(1) Coat and 3/4 Jacket,------------------HK$250.00
(2) Jacket and Cape and Capestole,---------HK$1?0.00
(3) Stole, -----------------------------HK$100.00

我亲自核算设计的公司第一份皮草成衣价目表(1956)

算成本。

我就是这样一点一点地摸索出来的，同行是冤家，没有人肯真的教你，必须自己动脑筋钻研学习。

直到1962年二叔来港前，李庚杰怕他来后找我麻烦，要求分伙，我们的合作才结束。我退了店，把公司迁至家中继续经营。

幸遇贵人——尼克斯夫人

开店以后，如有客人定做衣服，我就向同业借几条水貂皮给客人看，问清客人要什么样子、什么颜色，然后再拿着样本，带着裁缝师傅上门，让客人试穿布样，量身定做。都是一样的毛毛匠做出来的，我的工艺比其它大公司只好不坏，而卖价却便宜五六成。对客人定做的每件衣服，我都亲自严格把关，不敢麻痹大意，更不会投机取巧。我努力让每一位客人都满意，不管是对我的产品，还是对我的服务。

有一次下大雨，一位德商希斯太太（Mrs. Zils）因第二天要离港回国，让我把她定做的大衣送过去。希斯太太住在山顶，因大雨上山路有两段不能行车，电缆车也停了，我就让大儿子陪我沿着电车轨道步行上山。雨大路滑，我们走了约一个半小时才到山顶，按时把大衣送到她手中。希斯太太很满意，很感动，一再向我表示谢意。

我服务周到，定价合理，为人诚实，给许多客人留下了良好印象，赢得了他们的信赖，也让我有幸遇到了一位贵人——尼克斯夫人（Mrs. Nichols）。

与Mr.& Mrs. Nichols合影(1964)

尼克斯夫妇是英国人，那时都50来岁，尼克斯先生任香港英美烟草公司总经理，尼克斯夫人，灰白头发，温文尔雅，是个热心肠。1960年，她在我公司定做了一件皮草衣服，感到十分满意，此后陆续给我介绍了不少生意。

尼克斯夫人爱打桥牌，周日休息时经常邀上3位好友到家里打牌。有时她打电话给我，让我带着皮草样本和几张皮子过去，向好友们推荐我做的衣服。她的好友都是当时香港社会名流的夫人，我每次去都能接到生意——定做一两件大衣或短衣。这样做了两年之久，我又认识了几位尊贵的客人，有亚细亚石油公司、怡和洋行、汇丰银行、渣打银行等洋行大班的夫人，有教育局长、警察局长等政府高官的夫人。她们又热情地给我介绍新客人，这样一个传一个，使我有了不少客户，也有了点小名气，我的生意渐渐地做起来了。

创业之初，我财力小，经验少，也没名气，尼克斯夫人给予的帮助弥足珍贵，我和玉霞非常感激她，曾多次邀请他夫妇来家做客。

十多年后，尼克斯先生退休了，他们回到了英国。

有一年，我到英国谈生意，特意去拜访他们。他们诚恳挽留我住在家中，盛情款待我，就像招待一位久别重逢的老友。

后来，我再次去看望他们的时候，尼克斯夫人已经与世长辞了。她儿子陪我到她坟墓上拜祭，我感念她的恩情，将身上带的念珠十字架埋在她的墓旁，愿天主保佑我的贵人在天堂永享安乐。

开服装店　万君良是万丹卿的胞弟，原本在香港经营着万昌地毯公司，资产超过百万元，在地毯业中是财力最大的。但是，他嗜赌成性，打麻将、推牌九不分昼夜，叫同事们陪他玩，不玩不行，根本没心思做生意，还曾几次被老千“关照”。

有一个老千盯上了他，和他合伙做土豆进口生意，说好获利各半。他投了不少钱，开始分了点红，得了甜头，结果却中了圈套，血本无归。

接着又一次，这家老千公司骗他说：到夏威夷买一艘美国旧战船，把它运回香港拆解了卖废铁，能赚两三倍。一艘旧战船价值100多万美元，各投资一半，半年后即可获利。老千公司说得有鼻子有眼，诱惑力很大，他认了真。双方讲好先把钱存入银行临时户头，然后再共同到银行签字汇钱到美国。结果钱汇去后音信全无，去找这家公司，公司已经关门，再也找不到人了——他又中了圈套。这次损失十分惨重。

后来他的地毯公司转成了西装店。开始店里的生意不多，但也算可以。有一个国泰航空公司的王彼得先生（Mr. Peter Wang）在飞机上工作，经常带客人到他的西装店里来做衣服。他仍旧天天沉迷赌钱，不照看生意，西装店经营了两三年就支撑不下去了。就这样又赌钱又被骗，百万家产几乎被他败光。

他的店所在的街道是旅游区，客流量大，很有发展潜力，而且这个店开业时间不长，也有点生意，关门挺可惜。店里有位老伙计叫宋鸣皋，是我表叔，为万先生打工多年。他提议，拉几个朋友凑点本钱，把这个店承包顶租下来。另一位工友周学勤当即表示赞同。他是上海人，大学生，英文很好，很有口才，在上海巡捕房做过侦探，还代我写过英文生意信。店内的裁缝彭金龙也愿意参股。他又拉上一位女装老裁缝朱师傅和一位男装裁缝王平富。我本来就在这个店内租着摊位经营皮草，也算一股。我们六位小股东都想做做老板，都想尝试一下，都想有机会发财，于是每人5千凑足3万元，就把店承包下来，更名为永和服装店（Everfit Tailor Shop）。

没料到真正做起来并不理想，生意有时清淡有时忙，很不正常。每月付房租就要几千元，再加上职员薪水、生活费、水电费等等，总是入不敷出。我们这些小股东又没有一个是有财力的，需要钱时都无力再投入了，没到半年服装店就难以为继了。后来，我的皮草店搬回家里，服装店也关了。

开永和服装店让我得到一个教训：做生意股东不要太多，人多意见多，很难按自己的想法去做。买卖或大或小都要自己做，一个人做决策最妥当最安全。

代客采购　二叔有位同业好友叫张静民，他是上海静安寺路金龙地毯公司的老板，很有财力。他有两子一女，均毕业于上海圣约翰大学，女儿后来又赴美求学。1949年，他带领长子张天真、次子张福真来到香港发展。

他们刚到香港就被老千公司盯上了。

老千公司是香港一家花边台布公司，劝他们去南美做台布生意。他们轻信了这个公司的花言巧语，就买了上百万元台布运往巴西。装货前，这个公司叫他们到货仓开箱验货——其实只是看样品——他们一看没错就装运了。

一个月后货到巴西，张福真在巴西提货时开箱一看，货全部是水渍变质、存仓很久的废布，不值钱，没人买。张福真一下子气疯了，在巴西住了几个月才回港。

他们告那个公司，官司打了一年多，律师费也花了不少，但是没用，因为那个公司关了门，人也早溜了，找不到人赔偿。他们中了人家的圈套，损失巨大。

我和张天真常联系，他有学问，懂外语，有时请他写封英文信和外商联系皮草生意，有时请教他怎么扩展生意。

我关店以后，他们一家已经移民美国三藩市，张天真在唐人街Grant Ave开了一个中国工艺品商店，主营古玩首饰，并做男女服装业务。

他来香港采购货物时，让我代他定制男女装，给我两成佣金。他在美国接了西装、旗袍等生意，给我尺寸，我就在香港找人做好，然后发给他。他在香港认识一位专做高级男西装的唐哲甫师傅和一位专做旗袍的杨师傅，来了生意我就去找这两个裁缝及小工厂定做。为此，我还专门成立了一个代客采购公司，英文名字叫Kowloon Purchase Service Co.。有时他也托我在香港买手镯、手链等小首饰发给他，生意都不太大。

后来，他介绍了一位在美国赌城开衬衫店的老板与我直接交易。这个老板专做男衬衫，规模大，订单比较多。

代客采购业务持续了两三年，赚了一点钱，成为我关店后一个重要的经济来源。

三 艰难的岁月

二叔返港 从二叔来信说他一家要来香港，我和玉霞就开始找房子，因为汉口道二楼的房子太小，二叔他们来了根本住不下。1960年，玉霞在离汉口道不远的赫德道23号地下，找到一层五间大房。业主叫陈秉权，是澳洲华侨，非常和善。这套房子1300方尺，带有后院，不靠商业街，每月租金600元，玉霞很满意，就租下来了。

二叔他们来港之前，我们把房子转租出去一部分赚取房租。前头大房有150方尺，每月租金220元；中厅（一间小房）留作皮草业务办公室；第三间房租金180元；第四间房150元，租给了一位高太太；后院还有一个小石屋80元。高太太的先生高述友在一家玉石器公司里当伙计，后来自己跑点小生意。她还有个老妈妈，住在房内自己搭建的小

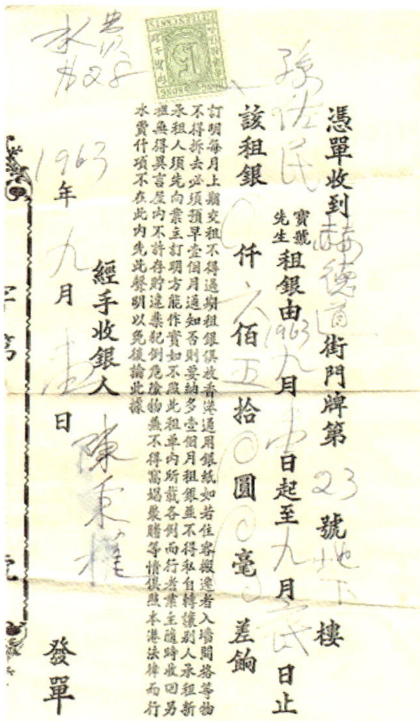
憑單收到　街門牌第　號　樓
實號先生租銀由　月　日起至　月　日止
該租銀　仟　佰　拾　圓　毫　差
訂明每月上期交租不得逾期租銀俱收香港通用銀紙如若住客搬遷者入墻閘格等物
不得拆去必須預早壹個月通知否則要納多壹個月租銀並不得私自轉讓別人承租新
承租人須先向業主訂明方能作實如不照此租單內所載各例而行者業主隨時收回另
租無得異言屋內不許存貯違禁犯例危險物叢不得窩娼聚賭等情俱照本港法律而行
水費什項不在此內先此聲明以免後論此據
經手收銀人
年　月　日　發單

旧时交房租的凭单(1963)

阁楼上。

我们则住在尾房（也叫工人房）。尾房在后门上楼的楼梯下，屋里有个斜角，刚好放下一个木箱和一张双层小双人床。我夫妇二人挤着睡下层，女儿和小儿子睡上层，大儿子就睡在木箱上，一家5口在这个小屋里凑合了有1年。有一次，小儿子半夜尿床了，小便滴到我身上，我在睡梦中惊醒，大叫："下雨了！下雨了！"现在想起来真是既好笑又心酸。

1961年，内地政策不那么紧了，开始放人出来了，二婶和素贞妹来到香港，随后三妹（胞妹秀荣）也来了。

1962年，二叔在时隔11年后返回香港。他返港时，我花了500元坐大船到澳门去接他，在那里过了一夜。晚上，我向二叔汇报了香港的情况。我说："叔叔，对不起，我没本事，大中没有了，地毯还剩三五条，大的卖不了，都摆到您的老朋友宋宝骞先生的地毯公司寄售。平时积攒的一点资金都投到皮草店里了，我还卖了一阶段服装，现在皮草店关了，服装店也关了，一切要从头开始。这些年，我在香港还能谋生，请叔叔放心，只要有吃的，我会先给您老人家吃。"二叔听了只是点头，并没有责怪我。

二叔来后，我们腾出前头大房不出租了，让叔婶及素贞妹住。他们谁也没有找事情做，吃住都由我负担。

玉霞负责照顾全家九口的日常生活，尽心尽力侍奉叔婶。一下子增添了4口人，又减少了房租收入，总感觉钱不够花，为贴补开支，玉霞就和一位来自山东的好友王太太一起蒸菜肉大包子，到附近裁缝厂去卖。卖了一两周，被我发现了，我坚决不同意她继续做下去，一是因为这些裁缝厂熟人多，觉得很丢人；二是裁缝厂里都是一些年轻男工，多有不便；三是蒸包子卖很辛苦，也赚不了多少钱。在我的极力反对下，她们只好收摊。

我在家里继续做点皮草生意，做衣服，改衣服。我家住地下，没有门窗临街，只能靠登小广告招揽顾客，靠电话联系业务，我必须天天在家接电话等生意来。周学勤还在帮我写英文信，一封5元。平时他给打好，我就多看一两遍顺便学习，但是记不住。过了一段时间，我对他说："你别打了，你给起草，我自己打吧。这能逼着多学点英语。"就这样，我边打边记，英语水平有了很大长进。有简单的英文信，我就自己写，再请周先生修改。有个外国客人也给我帮过忙，他教我写广告，给我编词。

那时候3个孩子都念书了，为省学费，都进了天主教教会的德信小学，学费只有10元。他们是先入教会成为信徒，才得以进校的。教会经常派发奶粉、大米、糖等救济品，我们节省下来就寄给北京的家人，那时他们的生活特别困难。

二叔来港后改名为孙甫臣，用这个名字给人看看病，开点中药，收点医药费，还收了一个徒弟。找他看病的人不多，他收入也不正常，因为他不懂广东话。每天早晨他都去京士柏公园练易经健身拳，还教了一些学生。

分家　一转眼，二叔来港有半年了。我的生意虽然在家中，但还算可以，能养家，能维持日常生活开支。每天一两个电话，约好了，有谈成的，有谈不成的。

有一次王德昌来卖黄狼皮，我赊了500张，赊两个月。二叔一看我生意挺忙的，还行，也不说什么。一天晚上，我和玉霞去送代客加工活儿回来，都9点多了，二叔把我叫进他住的大房内。屋子中间摆着一把木椅。

“连义，过来！”他厉声命令道，又一把将我推坐在椅子上，扑通一声他跪在地上，给我磕头！

我吓得不知所措，急忙问：“二叔，您这是干嘛？怎么了，怎么了您？”

他指着我开始破口大骂：“你小子还想在香港混啊，你休想！你没良心，你黑心了，你好不了！”

他骂了我半天，又骂玉霞，骂得不堪入耳。

当时我真是一头雾水，不知发生了什么事让二叔生这么大的气。我壮着胆子上前请他老人家别生气，有什么不满尽管说出来。

他说：“分家！”让我把钱全吐出来，交给他。

既然二叔想分家，那就分吧。其实，他一到香港我就将银行存折及账本全交清了，我没贪钱，也没有钱可交了。但是他不相信，总认为我私下里还有钱，装穷，任我怎么解释他都不听，不依不饶。实在没法了，我们夫妇俩就从家里躲出来了。

半夜时分，我们漫无目的地坐公共汽车到了九龙西边，跑到荔枝角山上抱头痛哭。二叔这样吵骂让我们又伤心又害怕。扪心自问，我们真心实意侍奉二位老人，不曾有半点贪心，但却遭到二叔的怀疑和辱骂。那一刻我绝望至极，感叹在香港这个众生云集的世界里竟没有自己的立足之地，就想跳海死了算了，一了百了。

玉霞哭着阻止我说：“不行，你这不是傻瓜啊？咱们还有3个孩子呢？”

“叔叔老是吵骂，也不是个事啊。”

“咱不和他吵了，他要分就分吧。钱和东西都给他，我们不要。我们从头再来。”

玉霞的劝解让我冷静下来。是啊，我还有3个孩子，还有太太，怎能不负责任地抛下他们呢？只要肯吃苦，不怕累，有什么困难不能克服呢？

当晚我们没回家，在油麻地一家小酒店度过了一个终生难忘的不眠之夜。

第二天早上回家，我先送孩子上学，然后就向二叔赔罪。我问：“我怎样做您才满意呢？”二叔坚持要分财物，我一口应允。当天，我们请来表叔宋鸣皋看账点货，看银行簿，立了分单。

我与李庚杰分伙的时候，包括皮货作价每股分得3万多元。李先生分的货贱卖给皮草同行了，按本金算没有赔。我分的货照价扣除外债后的三分之二，加上没卖出去的几条地毯——摆在李庚杰先生店里的几条小的和一位楼先生的地毯店里的一条大的，都写给了二叔。万君良先生欠我5千元房租押金，这笔押金有欠条，也给了二叔。我说，地毯和5千元欠款归您，皮货归我，我卖了钱也给您。那时候，我欠的外债共有2.3万元，其中借着山东王太太1.5万元、宋表叔8千元。这都是长账，利息3分。

过了有一个月，二叔看我有生意，觉得不合算，便找来地毯业的好友李庚杰、万龙桓、王德纯、姚文超做证人，要再次分账。可我还是那个账目数，我跟二叔说：“您逼死我，我也没了，身上1元钱也没了。我还有外债2.3万元没还，要从皮草货款中扣下，这是实在的欠款，我要讲信用，将来连本带息一定要还的。”叔婶仍然不相信，认为我还有钱。实在没办法，最后我连几个港元、几件皮草衣服甚至我借的钱统统写给了二叔。这等于我要负担双重债务，还债权人一份，还要给二叔同样一份。

大中公司本来还有我父亲三分之一的股份，我也不要了。这些年，二叔在上海购地毯和黄狼皮的盈利也应有父亲的三分之一，他从未分给过父亲，我也不追究了。我让二叔在上海买货卖货，有时货去了钱不来，有时钱去了货不来，我也不计较了。记得有一批炭芯棒，价值2万多元，货到了上海，钱就没有回来。我说："只要二叔满意，只要二叔觉得合适了，我都给二叔。"我自小跟他二老生活，这也算是我的回报吧。

分家以后，我们和二叔一家在一起又住了一年多，玉霞虽不再给他们做饭洗衣了，但仍没收过他们房租。有一次，房租拖欠快一个月了，房东直催，可手中钱还差400元，我只好去借。亲戚万龙桓在邻街河内道开万隆公司卖地毯，我去向他借，不料他说不方便，没借给。可能他也认为我有钱，是在装穷吧。当我失望地转身离开时，在他店内卖台布的李先生跟出来，对我说："我借给你400元，先去付房租吧！"李先生的话音还没落地，我的眼泪就流下来了，他的热心相助使我万分感激。在遭到别人误解的时候，有人肯相信自己；在遇到困难的时候，有人肯伸出援手，这种真情让人永远都不会忘记。李先生的钱，我不多日就归还了。

这时意想不到的事发生了。房东陈先生来信通知，他急需这房子做货仓存进口货，要收回前大厅二房三房，要我们在半年内搬出。房东想提高租金，可看我不富裕不能加租，于是就收回房子租给别的公司。

没办法都得搬，别的住客都没什么意见，只有叔叔不同意，他认为是我叫房东收楼赶他走，要我付他 5 千元搬家费才肯搬。那时候 5 千元是个不小的数目，我和玉霞委曲求全，请房东借给我们 5 千元付二叔，让他搬出去。陈先生见我老实诚恳就答应了，我写下借据，半年内还清。当我把借来的 5 千元交给二叔的时候，他仍不相信钱是借的。他说："你早给我钱，我早就走了。"

他搬到旺角的弥敦道大街二楼，隔壁是恒生银行。他在向街的一面，挂了个"孙甫臣——中医师"招牌，仍旧给人看病。我们从此中断了联系。

我们一家仍住在原来的工人房。那时候绍曾十一二岁，他知道我和二叔之间这些不愉快的事。有时我带着他遛弯，走到二叔的楼前，在大街对面指给他看，告诉他：二爷爷、二奶奶就住在二楼。我们只是看看房内开没开灯，然后就走回家来，来回要走一小时的路。

虽然跟二叔闹得如此不愉快，但是他的养育之恩，我一辈子都不会忘记。虽然他对我的误解很深，我不能在他跟前尽孝，但是我一直在心里默默地祈祷：希望有一天他能明白我的心，希望他老人家晚年过得快乐幸福。

四 柳暗花明

缝毛衣里 跟二叔彻底分开了，心里坦然了，没压力了，半年后，我的生意开始一步一个台阶地向上走。

有一家毛衣钉珠绣花厂，向外发手工活，给毛衣穿珠绣花，然后缝上小丝绸里子把里面露着的线头遮住。当时香港服装出口规模极大，这是个非常热门的行业。玉霞找到这家工厂，先在工厂内学了几天，学会了就把毛衣拿回家来缝。后来她又学会承包，一天拿一二百件转发给别人加工，每件能赚两毛钱。我们租了楼下后段的两间房，又在天井中搭起了棚子，玉霞找来吴太太、高太太等五六个同乡亲友在这儿一起缝，像个小工厂一样。

忙时我也帮着缝，我不会用顶针，只能用食指肉顶。时间长了，手指头都扎破了，有了烂肉眼，玉霞不让缝了，我就用缝纫机，学裁里子。我是左撇子，右手不会用剪。裁里子本来一件一件地裁，太慢了，不适合大量生产，我就折叠起来，一剪子可剪一二十件。我们每天都做到夜里一两点，第二天一早7点就去交货，还得送孩子上学，非常忙碌辛苦。

我们一边缝毛衣里，一边仍做着皮草生意，但是，捉襟见肘的经济状况并未得到根本改变。

遇到资金周转不开时，我就去钱庄借，或找亲戚朋友借。借大钱的时候，找过山东老乡杨子康先生（英国籍）、上海朋友柏如琢先生（利登制衣厂的厂长）等。无论多少，每次每笔借款我都按期付还，从未失信于人。

那时候手里不宽绰，做什么都得算计着花。孩子们礼拜天要看电影，我有时就领着他们到乐宫楼戏院大厅遛一圈，看看电影图片介绍，看一遍就回家睡觉。他们也不闹，很懂事。那时一张前排电影票4毛钱，3个孩子1个大人只花1块多，也还是舍不得。

这样做了两三年，才有点富裕钱。即使有点富裕钱，玉霞也赶紧存起来以备不时之需，不敢随意乱花。

重开皮草店 1964年初，丽东大厦建成不久，楼下沿街一层有个门店——么地道38号就开始招租了。业主叫陈从欣，广东人，是隔壁一条街上Astor Hotel的股东。38号店开间15尺，进深40多尺，为了便于出租，他把门店分成3间，前段的20多尺平分为左右两间小店，每间月租1200元，后段一间挨着楼内走廊，月租500元。当然也可以整个租下来，月租2800元，最少也得2500元。

玉霞送毛衣天天路过这个店门前，看了好喜欢，就对我说："咱们租一个店吧，在家做生意也不是个长久的办法，虽然经常有电话来，有点生意，但是不稳定。这个店的右侧斜对面就是著名的西伯利亚皮草店，在这里开店一定能抢些他的客人，会有生意的。"

我很赞同她的主意，第二天就去找陈先生谈价。

我说："我们刚创业，资金少，请照顾一下，租金再少点吧。"

"你没钱，我拿，咱们合作怎样？"他不减价，他有多位儿女，也想做个生意。

那时候么地道还不兴旺，过往的游客不多，但是皮草业已经开始兴旺，外边的同行越来越多，光开店的就有十家八家了。陈业主不懂皮草，看我没多大财力，就想与我合作。我和玉霞再三商量，觉得不能合作，咱太老实，他广东人有财力又精明，是不会合作长久的。玉霞坚持大小生意自己做，独资经营，觉得与人合作不容易。后来陈业主到我家来，一看既没货又没生意，也不敢与我合作了。经过两三天讨价还价，我们费尽口舌，终于谈妥，将三间店都租下来了。陈先生照顾我们，把月租减到2200

元，3年后可加15%，我们夫妇俩真是太高兴了，于是双方就签了协议。

我们随后找了一家名叫骆克记的公司对门店进行设计、装修。装修费一共4.5万元，先付三分之一，其余的交工后付清。我钱不够，向亲友借了些，凑够1.5万元，缴了首期。我的店离小方的店不远，我又厚着脸皮提前给他打招呼，请他帮帮忙，等完工后借给我3万元付装修费，他答应了。一个月后完工了，装修的来要装修费尾数，我去找小方拿钱，不料他却说手头也很紧，拒绝了我。我向装修公司求情，请准许我分3个月3次付清，按月息5%计，每月付1.1万元。这是很高的利息，装修公司爽快地答应了我。

店面采用黑白大理石装修，非常气派。店内前半部楼面高12尺，放了两排双层挂衣柜，上层挂短衣或皮张，下层挂长大衣，左右两边是长柜。后半部上面搭了一个高约5尺、面积约50方尺的小阁楼，我聘请的两位工人——一流的毛毛匠高秉钧师傅和他的徒弟就在这个小工作间里

皮草店开业时与亲友合影(1964.4.17)

干活。阁楼中间有一道横梁挡着头，站着不便，他们只能坐着工作。阁楼有一个小窗户，安有排风扇，通风还好。

店开张，衣服少了不行，我就去借同行朋友的，他们有的还把贵重的水貂衣服借给我。店内陈列的货差不多有四分之三是借来代销的。开张要选个好日子，玉霞特意请算命大师谢少石来看风水，选定4月17日为开张大吉日，店名仍叫香港皮草公司（Hong Kong Fur Company）。

与玉霞在店中合影(1964)

开张这天，很多亲友前来祝贺并送了花篮，很热闹。当天我们就卖了三四件皮草衣服，喜获开门红。

天降财神——多诺康纳先生 店里招了一位小店员，叫陈文德，上海宁波人，瘦瘦的，做事挺勤快。他晚上就住在店里，早上9点开门，然后就开始一天的工作——扫地、擦地板、打蜡、擦厨柜、擦玻璃、接待顾客……

开店不久，有一天我去得比较晚，9点半多才到。一到店里，小陈就递给我一张名片。

他说："刚才来了一位外国客人找你。他等了一会儿，你还没到，就留下名片走了，让你来了去国宾酒店见他。"

我一看名片，是加拿大的，也没去理他。10点多，没想到他打电话来了。

“你好，我是加拿大来的。我这里有水貂皮，你要吗？”

“对不起，我不买货，因为夏天快到了。”

“你来看看，来看看嘛。”

“对不起，我不买。”

“我急着回国，不想把货带回去了，请过来看看吧！”

听他这么一说，我有点心动，决定过去看看。到了国宾酒店，见到了这位加拿大客人。他叫多诺康纳（Mr. Donocana），光头，小矮胖子，很和善。房间里有很多各色各样的水貂皮、狐皮等，有的挂在架子上，有的堆在地板上。

他说：“我知道你，你是上海来的，原来卖地毯，在洋行很有信誉，所以我才去找你。你看看货，买点吧。”

“你知道我也没用啊。”

“同行很多，你不拿点货，怎么跟人竞争呢？”

我看了看他的货，还真不错，都是上等的好皮子，我就挑了200多张水貂皮。他又扔给我几把，我说不行。

他一看我挑得太少了，就说：“你要做生意啊，你对面就是西伯利亚大皮草店，没货怎么做生意呢？我过两天就要回国了，问过几家皮草店，能买货的没几家，如果你要的话，我就都给你，有两千多张。”

“这么多啊！我买不起，没钱。”我吓了一跳。

“我可以放你3个月或5个月分期付款。”

“这也不行，夏天哪能卖得了这么多啊？”

“那你觉得多长时间能给呢？”

“这我也说不准。”我心里真的没底。

“放你6个月，现在是4月，你10月开始给，可以吗？”

“恐怕到10月也都给不了。”

“那从10月开始，再分6个月给，行不行？”

“一年？真的？”一般赊货只是3、5个月，6个月是最多的了，这么一大批货，价值几十万，有人肯赊给你，而且时间又这么长，真是令人难以置信。

“当然是真的了，但是要加上利息。”

“可以啊，谢谢，太感谢您了！”我激动得快要蹦起来了。

“我相信你，你心里要有数。以后你需要什么，可以给我来信，我会再给你寄过来。”

“您给我这么大帮助，我永远都不会忘记的。请放心吧！”

我们当即签了协议。我写了分期汇票给他，每次到期他就可以通过银行向我收款。

多诺康纳先生简直是从天而降的财神！谈成这一笔大生意，让我兴奋不已。当然我们是用英语交谈的，英语真是一个重要的交流工具，感谢英语！

我仔细盘算了一下，卖皮子赚不了多少钱，如果做成衣服就是几倍的利润，一年的时间，完全可以把皮子做成衣服来卖。

店中小阁楼太小了，我就在本大厦租了一个1千多方尺的地库，把它改造成小工厂，然后请高师傅带领五六个师傅和学徒工在这里配皮、剪裁、制作。做不完的就发出去，发给外面的小工厂缝制加工。由于地库没有窗户，空气不流通，影响工人的身体健康，不到一年，我又将小工厂搬到赫德道23号我租住的楼下。业主把一楼前半段做了货仓，我租下一楼后半段，把两个房间打通做了工厂。

店里负责接订单，我就印了一个自己公司的小样本册供客人选样用。小样本册里的样子都是貂皮服装的，都摘自外国服装杂志，当时还不会自行设计。那时的皮草服装是为取暖实用，穿起来比较宽松，大衣的里面衬上一层羊毛绒，很厚很重，看起来比较死板。现在这种时装性质的，束腰、合体、轻便的皮衣，那时还没有流行。

店里的衣服多了，长的短的都有，客人也多了，有台湾的、日本的等。泛美航空公司的航空小姐们时常光顾，美国军人有时也来捧场，他们还介绍朋友来购衣。一直到了夏天，客人仍然不少。我的皮草生意逐渐兴旺起来。

欠多诺康纳先生的货款不到半年就还清了。他的帮助让我奠定了皮草生意发展的根基，也让我们成为最好最亲密的朋友。后来，我经常向他购买水貂皮以表感激之情。

与来店购衣的美国军人合影(1965)

我还遇到过一些财神送上门来的事，也许这就是财运，财运来时你推都推不走。为何财运对我如此垂青？我想，那是因为诚信。如果不讲诚信，财运便无从谈起。

五 最后一面

与父亲相聚广州 上世纪50年代初，我的家人移居上海。父亲不识字，不会讲上海话，没开店做老板，因此在“三反五反”运动中没有被批斗。

父亲得知我在香港开了店，而且生意很好，非常高兴。1964年冬，在八弟陪同下，他专程从上海来广州看望我全家。我和玉霞带着三个孩子赴广州与父亲、八弟团聚。由于当时店里很忙，玉霞见过父亲后就匆匆赶回香港去照顾生意了，我和孩子们特意留下来陪父亲。我们住在爱群酒店，八弟每天陪着孩子们打牌，玩游戏，他们在一起很融洽，很开心；我则陪着父亲聊聊天儿，遛遛弯儿。

从1951年到1964年，我与父亲有14年没见了。14年来，我一直在香港为生活奔波，没能尽到为人子的责任，深感愧疚。我十分珍惜这次相聚，总想多陪陪父亲，尽可能让他老人家享受一下天伦之乐。可是那时父亲已经有了病，得了食道癌，到了晚期，饮食都不顺畅了。每当看着他困难地吞咽饭食，我就十分心疼，难过得暗自落泪。听人说这种病“吃麦不吃秋，吃秋不吃麦”，我很担忧，又期盼会出现奇迹。

父亲仿佛并未把自己的病放在心上，他还是那样疼爱我，

我和玉霞与父亲在广州留影(1964)

关心我，不厌其烦地叮嘱我：勿赌，勿嫖，勿忘本，勿与二叔争钱财，要诚信经营，要刻苦创业，要争气要强……父亲抱病而来对我谆谆教诲，他的一片苦心让我永生难忘。

过了三天，孩子们要回港上学，我们不得不分别了。临别时，我给了父亲1万元钱，让他回去好好治病养病。那时皮草店才开了几个月，我们还有很多外债，手里很紧，1万元对我来说也不是小数目，但是至少这样做能让自己心里好过一点。

这次广州相聚竟成了我和父亲的最后一面。1964年底，父亲与八弟由上海返回北京的家。次年4月18日，父亲病情恶化，医治无效，撒手人寰，享年77岁。我远在香港，没有回京为父亲送终，只好带着妻儿在千里之外为父亲祈祷，愿父亲的灵魂永远安息。

我的老父亲，最疼爱我的老父亲离我而去了。他生前，我没在他跟前尽过孝，他去世后，我也没能奔丧，那种内心深处的自责、悲伤与愧疚有谁能体会呢？夜深人静的时候，想起小时候在父亲膝前的快乐，想起父亲带着我在故乡、上海、北京之间一次次奔波，想起父亲对我的教诲和牵挂，我就禁不住黯然神伤，泪流满面。过了好长时间，我的心才平静下来。

父亲去世后，八弟与几位亲戚将母亲的灵柩从北京西华寺坟地起出，与父亲的灵柩一起送回老家，把父母合葬在祖坟地。不久，继母离世，也葬在了祖坟地。

为二叔二婶送终 二叔和我分家以后，一直住在旺角弥敦道大街，靠行医为生。他原来有些积蓄，日子过得还不错。

我跟二叔在一起的时间比父亲还多，对他特别尊敬，视之如父。后来，由于他对我的误解，我们爷俩疏远了一段时间。我那时生意刚刚起步，手里也没有富裕钱接济他。

1966年6月，二叔去世了。我悲痛地抱着他哭喊："二叔，你起来，你查我的账啊！我说的都是真话，我都给你……"我多么盼望二叔能起死回生，能再多活几年，看着我如何争气挣大钱，好好孝敬他老人家，哪怕是和我吵架也好啊！但是，二叔再也听不到我的声音，永远闭上了眼睛。我想，二叔在天堂一定理解了我，明白了我的心。

二叔的葬礼是在香港殡仪馆举行的。殡仪馆问我：要什么样的墓地，7 年期的还是永久的？7 年期的，只要几千元钱，但是 7 年以后必须把遗骨挖出来再找地方。我见过挖骨的，我不能忍受二叔的遗骨再被挖出来。我说：要永久的墓地，钱我去想办法。我把家里的钱都拿出来还不够，又向老乡高玉昆先生（大营镇普路屯村人）借了 5 千元钱，把二叔葬在柴湾佛教坟场永久墓地。

二叔去世后，二婶搬到洛克道跟素贞妹一家住在一起。两年后，她得病去世，我也给她买了永久墓地。二婶和二叔同葬一处坟场，墓地相隔不远。当时手里的钱也是不够，我向房东陈秉权先生借了5千元钱。这样我也心安了，算是我对二位老人养育之恩的报答吧。

六 蒸蒸日上

大恩人摩肯先生 香港是海洋性气候，冬季只有两三个月，适合穿皮草衣服的时间很短。门店开业两年多，生意虽然不错，但具有明显的季节性，每年5至10月间买卖清淡，有时工人没活儿做。只靠做门店零售，没有大的发展。

这时有一个信息引起我的关注。国外皮草加工费很贵，而香港则便宜得多，比如做一件水貂串刀（一种最常用的改变毛皮形状的拼接技巧）大衣，在国外需1千多美元，在香港仅150—200美元，国外工人的工资是香港的5—8倍。如果做国外的来料加工，应该有利可图。也许觉得利润小，当时香港还没有人做这种生意。我认为，如果大批量加工，总体利润也会很可观，这是一个难得的商机。

Mr.Cyril Murkin到我家做客(1966)

怎样找到国外来料加工业务呢？这时我想到了西里尔·摩肯先生（Mr. Cyril Murkin）。

摩肯先生，英国人，时年50多岁，是一位皮张经销商，每年来港两三次。他是第一位到香港推销皮张的英国人。他经销皮张多年，人脉广，见识多，很有绅士风度，很爱教导人、帮助人。

我常买他的皮子，还请他到家里吃过饭，一来二去，我们结成忘年之交，成为关系最好的同行。当时，英国的皮草市场很大，仅闻名世界的皮草公司就有几十家。我想摩肯先生也许能帮我找到点门路。

我和摩肯先生谈了自己的设想，并恳请他帮忙介绍欧洲的来料加工业务。他欣然答应，表示会大力支持。经多次商议，他给我介绍了伦敦的一家大公司——先纳公司（A.D. Scheiner Co., Ltd.），让我先做一个小利生意。先纳公司专营麝鼠皮褥子，把几十张甚至上百张小麝鼠皮拼成一个皮褥子，再供给冬季大衣厂做内衬挂里子。先纳公司1年要做上百万条皮褥子，数量极大。摩肯先生让我去伦敦，亲自和这家公司洽商。

与Mr.Scheiner在我皮草店前合影(1966)

我来到伦敦，住在摩肯先生家里。他在一个写字楼工作，中午不吃饭，就吃一块巧克力，他说没工夫吃。他这种废寝忘食的工作精神，给了我很大触动，也让我特别敬佩。他带我见了先纳公司的老板。这位老板一直是把麝鼠皮运到希腊加工的。希腊是国际著名的皮草服装制造地，有一个城市仅皮草从业人员就有数十万人，高级毛皮技师散布世界各地。与香港相比，希腊的加工费很高，因此我们很快就谈妥了加工协议。摩肯先生又带我参观了另外几家公司，让我大开眼界。这是我第一次去英国，在那里待了三四天。

回港后，先纳公司先寄来2千张麝鼠皮，让我试做二三十条皮褥子。原皮是筒形的，先开裆破肚，上钉板拉平，再一张一张地配色配毛，拼成一个大长方形衣片。这里面没有什么复杂工艺，很容易生产，没多长时间就做完了。先纳公司收到货后很满意，要发运几万张小麝鼠皮来加工。本来这笔生意是给韩国的，先纳公司一看我做得很好，价格又便宜，所以决定让我做。此后我与先纳公司的合作一直十分顺利。

后来，摩肯先生又给我介绍了一位南非最大城市约翰内斯堡的大客户——德勃先生（Mr. Derber）。

德勃先生年轻英俊，很有气派，在本国开的公司很出名，专做高级水貂皮大衣片。摩肯先生是他在欧洲毛皮拍卖行买皮子的代理人。德勃先生的大衣片原来也在希腊做，经商谈，他一下就发来10件衣服的料子让我试做。按照他寄来的纸样，我只做衣片，不上里子，他们自己负责上里子，因为半成品托运，可节省许多进口税。我先试做了两三件，特地嘱咐工人要仔细认真，结果第一次就很成功。我做的大衣片不但比希腊便宜，而且手艺也不错，德勃先生十分满意，于是他就30件50件的让我做，没半年又进一步扩大了加工业务。就这样我们彼此信赖和愉快地合作了数年。

在香港同业中，我是第一个做来料加工的。来料加工促使我公司生产规模成倍扩大，工艺水平迅速提高，业务范围拓展到国际市场。来料加工充分发挥了香港当时的区位优势，对香港皮草业的繁荣发展产生了积极而深远的影响。在这其中，摩肯先生发挥了至关重要的作用。

摩肯先生还为我介绍过一个制作兔皮服装的生意。

英国有家公司大量经销兔皮服装，老板叫缪勒先生（Mr. Muller）。经摩肯先生引见，我与缪勒先生一拍即合。我在香港找有信誉的公司买兔皮，先做了几件服装样品寄给他。他一看很满意，就给了我一些订单。这时德国要举行一个皮草展览会，缪勒先生说我做的兔皮服装样子不错，可以去展出，约我一同去看看。正好我也想去考察一下，如果市场销售好，回来就开大厂。结果到了那里一看，德国皮草市场很不景气，我们没有接到订单，缪勒先生不想做了，与我的合作也就停下了。

我在创业时期得到了摩肯先生很多有力的指导和帮助，我小儿子在英国读书期间，也曾得到他的关心和照顾。他是我的大恩人，对我恩重如山，而我却无以回报，只有将他的恩情永远铭记在心里。

摩肯先生现在已经驾鹤西去，他当年创办的公司至今仍在香港正常经营，主管人是一位叫Tim Everest的年轻英国商人。

开皮草工厂 赫德道的工厂很小，除了做点成衣供应门市之外，只能承接少量加工业务，1966年，我开始为先纳公司大批加工麝鼠皮褥子时，就把小工厂搬到靠近机场的木厂街60号。厂房在一个老式住宅楼的顶层，包括天台在内，两层约1500方尺，月租600元。工厂有两位师傅带着16位新工人，共18位工友。我对工友很好，我赚得多就给他们多，他们都很听话，没有出过差错。后来工厂又上了加工水貂皮大衣片业务。

过了两年，先纳公司和德勃先生见我加工的货物美价廉，都要扩大加工业务，让我租大点的厂房。1969年初，我在九龙新蒲岗一个工业大厦，租下五楼整个一层5千方尺的厂房，正式成立了香港皮草厂有限公司（Hong Kong Fur Factory Ltd.）。成立皮草厂，投资很大，我拉了孙庭椿师傅和我的房客陈杰三先生（台湾某报主编）入股。我们一共投入10万元，他俩都没有大本钱，各出1.5万元，各占15%的股份，我占70%的股份。我们增添了机器，招聘了20多位男女工友。

从前，中国民间有一种传统，手艺一般传男不传女。这种观念在皮草业根深蒂固，做毛皮的老师傅都是南京人，以前都不招女工。然而，香港工业包括制衣业都有女工，而且女工手巧心细

在木厂街60号天台上的小工厂，工人在钉麝鼠皮褥子(1966)

又听话，甚至比男工还强。于是，在招聘工友的时候，我就招了一些年轻女工，并要求师傅们一定要教女工，不要墨守成规。经过再三劝说，师傅们才接受了，女工从此进入皮草业。此举开创了香港皮草业雇用女工的先河。

当时香港的皮草工厂一般只有二三百方尺，大的也不过千数方尺，都是小作坊式的。香港皮草厂有限公司是香港第一家真正的皮草工厂，也是同业中第一家做来料加工生意的工厂。

我和两位股东对皮草厂进行分工管理，他们主内，我主外。他俩都不懂生意经，生产管理存在很多问题，我提意见，他们还不服气。有一次，他们和我闹别扭，从厂里出去半个月不回来上班。还有一次，在用不用电剪裁衣里子的事上，我们发生了争执。厂里有电剪可他们不用，工人还是一件一件地裁，裁一件3元或者5元。

70年代我厂缝皮女工工作情景

我很生气，对他们说："买电剪是做什么用的？一叠十几件二十件，用电剪一剪就下来了，既节省时间又节省成本。你们不用，我买那个干吗？”

“你主外，你不能管厂内的事务。你这是越权。”他们不但不接受意见，还这样反驳我。

“什么越权不越权，你们做的不对，还不能说吗？那大制衣厂剪里子不都是用电剪吗？”

“你不能说这个，你越权啦。”

“你们如果继续这样，就别干了！”

“不干了，咱都不干了！”孙师傅和工人联合起来给我施加压力。

“不干？不干你们都走吧，无所谓，叫我求你们，我不会！”我就是这脾气，爱说事，爱管事，凡事认真，宁为玉碎，不为瓦全。

我们合作经营不到一年，意见总不一致，无法再继续了，就分伙了。

他俩同时退出，我退还了他们的本金，独资支撑工厂，继续经营。玉霞主要管理门店，我上午去店里料理一下，下午就去工厂安排生产。门店和工厂都很红火。

与赫米司先生的合作　日本神户有一家经销皮张的大皮草商行，叫K.Kobayashi Co., Ltd.，简称K.K.公司。我经常买K.K.的皮子，是K.K.的老客户了。K.K.认识一位美国商人，叫赫米司（Mr. Hermes），60多岁。赫米司先生是兔皮衣的首创人，想在香港找一家可靠的皮草厂家合作，专做兔皮长短衣生意。当时香港只有我一家正规的皮草工厂，K.K.就主动找来，把赫米司先生介绍给我。

赫米司先生并不是专做皮草的商人，他是要搞出一种新产品在美国开拓市场。他说美国需要大量的、低价的兔皮服装，他有市场，也有客户，而我有兔皮，有样子，正想发展兔皮服装生意，双方优势互补，不谋而合。于是，我们合伙成立了I.T.S Hong Kong Fur Factory Ltd.（意思是“这是香港”）。

赫米司先生先在美国拿来一些小订单，做有帽子的兔皮短衣，有缩腰的，有直身的。有帽子的皮短衣叫帕克（Parker coat），销售还不错。

赫米司先生思路新，有魄力，人是非常好，但是他没资金合作，计划太大，谱也太大。他去美国谈业务，坐飞机要头等仓，住酒店要大酒店，大量印彩色广告宣传，不知节约。他的观点是先下大本金再谈收益，我坚决不同意他的经营理念和方式，我们合作大约半年就结束了。他根本没出资金，所以退出也很容易。可能他看我没创造力，没大财力，语言又难沟通，才退出的吧。

我们分伙后，赫米司先生在香港登英文报寻找洋行外商投资发展新行业。他找到在香港的英国大洋行——和记洋行合作，投资大概500万，开了新的ITS工厂。

与Mr.Hermes合作开厂后的兔皮衣的样本

后来，我把

我厂的兔皮衣广告册(1973)

兔皮帕克拿到香港展销会上展出，美国客人就直接找我了。有的客户以前和我做过生意，通信联系过，他们知道我的地址。最初客户只有一两个，但是每次订单都很大，有一千件乃至几千件。那个时候不会为没订单头疼，就怕没工人做工。在生产过程中，我还注意不断改进兔皮制衣技术，最终，我的兔皮成衣打开了美国市场和欧洲市场。

毛皮碎料变成宝　在皮草加工生产过程中，会不可避免地产生很多毛皮碎料，其中包括割下来的腿部、头部、尾部的毛皮以及其它一些下脚料。这些毛皮碎料以前都被当作垃圾白白扔掉，既造成了很大浪费，又污染了环境。

与赫米司先生合作期间，他出了个好主意。他说，把这些兔皮碎料拼一拼可以做衣服，不用分颜色，不用分大小毛，也不用分形状，能连在一起，能铺平坦，能裁衣服就行。我听了茅塞顿开，此前从未想过这些碎料还有用。

怎么把它们连在一起呢？他说用胶水就可以。他买了两大桶软性胶水，把胶水涂在纱布上，再把兔皮碎料一块一块地粘上去。可是，这样拼接的碎料皮张硬梆梆的，做出衣服来都直挺挺的，没试验成功。这两桶胶水在厂里一直放了好几年。

虽然赫米司先生的试验没成功，但是他的创新思想给了我很大启发——用胶水粘不行，可以车缝啊。我一试，成功了。将碎料对齐，缝成一片，做好的衣服呈五颜六色，并有不规则图案，用今天的眼光看，可算是很前卫、很潮的时装了。

连缀缝合毛皮碎料是比较费工的，我就训练新工友来做，因为新工友工资低，这样能降低成本。

我用毛皮碎料做成的衣服，在香港展销会展出后，立刻得到经销商的认可。他们先下了小量订单试销，结果很受欢迎。我对外联络并不多，但是因为这种毛皮衣服物美价廉，不经意间，客户就帮我做了宣传推广，几千件甚至几万件的订单纷至沓来。真是“酒好不怕巷子深”啊！

市场反应很快，这项工艺香港同业不久都学会了，后来又在广交会上传到河北、山东、天津、上海等地的畜产公司。这里面没有多少技术含量，行家一看就知道怎么做。

1975—1985年的香港皮草业十分繁荣，一个大皮草厂每月仅生产水貂服装就达数千件。然而，行业越繁荣，竞争越激烈，有的同业一件貂皮加革短衣只卖三四百美元。这种衣服内行一看就知道用了几张貂皮，如果再加上人工，这个卖价别说能赚多少，根本连成本也不够。有人可能会问：这不是亏本卖吗？非也。他多销多产，多得下脚料，这些貂皮碎料做成的衣服每件又卖二三百美元。充分挖掘毛皮碎料的经济价值，已经成为一些精明皮草商在市场中克敌制胜的法宝。这种衣服的制作技艺也因此有了新发展，由原来制作有不规则图案的，改进为制作有规则图案的。

如果从世界范围来看，对毛皮碎料的利用并不是个新事物。希腊拼碎料就有几十年历史了，而且非常专业。香港皮草业兴起后，经常有希腊人来港收购貂皮碎料，每磅150多元。有的大厂没空拼碎料就直接出口希腊。

每件貂皮短衣可割下半磅多碎料，因所用的貂皮有公母之分，碎料的分量也会有一些差别。有的大厂平均每月生产4千件貂皮衣服，产生的碎料超过2千磅。一年最忙生产期有8个月，每年光卖貂皮碎料就可收入二三百万元。如果用它做成衣服，那么收入还能多出数倍。

在貂皮碎料中，最值钱的是貂尾。貂尾有公母之分，颜色之分。普通的一磅四五百元，若为白色或一色货，质量又好的，有时能卖七八百元。一个厂子一年用貂皮二三十万张，仅貂尾的收入也非常可观。

在香港和内地，毛皮碎料加工逐渐形成一个细分产业，产品日益丰富，有褥子、服饰、玩具、工艺品等等。最小的碎料无法拼，人们就把毛剪下来送到各毛纺厂，把剩下的碎皮渣加工成饲料。原来被皮草厂成堆成堆地倒出去的毛皮碎料，现在全都变成了宝。

开拓日本市场　20世纪50年代，大量资金、创业人才和廉价劳工从内地涌入香港，香港制衣业借此迅速发展。60年代初，制衣业超越纺织业成为香港出口收益最多的工业，出口额占本地产品出口总额的30%以上。70年代初，欧美国家制衣业兴起，并将大量工序发到香港进行来料加工（CMT），使香港成为全球成衣制造中心，制衣业也成为香港最大和最重要的工业[1]。

1972年10月17日—11月1日，香港贸易发展局在日本东京、大阪和名古屋这三大城市举办香港工业展览会。我随香港工业代表团参加了这个展览会。这是我第一次去日本参展。

为办好这个展览会，香港贸易发展局要求各行各业精心准备，尤其是作为香港工业龙头的制衣业，要拿出款式新、工艺好的服装去参展、表演。我是唯一参展的皮草厂商，代表着香港皮草业，深感责任重大，影响深远，因此格外重视。我绞尽脑汁琢磨了好几天，又参考各国的时装样式，设计了一件白色貂皮大三角网式披风。这件披风既轻便保暖，又新颖别致，在展销会上非常醒目。尽管这次参展没接到任何生意，但是也不虚此行，因为我给日本客户留下了深刻印象，他们后来陆陆续续找上门来，下了很多订单。

第一次赴日时的香港工展会代表团名册(1972.10)

那时，日本皮草市场开始兴旺，主要是做水貂皮服装。住友、三井、谦松等日本大洋行在其中扮演着重要角色，他们为日本皮草商家既提供贷款投资，又提供代理采购，买货时还常常赊欠卖家几个月货款，因此，日本进口商品的价钱比国外贵好几

[1] 徐信成，《香港制衣工业文化》，2008年9月28日，http://www.efu.com.cn/data/2008/2008-09-28/250914.shtml。

倍。

香港的毛毛匠大多来自上海或南京，专做高级貂皮服装，串刀手艺精湛。相比之下，日本的毛毛匠技术并不高，但是工资却很高。我经常去日本洽谈生意，日本好多跟我有业务往来的大公司，就诚恳拜托我给他们找香港的毛毛匠。我们互相帮忙，我给他们免费介绍毛毛匠，他们也非常照顾我的生意。

日本公司请香港毛毛匠一请就是一组，一组三五位。我先后介绍了15位到东京、大阪、神户等城市工作。他们每做一件大衣就省下两三张貂皮据为己有，一年下来能积攒数百张。日本老板没经验，也不精明，不知道，也不查问。这些毛毛匠到日本没几年就发了财，也都学会了日本话。他们返回香港时有钱了，子女也都长大了，于是纷纷父子齐上阵，开店开工厂，发展得都不错。

后来，日本以及其它国家的皮草商，也陆续来到香港开拓市场，有合资建厂的，有卖皮张的，有卖专用机器的、有卖裁缝辅料的、有卖硝染皮化工原料的……推动了香港皮草业进一步繁荣。

日本生意做起来以后，为了便于语言交流，我聘请了一位叫荒井（Mr. Arai）的日本职员。他本是一位在香港的日本商人，代理日本衬衫布料，做得不大。因为他常陪日本朋友到我公司来买皮草衣服，所以我们就熟悉了。他夫妇二人都在香港，已经多年，中文说得很好，人又和气诚实。我聘请他做贸易经理，专门负责日本方面的生意，同时聘请他太太担任我的秘书，我们一起合作了有10年之久。后来我公司一位叫黄友辉的职员拉他共同创业，他们才一块辞了职。

黄友辉和荒井在我公司一起工作多年，关系一直不错，二人合伙开了一个皮草厂，叫ACE Fur Co.，经营得非常成功。黄友辉先生于2009年当选为香港毛皮业协会理事长。我们都是好朋友，一直保持着联系。

与日本荒井先生夫妇合影(1972)

七 飞跃发展

购买40号店 1974年，么地道38号的皮草店开设10年了。10年来，我和玉霞勤奋经营，不曾有丝毫懈怠，除了正月初一至初五的年假，平日都不休息。皮草店经营一帆风顺，收入年年增长，我也有了一定经济基础。

一天，业主陈先生告诉我隔壁的40号店铺要卖，问我是否买。我与玉霞一商量，都觉得应该买，以防备他加租或逼迁，当然更有长远的打算。

40号的业主也姓陈，我们马上找他问价，他给了个最低价23万港元。我们再三讨价还价，他又减了1万元，我们立即答应了。

第二天，我去香港汇丰银行尖沙咀分行，申请70%的房贷，分期10年偿还。

等了半个月，银行审查结果是不批准，理由是财力不足，也就是说，我们一年的生意额没达到他们的要求。我当时很生气，但是又没办法。

过了几天，汇丰银行九龙旺角总行经理杰克先生夫妇（Mr. & Mrs. Jaques）来选购貂皮大衣，他们是香港汇丰总行经理的太太介绍来的。

我这个人说话直，忍不住向杰克先生发牢骚："你们银行是否只帮有钱的大商人，不帮没钱的小生意人呢？"

"为什么这样说呢？"他很诧异。

我便将事情的来龙去脉向他讲明，抱怨说："我这里等着用钱呢，你们竟审查了1个月。我只借10几万，分期付，尖沙咀分行都不批……"

"这样吧，你明早到旺角来找我，带着报税会计文件。"他说，"我看看你有多少生意，信用如何。"

"我信用很好，从没有退过票。"

第二天上午10点，我到了杰克先生的办事处。经过半小时查询，他得知我的生意额全年只有一二百万元。那时，我经常用赊账方式从英国购买貂皮、狐皮等皮货，然后每月经银行汇款给英商。他一看我有生意，有外汇，有信用证业务，随即答应我：可贷款15万元，分期5年归还。不过，他要我必须把在尖沙咀分行的账户迁到旺角总行，以便他能随时了解我的资金往来情况。这当然不成问题。本来已经没指望的房贷，想不到又轻易地解决了。

这天，40号的陈先生来催我。他说："如果你不买的话，我过几天就要登报卖了，卖价将提到25万元。"我马上去银行办理房贷手续，没几天就完成了与陈先生的交易，22万元买下了带有5年租约的40号店铺。

租40号的是一位菲律宾华人，经销小百货。玉霞第一次去收租时，他才知道40号已经易主，此前他对陈先生卖店的事竟然一无所知，他非常恼恨陈先生为什么不先告诉他。他说："如果我知道的话，无论什么价，我都会买下来的。"

我和玉霞感到非常幸运，也非常感激这位银行家杰克先生。我和杰克先生从此建立了深厚的友谊，时至今日还年年互寄新年贺卡，表达对老朋友的牵挂和祝福。

我门市部上方的霓虹灯招牌

自买下40号店铺后，我的生意账户一直在旺角汇丰银行。有一次，我弄错了，存款账面差点小数。该行新换的经理不了解我，给我退了票。我火了，我在香港从未被退过票，让他给我赔礼道歉，他不肯。我说："我不在你们银行交易了，我要迁走账户！"我去找总行杰克先生，告诉他我要迁去别的银行。他连问："怎么了？怎么了？"我生气地说："才100多元就退我的票，这是对我人格的侮辱，我丢不起这个人！"他一边安慰我，一边解释，才平息了我的怒火。他批评了那个新经理，没多久，就把他调走了。

后来，我曾介绍工友王才生的儿子到杰克先生管辖的汇丰银行工作。王工友的儿子很争气，经过多年努力，升职为亚洲区汇丰银行总裁，在上海重建了汇丰银行大厦，后来又担任美国地区副总裁。前几年他退休后，被北京民生银行聘为总经理。

竞购38号　1978年，业主陈从欣先生要卖掉38号店铺，他儿子学做珠宝首饰生意，想在最繁华的弥敦大道上购买一间新店铺。新店铺300万元，这在当时就已是惊人之数，如今价值上亿了。

陈先生开价42万元，问我是否买。我嫌太贵，还价30万，他不答应。我其实很想买下来，38号和40号相连，将来可以打通成大铺面，但是，因为手里没有太多的钱，同时也想让他降降价，就缓了缓。没想到，陈业主急于出手好去买新的铺面，竟然去找了我的同学方浩然。他们谈成了，并且找律师办了手续。

有一位好友把这个消息告诉了我，我立即驱车赶回店中，与玉霞急匆匆地去找陈业主。我们商谈了半天，他最后说："我已经与方先生谈好了，但还没签字，如果你想买，就直接与他协商。他答应让给你，我当然没意见。"

我夫妇二人立即去找小方，求他说："您能否不买38号？即便买，也请让我们续租两年，容我们收回40号店搬过去，再把38号还给您。"小方不念情谊，一口拒绝，执意要买，并说有话让我去找他的律师谈。

我急忙找麦维庆大律师咨询。他向小方的律师了解到，小方只付了5万订金，还没签定正式付款合同送土地局注册登记。他叫我快去找陈业主，给他加价10%，也许还有一线希望。与陈业主一谈，他同意接受我出的价。

当天，我的律师让我先去办了银行贷款手续，然后拿着支票到律师楼与小方的律师当面交涉。双方在电话中追问陈业主到底卖给谁？陈业主坚决地说："谁先付款，我就卖给谁。"我拿出支票当即付清全款，我胜利了，买到了38号店。

可是小方不认输，要告我加价不合法。我的律师叫我不要怕，因为小方没在土地局登记，等于没有交易，我们占理，他告也白告。小方托人在土地局做了手脚，事先登记上名字，但这是不合法的。最后他不得不认输了，却又强要我赔他5千元损失费。我的律师说：这是无理要求，不要给。我为求和气，还是付给了他5千元，破财了事。

这次竞购38号店铺真是太惊险了。很多同行和好友闻知此事都祝贺我说：有钱难买相连店，这是大吉。

两年之后，我将俩店打通成了双间大店铺。买了这两间门市，我开始走运了。我守本分，讲诚信，树立了好声誉，生意越来越旺，仅门市每月的营业额就有近百万元。

300万盘厂 1976年，由于日本、美国及欧洲的皮草市场需求强劲，我厂订单特别多，产能亟待扩大，而生产条件却无法满足进一步发展的需要。为了突破这个发展瓶颈，我一是让在澳洲刚读完大学的大儿子绍曾回到香港，协助我管理生产，加强领导力量；二是买了辆大货车，提高工厂——机场之间的运输能力；三是决定再租一处大一点的厂房，扩大生产规模。

1977年，就在我到处寻找厂房的时候，报纸上一条清货盘厂的信息吸引了我的目光。

这个厂原来就是和记洋行与赫米司先生合办的ITS香港公司。赫米司先生经营了几年后退休走了，ITS换了个叫弗林先生(Mr. Flint)的英国经理。弗林先生是干洋行的，不懂皮毛，也不善管理，再加上下面有些买料的、卖货的职员吃回扣，拿佣金，工厂根本不赚钱。后来，和记洋行一查账，发现ITS赔了大概数百万元，于是决定就此关闭，清货盘厂。

ITS倒闭对我却可谓天赐良机，当天一早，我立即带绍曾来到ITS进一步了解情况。

这个厂在大角咀油麻地渡轮公司大厦五楼，2.5万多方尺，三面环海，空气清新，光线明亮，环境优美。弗林先生陪同我们查看了全部资产——各种机器和货仓里存放的很多皮张、皮褥子。他们财力大，进的都是好设备。他们的账目很清楚，给了一份清单。他要价350万元，我还价300万。他说300万不能再少了，他们已经赔了七八百万，按账本计算，这些货值五六百万。他爽快地接受了我的报价，这反而让绍曾有点犹豫了，他建议我再考虑一下，明天再来。我说不能等明天了，这些存货和设备300万超值，绝对不可错过。看准了就要果断出手，我当即便和ITS签了合同。

中午，我们从ITS出来后，得知有一个同行已在外面等了几个钟头。我们出不来，他也不能进，就只好在外面等，等我们出来

了，协议也签了。幸亏我们抢先一步。

我拿着合同去找汇丰银行经理贷款，绍曾没有跟我同去。我英文马马虎虎，我说我300万元买了个厂，需要贷款支持。那时候我一年营业收入有几千万，因为看得利薄，纯利润大概几百万。

他一看合同，说："你买的什么？房产还是货？"

"我买的是皮货和机器设备，没有买厂房地产。"原来我英语表达不清，他还以为我买的是厂房。

"值吗？"

"绝对超值！我是内行，这些货值五六百万呢。"

他见我信心十足，二话没说，当即就给批了贷款。

我把这批货接下来，然后又与厂房业主立了新租约。这个厂房原本就是皮草厂，不用重新布置，也不用装修，我搬过来很快就顺利开工了。

开硝染厂——宝利皮草 20世纪70年代，香港皮草业欣欣向荣，大大小小的皮草厂层出不穷。这些皮草厂在欧美拍卖会上买了生皮以后大都就地硝染，然后再运回香港加工制衣，那时香港的硝染业还不发达。有位叫林波的山东师傅，在香港西伯利亚皮草行工作了10多年，负责硝染皮草，技术一流。德国玛可（Marco）硝染厂发现了他，与他合作开了一家叫玛可·林（Marco Ling）的硝染厂，非常成功。在香港开设硝染厂很有发展前景。

我有位英国朋友叫翰可尼先生（Mr. Hanckney），他经常来港推销水貂皮和狐皮等，做的生意不大，但经验丰富，样样精通，在英国皮草业很有名气。我们相识有几年了，彼此非常信任。1978年，经过商议，我们决定合作在香港开一家硝染厂。就在这个时候，刘家杰出现了。刘家杰是我地毯业好友刘春涛的儿子，在北京化工硝染毛皮厂工作了10年，懂技术，会外语，忠诚可靠。他来香港投奔他父亲找工作，而我正想找个合适的人管理硝染厂，真是天助我也！于是，我又拉上刘家杰，我们三人合资15万港元，成立了香港宝利皮草硝染厂，英文名：Poly Fur Dressing Dying Co., Ltd.。

厂名是我起的。在香港的茶楼里，大家都爱叫宝利（即普洱茶）。“宝利”这个名字好听好说又好记，以此做厂名翰可尼先生和刘家杰也很赞同。

翰可尼先生是小生意人，占45%的股份；我资金也不富裕，也占45%；刘家杰刚从内地来，借了1.5万港元入股，占10%。刘家杰任厂长。

我们租的厂房约3千方尺，每月租金6千元。办公室很小，和小面包车差不多，仅能放两张写字台、两把椅子。当时欧美皮草业开始走下坡路，硝染业随之衰退，很多硝染厂都关闭了，翰可

与 Mr.Hanckney（左三）、Mr.Marco（左二）、英国技师（右一）、刘家杰先生合影 (1978)

尼先生在英国以比较便宜的价格选购了一部分二手机器。厂内一切生产设备均由刘厂长布置。前前后后筹备了仅3个月，宝利厂就这样开业了。

宝利厂起初只为我的香港皮草厂硝染皮张，后来外来生意越来越多。

搞硝染，经验和技术至关重要。第二年，翰可尼先生介绍了一位很有经验的英国硝染技师魏逊先生（Mr. Wilson）来宝利工作。魏逊先生与刘厂长配合默契，可惜只工作了3年就回国了。为了提高技术水平，后来宝利厂年年派刘厂长去欧洲各国学习取经，如今他已经成为掌握全套工艺的一流硝染技师了。

我一般只做决策和幕后指挥，有时也参与具体管理。平常我对工友和蔼热情，但是对违反厂规的，只要反映到我这里，不管是谁，我都会不徇私情，严肃处理，该批评的批评，该处罚的处罚，该开除的决不姑息迁就。

我堂侄绍树（堂兄连仁之子）1982年由上海来香港，先在饭店工作不成，后来进了宝利厂。有一次，英国技师魏逊先生叫他去车间工作他不听，叫了他三次他也不动。他对魏逊先生说：“这是我叔的厂，我只听我叔的。”魏逊先生和刘厂长拿他没办法，就打电话给我，我气得火冒三丈，真是恨铁不成钢！我当即让他接电话，把他臭骂了一顿，并限他三小时内离厂。我说：“这么不争气，我不愿见到你！如果不离厂，我会用木棒打断你的腿，叫你爬出厂门！”他真怕了，马上就离开了。

事情过去20多年了，我只见过他两三次，他还是很怕我，不敢见我。也许我太严厉了，好像有点不近人情，但是要管好一个厂，不严以律己，怎能严以律人呢？不知他是否理解我的用心。

还有一位李先生，是厂办公室给刘厂长调来的英文助理，做事不积极，敷衍了事，缺乏合作精神，工作了两年，也被我开除了。

后来厂里登报聘请了张钜英先生（英文名Benson）。他精通英语，人品极好，忠厚诚实，勤奋耐劳，与刘厂长合作得特别好，后来入股成了宝利的小股东。

俗话说“三人同心，黄土变金”，我们合作了七八年，把宝利厂经营得有声有色。

大约1985年，翰可尼先生见有了丰厚的利润，欲将他的股份以150万元的价格，转卖给德国著名皮草硝染厂施密特·玛可（Schmidt Marco Co.）。与其合作可以进一步提高硝染技术水平，对宝利厂的发展是十分有利的，我就同意了。从此，宝利厂英文名改为：Schmidt-Poly Fur Co., Ltd.。与施密特合作后，宝利厂大大提高了知名度，生意越来越多，虽再三扩大生产规模，但仍不能满足市场需要。

与张钜英先生合影(2012)

后来德国皮草市场下滑，施密特被逼破产，便将其所持宝利股份全部转给了意大利著名硝皮厂的瓦瑟奇先生(Mr. Valsecchi)和纳德莱先生（Mr. Naderleich）。

从成立至今，宝利厂一直由我全权管理，外国股东从不过问，但每年年终我都会给他们做一个忠实的业务报告，并准时将红利汇去。在技术方面，他们给予了有力保障，需要时我会派人去学习，或他们派人来指导。刘家杰和张钜英则常年驻守工厂，组织生产，不断创新，在同业中树立了崇高的声誉。我们几位股东同心协力，合作非常愉快，宝利厂也由小变大，生意一路兴旺。宝利厂称得上是一个非常成功的合资企业。

五次扩厂 1500、5000、8000、16000、25000、45000方尺，这组一再攀升的数字从一个侧面记录了香港皮草厂的发展历程，在1966—1980年的14年里，香港皮草厂的厂房扩张了5次。

1966年，为给伦敦先纳公司大批加工麝鼠皮褥子，在木厂街60号开设的小加工厂，厂房约1500方尺，雇了18位工友。这是香港皮草厂的雏形。

1969年，为满足麝鼠皮褥子和水貂皮大衣片加工业务扩大的需要，加工厂搬到新蒲岗，5千方尺的厂房比原来增加了3500方尺，扩大了2倍还要多，工人也增加了几十位，香港皮草厂正式注册为香港皮草厂有限公司（Hong Kong Fur Factory Ltd.）。

1972年，工厂搬到观塘区励业街9号，租了九楼整层，厂房比原来增加了3千方尺，达到8千方尺，工人有100多位，主要大量生产兔皮成衣。

1973年，欧美和日本的市场一打开，兔皮成衣、水貂服装、毛皮碎料拼制服装等订单接踵而来，厂房又不够用了。开工厂又不敢一下子开得太大，于是就在当时的厂址上又租了一层，面积增加了8千方尺，扩大了整整一倍，两层达1.6万方尺，工人也增加到200余位。

那时真是忙得不得了，中午饭常常没空吃。一会儿这客人来，一会儿那客人来，里里外外都是我一人拳打脚踢去应付。这样时间长了，身体就顶不住了。有一次，我胃口疼得难受，忙得没空去医院检查，就叫医生打了一针，也不知道打的什么针，回来走到门口就晕倒了。喊来医生一测，心动过缓，每分钟才跳30几下，医生叫赶快送医院。医院诊断我得了胃溃疡，是长期不定时吃饭引起的。我被迫送进医院治疗，但心里总挂着厂里的工作，只住了3天就赶快出院了。

1977年，工厂搬到大角咀油麻地渡轮公司大厦五楼，即300万盘下的皮草厂，厂房又增加了9千方尺，扩大到2.5万方尺，工人有300—400位，大量生产兔皮、狗皮、羊皮及水貂皮服装等，订单主要来自欧美和日本。这时，绍曾从国外学成归来进了厂，他在澳洲雪梨读的是工业管理。他聪明能干，意气风发，有新知识、新理念、新策略，在组织管理上比我的办法还多。我厂真可谓如虎添翼。

1980年，工厂再次搬迁，这次搬到了自己的厂房——长沙湾工业区琼林街龙翔工业大厦九楼，面积一下扩大了2万方尺，达到4.5万方尺，结束了租赁厂房的历史。

那年，我去北京洽谈生意，大角咀的厂房已不够用了，房租又要涨，当时生意很好，也有富裕钱，于是玉霞和大儿绍曾做主，买下了这个厂房。九楼是大厦顶楼，全层8个单位，他俩买了7个，每方尺220元，投资近千万。这座大厦是香港李嘉诚的公司投资建造的，因为大儿媳与李嘉诚先生是亲戚，所以给打了9.5折，花了900多万。这座大厦正处西九龙区工业中心的中心点，地理位置极佳，而且距离地铁站只有数分钟路程，交通十分便捷，我非常满意开心。

开皮草厂最初的几年，由于自己欠缺管理经验，每年要赔近20万元，店里赚的大部分赔到厂里了。玉霞与我争吵了几次，叫我关闭工厂，我不服输，一定要坚持到底。我自己在实践中刻苦摸索，奋力前行，随着香港皮草业的崛起，我的皮草生意终于步入佳境。

八 机遇与风险并存

授权须谨慎，失察有风险 1972年，香港皮草业生机萌动，皮草工厂又陆续增加了几家。其中有的是改行过来的，比如益丰皮草厂。它原来是新蒲岗工业区的一家制衣厂，老板是潮州人，很有财力，发现皮草业商机更大，就改行专做兔皮生意。除此以外，还有很多人跃跃欲试，想进入皮草业一展身手。

这个时期，我厂生意红火，急剧扩张，开始聘请专职管理人员。我请来早年曾与我合伙买车的老友李润田先生管厂务。他是个北京少爷，心眼好，很实在，来港后先开了一家首饰店，后来又改成皮鞋店，生意都不行，没几年就关门了。又请来陈燕光先生任会计。他来时他太太已经在工厂做会计了，二人相恋几年就结了婚。还请来一位会计，叫李显池，广东人。他是在我参加皮草展览会时自己找上门来的。

李显池聪明伶俐，能说会道，英文不错，我非常器重他，除了让他管账，有时还派他去接待客户。他本来不懂皮草，经过一段时间磨练，很快就成了内行。

1975年春季，德国法兰克福皮草展销会与香港皮草展销会将同期举行，我想去德国参会，又不想错失香港皮草展销会的商机，感到左右为难。李显池理解我的心思，主动请缨。他对我说："您放心去吧，这边展销会的生意我来接。"他在厂里工作3年了，应是可以信任的人，我便不假思索地将香港展销会的业务交给了他。

一周后，我从欧洲回来，李显池对我说：没有什么生意，没有接到订单。这大大出乎我的意料。

后来，我发现李显池和一帮工人每天下午都准时下班，然后相约一起离厂——与平时不一样。他们的反常表现让我起了疑心。过了有一个月，我经过多方打探才知道：李显池在展销会上接了个生意，瞒着我拉了十多位工友另起炉灶，偷着开了家临时小工厂，晚上为日本客户做加工。那时八弟已经来港，在厂里照管业务，但是没看出来。

赴意大利米兰参加皮草展销会

我盯了几天，查到李显池的小工厂地址，一天晚上10点多赶到那里。这是一个老住家楼，他的小工厂在4楼，我在楼下坐着等候。等到11点，李显池与他的同伙们下来了。他们一看见我，脸色马上就变了。我对李显池说："小李，你过来，你们都过来。你们明天不用上班了，明天到工厂拿工钱吧。"他们几个都无言以对，我接着说："小李你真行！我不在家让你去展销会，你明明接了单子却说没有，接了生意自己做。做事要光明正大，哪有这样偷生意的？这是犯法的，是严重违反厂规的，你们被开除了。如果你们不服，咱就通过法律解决。"

对工友出去创业做老板，我一向比较开明，不但不会反对，还会大力支持，但是，我绝不姑息这种损人利己的欺骗。第二天，我没让他们进厂，在外面给他们开了工钱，炒了他们鱿鱼。

这件事对我打击不小。李显池拉走的有师傅、有工人，有做兔皮的、有做貂皮的，一下子走了二十多位熟手，让我措手不及。我急忙招聘新人，一个月后才恢复正常生产。

一个企业的领导者不可能事必躬亲，因此，授权便成为企业管理的常态。授权关乎企业的生存和发展，务必谨慎而为：既要扬人之长，也要避人之短；既要量才而用，更要量德而用。同时，领导者对授权必须予以有效的监控，失察的授权等同弃权，具有一定风险。

不久，李显池正式成立了自己的工厂，叫联邦皮草工厂。他与内地畜产公司关系密切，经常去广州交易会采购兔皮褥子、狗皮褥子等。他的皮草厂一度发展到100多位工人。他胆子很大，急于发财，向内地畜产公司赊购了大批货物。由于欧洲皮草市场受到反皮草运动的严重冲击，从而导致香港皮草销售很不景气，他的皮草厂亏欠了不少货款，从此一蹶不振，最后宣布破产。

看似简单的，往往不简单 1972年，工厂搬到观塘以后，生产非常繁忙，根本不愁没订单，就愁没人做。其中兔皮短衣订单最多，有时每月要生产两三万件。

给兔皮短衣上里子原来都是手工一针一线地缝，要进行规模量产，这样显然太慢了。怎样提高上里子的速度呢？玉霞想出了一个办法——先把里子车缝上，并在袖底下留一条10寸的口子，然后再将整个衣身掏过来，把口子缝上。这样一个小小的工艺创新，大大地提高了生产效率，降低了劳动成本，增强了产品竞争力。这是玉霞根据多年缝毛衣里的经验琢磨出来的，是她对皮草工艺所做的一个贡献。

当时有位叫柯露莱太太（Mrs. Krusleich）的德国女商人，是我厂一个大客户。她非常精明，与内地各畜产公司都有长期合作。这次她来我厂定购了3千件儿童兔皮服装。我觉得小孩衣服还不好做嘛，既省料又省工，可是一投入生产才知道比大人衣服还难做。大人的衣袖宽大，上好里子便于掏衣身，小孩的衣袖窄小，很难掏，虽然工序一样多，但做小孩衣服更费工。这单生意没赚到多少钱。

还有一次，柯露莱太太来我厂定购了300条96寸×120寸的兔皮大床毯。每条床毯要用十几条24寸×48寸的兔皮褥子接连起来，然后再缝上布里子。我认为这很简单，很快就做了一百多条。没成想对方派来的验货人百般挑剔，指出这个不平那个不正，这条小了那条大了，最后只选出一半合格的。我冲验货人火了："你给我出去！叫你们老板来。你不要，我还不卖了呢。"我把他轰了出去。这单生意几乎没有盈利。

其实要做好这种床毯是非常不容易的。因为采购来的兔皮褥子尺寸并不精确，说是24寸×48寸，实际有的窄一点点，有的宽一点点，宽的可以割下来，窄的你接上就不对毛不对色了。尺寸不够不行，配的颜色不匀也不行。

看似简单的，往往不简单。做生意，经验很重要，这种经验能让你赚钱，也能让你避免潜在的风险。

当心！别放手 德国人德拉塞先生（Mr. Drassel），原来在香港专门代理德国各大皮草商及百货公司采购皮草服装，与我有多年业务往来。我认为他人还可靠，为拓展欧洲市场，1982年我与他在德国合开了一家代销处。

我想派小儿绍九前往德国，与德拉塞先生共同管理代销处，可是他坚决不去。为此，我特别生气，还在车上给了他一巴掌。无奈，代销处只好由德拉塞先生一人负责了。代销处主要经销澳洲红狐皮成衣、狗皮成衣等。我由香港发货过去，他再把货卖给百货公司。

代销处经营了3年，受欧洲反皮草运动的影响，生意大幅下滑。德拉塞先生发出去的货，有的能收回货款，有的赖账就收不回来了。这个德国人也趁机浑水摸鱼，私吞了我近百万马克（合500多万港元）的货物。

为了结束代销处，我亲自去了趟德国，但是有些货款还是收不回来。请律师跨国追债很困难，律师说："谁让你相信他啦？"没办法，只好作罢。

造成这个后果的原因一是轻信他人上当受骗，二是市场不好又发货太多。这个沉痛的教训真是代价不菲啊！

还有一次损失，是帮着李念慈开店。

李念慈是我的好友李润田的儿子。他曾在香港的巴黎皮草行工作多年，机灵能干，给我的印象很好，因为大家都是同行，所以我没好意思把他拉过来。

20世纪70年代末，有很多香港人移民到外国。1983年，小李和太太也想移民到美国三藩市。为方便申请，他请我相助去三藩市开设一家皮草公司。因为我和他爸爸是老朋友，所以就答应了他。考虑到他初去不熟悉市场情况，我又拉了一位叫宋志鹏的老朋友入股。宋先生在美国做工艺品和首饰生意好几年了，在香港也有工厂专门生产各种玉石装饰品，有他监管和协助业务开展，我也比较放心。我们三人合伙开了一家公司，专门经销我香港公司寄售的皮草服装。

经营了有三年，欧美开始了反皮草运动，美国市场不好做了，公司业务欠佳。宋先生没有做过皮草生意，是外行，一看不行，没大的发展，就退出不做了。我支持小李继续做了两三年，结果还是不行，出现了亏损，于是也决定撤股退出。我在那里还有不少货，决定去看看。去了一看，街上到处是反皮草的人，其中大多数是被请来的黑人。他们吃着鸡腿，穿着皮鞋皮衣，一边敲锣打鼓，一边乱喊乱叫，专反有毛的，人们上街都不敢穿毛皮衣服。小李恳求我不要把货拿走，他说：“货放在我这里，卖了再给你钱，否则我们夫妇二人就失业了。”我不忍心，就给他撂下了。

又过了两三年，小李把货卖了，把店也关了，但货款却没给我，他用货款来维持生活了。他净欠我货款约7万美元，因为生活很困难，到现在也无力偿还。我也不追了，让他夫妇在美国好好生活吧。

还有日本大阪市一个叫Mr. Watanabi的客户，赊了我90多万港币的货，后来他的公司破产关闭，货款就拖欠不还了。我想请律师告，律师说："你太轻信别人了！他已破产了，责任自负。"

做生意一定要当心，别放手，务必盯紧它；尽量别赊销，即使赊销，也不要金额太多、时间太长；最好不要去国外投资开公司，因为你鞭长莫及，照管不到，除非自己亲自掌管，或有十成把握。

后来，纽约一个大皮草商行想和绍曾合作在美国开公司，绍曾和我商议，我不赞成，因为离得太远，无法有效监管，生意肯定不会做好。有人觉得这是个很好的机遇，然而机遇和风险是并存的，当生意脱离我们掌控的时候，就只剩下了风险。

风险无处不在 创业之初，手里没有积蓄，到银行贷款又很难，我和玉霞曾参加标会来筹集资金。

这种筹资方式一般由会头（发起人）邀请若干亲友参加，定期举办，一般约定一个月集会一次。每次缴纳一定数额的会费，会费金额多少由大家来定，几百元、几千元或几万元不等。每次筹集的会款都以投标方式，交由一名会员使用，每人一次机会，一会一轮。会头负责全体会员会费的筹集、追缴、竞标等工作。作为回报，会头无需竞标，便可获得第一次集会筹集的会款。

从第二次集会开始，想用钱的其他会员便可通过进行投标（拿出一部分钱来返给每位会员，即利息），出价最高的获取当月的会款。相应的，由于中标者给每个会员都有利息，因此其他人就只需缴纳会费的差额了。中标者从此次中标开始，就丧失了获得利息的权利，以后每次还是要交足额的会费。未投标者则可一直享受其他中标者返给的利息。这个会里有多少人，标会就持续多少个月，一直没有投标的人在最后一个月就可以拿到足额的全体会员的会费。事实上，他每个月并没有交足会费，超出的那一部分就是他的收益。

标会的利息介于银行贷款和高利贷之间，不需要担保，与高利贷相比，属于成本较低的融资方式，且其还款时间长，压力不会特别大，又很容易拿到钱，所以在民间很受欢迎，当时在香港很流行。

旧时标会会证

一次，玉霞做会头，组织了一个标会，共15人参加，每人每次会费1万元。有一个会员标下就不来了，找也找不着人，卷款逃跑了。发生这种情况会头是要代缴会费的，有人给我出主意，说报警，但是标会是依靠会员之间的信用来维持的，不受法律保护。有人建议找讨账公司追讨，我便问讨账的：用什么办法追账。他们说：给他点颜色看看，不给就打，打断他一条胳膊或一条腿……我一听这不是黑社会吗？这样追讨不值得，干脆不要了，叫他下辈子还吧。

筹款有风险，存款也有风险。

20世纪80年代中期，香港发生了一次“银行风暴”，不少老牌银行先后被政府接管或被大财团收购，恒隆银行、海外信托银行、永安银行、友联银行、新鸿基银行……一家接着一家地倒下。在此期间，一些钱庄也受到冲击，纷纷破产倒闭，大新钱庄便是其中之一。

1993年的一天，原大新钱庄庄主刘太太（天津人）忽然来电话，要与我谈谈一笔存款的事。这让我很纳闷，因为我从未在她的钱庄存过钱。那时她先生因破产入狱还没放出来，她约我在茶室见面，说明了有关情况，我才知道这笔存款原来是玉霞存下的。

当年玉霞见钱庄利息比银行利息高很多，便将6万美元富余钱定期存入了大新钱庄。不料1987年她意外摔伤，还没来得及告诉我，就丧失了意识。大新钱庄破产倒闭时，如果我知道有这笔存款，作为债权人，至少钱庄清盘时还可分回一部分钱。

刘太太对我说：“我现在只能先还3万美元，余款以后有能力了再还。”幸亏刘太太讲诚信，主动找来还款，否则，我真是血本无归了。我很感谢她为人忠实，收下了还款。虽然剩下的3万美元，至今也没消息，但毕竟损失已经减少了很多。

其实风险无处不在，有的根本无法躲避，但是也有的完全可以控制。

后来，有人让我拿着刘太太写的欠条找律师去追讨，我说算了，追债会伤朋友感情。这样的欠条在我的保险箱内还有十几张，最早的借据是20世纪60年代的，那是我最困苦的时期，有几位朋友借了款到现在也没有还上。每人欠几千元，这在那时可是不小的数目，如果加利息到现在，估计也有几十万元了。我并没把这些放在心上，钱是身外之物，多了多花，少了少花，没有了可以再去挣。我最在乎的是朋友感情，如果伤了，就难以弥补了。

九 争当NO.1

创新推动发展 如果追溯服装的历史，最久远并在史料中有记载的，恐怕非皮草莫属，因为最初我们的祖先用来御寒的衣服就是皮草。皮草是最古老的服装材料，却又总是最时髦的服装材料。皮草曾被用来炫耀成就，彰显富贵，象征奢华，皮草一直引领着时装潮流，而今，数百个国际知名服装品牌的时装里无不融入有皮草的元素。作为一种服装材料，皮草在漫长的历史长河中经久不衰，在全世界范围内被广为推崇，究其原因，除了皮草具有天然的无与伦比的特质和韵味，更重要的是皮草制作工艺和款式的不断创新，适应了不断变化的审美要求——创新推动着皮草业的发展。

20世纪70、80年代，香港皮草业迅速崛起，大大小小的皮草工厂及皮草公司有上百家，竞争越来越激烈。要想开拓市场，获得利润，就必须创新，想别人之所未想，做别人之所未做，推陈出新，出奇制胜。

1972年，我以一款白色貂皮大三角网式披风，打开了日本市场。后来，在日本展销会上，我又推出两件作品。一件也是披风，但这次设计的是半身披风——长约75公分，全白水貂皮，精细串刀手工缝制，用黑色水貂皮做成五线谱音符图案镶在下摆一圈儿。服装模特表演时配着几个乐音，十分惹人注目。另一件是黑羊羔皮大衣。这件大衣用的是极薄的苏联胎羔皮，下摆前后面镶入白水貂皮做成的松竹梅兰图案，高贵典雅，独具中国文化韵味。这个构思源于我对中国书画的喜爱。设计时我在丝绸行买了两米织有松竹梅兰图案的缎料，将图案仿画下来，然后再按图裁剪，拼接，镶嵌。大衣做成后我很满意，达到了我想象的效果，在展销会上一展出就被客户抢走。我的公司在日本逐渐有了名气，赢得了市场认可。

80年代我公司设计的婚纱披风

有一年，香港开服装展览会，我设计了一款奇特的闪光貂皮大衣。我用黑貂皮和白貂皮各做了一件大衣，将圣诞树用的最小电灯泡镶入毛缝中，把遥控开关放在大衣口袋中以便表演者随音乐节奏控制。模特穿着走上舞台，华贵典雅，绚丽耀眼，惊艳全场。当年有位德国皮草商，在德国展览会上沿用了我的设计，用小灯泡拼成英文公司名镶在衣服上，同样非常抢眼。

绍曾是个非常有头脑又勤奋刻苦的人，是我最得力的助手。他进厂几年后就开始出国参加欧美的展览会，去学习，去推动生意。他诚实守信，英文又好，结交了不少外国皮草界的知己朋友。

他特别注重皮草服装款式创新。从1985年开始，他每次出国参加皮草展会，都要购买一些国际流行服装款式的纸样，每张100—300美元。有一次去日本，他花了500万日元买了5个款式的图纸，折合人民币8千多元一张。我觉得太贵了，结果参考这些图纸设计出的款式，非常适合日本市场，深受日本人喜爱，在日本十分畅销，我公司接了不少生意。

与我儿绍曾合影(2010)

他也特别注重改进皮草工艺。有一次，他在美国聘请了一位希腊毛皮技师，来厂教授高级皮草工艺，每月工资1万美元，再加旅费，花费很大。我开始不太满意绍曾的做法，但很快又改变了看法。这位技师手艺十分精湛，他给师傅们一传授，与师傅们一交流，我厂的工艺便得到大大改进。

有的技巧太好了。比如用一张狐皮做一条大衣领，狐颈有一段短毛，做出的大衣领都有一段凹下去的毛，既不顺也不好看。这位技师教师傅们先把此段凹下去的部分割下来，再到狐皮头部寻找相同的毛，然后把接近的毛缝结在一起，长短一致。这样做出的毛领果然大不相同，十分平顺好看。这是一个很简单的工艺，可我们香港师傅以前从没想过，从没费过这么大功夫去做。

此外，他还教授了很多做水貂皮服装的窍门。比如做串刀大衣，用一张皮做，虽然简单很多，但条子太窄不好看；用两到三张皮接长条做，虽然工艺极为复杂，但做出来的大衣显得宽松飘逸，美观大方。接长条技术是高深的工艺，费时费工，一位师傅做成一件大衣需用1个月的时间。最难的是做紫貂皮大衣，在美国做一件SABLE紫貂皮大衣的手工钱大约需要5千美元。

用美国的工艺做水貂皮大衣，每张皮不用大力拉，只用小力拉平，钉在板上晾干，即可进入串刀工序。这样做皮板柔软，毛绒紧密。而我们有些行家为了省料降低成本，把每张皮都拉到极致，做出的衣服毛绒疏松，皮板硬且易见裂缝，很不美观。虽然外行人看不出来，可质量已大打折扣了。当然还有很多工艺技巧，不一一详述。

聘请外国知名技师来厂指导，派遣我厂师傅去外国学习，这个投资是值得的。这个做法我厂至今已经坚持了几十年。

打造世界顶级皮草品牌——Michelle Fur(美雪)

改革开放以后，中国经济迅猛发展，人民生活日新月异，皮草消费市场越来越大，皮草生产和出口规模不断攀升，中国在全球皮草业的地位越来越重要。同时，消费者的品牌意识也在逐渐增强，在消费者眼里，买品牌就是买质量，他们对某些品牌已经形成一定共识。

绍曾敏锐地觉察到市场的新变化，他认为，要开拓国内市场，巩固国外市场，必须打出自己的品牌。他说："现在的消费者特别看重品牌，在某种程度上他们对品牌的重视，远超乎产品的质量和价值。我们要不断与国际著名时装品牌合作或与时尚潮流的先驱以及名人保持紧密关系，从而带动毛皮业的发展。"我非常赞同他的看法，并且提出了一些具体意见。1994年，我公司注册了皮草品牌——Michelle Fur(美雪)。

"Michelle Fur(美雪)"，这个名字源于我的英文名 Micheal。20 世纪 80 年代初，我曾计划与朋友另开一家分公司。朋友提议：这家公司用我的英文名 Micheal 命名，但读音引用来自法语的 Michelle。因为在世界上法国时装——尤其女装最为流行，用此音让人感觉是法国品牌，容易引起顾客注意，更利于打开市场。后来这家公司并没有成立，1983 年我帮李念慈在美国三藩市开设的那家公司（皮草店），就直接采用了 Michelle 这个名字，英文叫：Michelle Fur Co., Ltd.，10 年后绍曾在中国注册皮草品牌的时候，沿用了这个靓丽的名字。

1983年我在美国三藩市使用的公司名称和服装商标

如果单从注册时间上看，认为Michelle Fur(美雪)是个年轻的品牌，那就错了，这是因为，在Michelle Fur(美雪)注册的时候，拥有她的公司——香港皮草有限公司，已经有长达30多年的专业积累，在世界皮草行业中享有崇高声誉，生产的皮草服装也早已畅销世界各地，其中以美国、意大利、法国、日本和韩国为主。

Michelle Fur(美雪)是一个厚积薄发的成果，又是一个走向世界皮草巅峰的开端。

Michelle Fur(美雪)的用料无可挑剔。面料以水貂皮为主，而大部分的水貂皮都是来自世界上最著名的美国传奇以及北欧世家（SAGA）的高级珍贵原皮。Michelle Fur(美雪)一贯坚持诚信为本，用料要比同业多10%—20%。此外，Michelle Fur(美雪)的丝里、纽扣、配饰等辅料也都是在欧美专门定制的。

Michelle Fur(美雪)的款式独具匠心。公司每年只是买其他国家的流行服装款式纸样，就要花掉50万之多，它们皆出自法国、意大利等国的名师之手。Michelle Fur(美雪)是时尚代表，但从不盲从时尚随潮流而变，她追求的是品质与内涵，注重塑造独立形象，在千变万化的创新设计中，始终保持特有的风格魅力。

Michelle Fur(美雪)的做工极为考究。我公司有8千平方米的厂房，有许多经验丰富的管理人员和技艺精湛的毛皮技师，有先进的机器设备，有ISO9001质量控制管理系统，每一件成品都经过精心打造。

尽管Michelle Fur(美雪)拥有如此卓越的品质，但她在国内的市场推广步伐却从未懈怠。

2002年7月，深圳威尼斯酒店，在香港皮草公司2002年秋冬裘皮展示会上，Michelle Fur(美雪)一展华美风范。

2003年3月，洋溢着东方之珠时尚风情的贸易展览会——香港时尚汇展亮相北京国贸中心。汇展期间，Michelle Fur(美雪)举行了专场时装表演，来自全国各地的客商，从T型台上近距离观赏了世界顶级皮草品牌的精心杰作。

2009年8月18日，以奢华著称的Michelle Fur(美雪)正式登陆济南。在贵和购物中心专柜，所销售的衣服动辄数万元，超过10万元的衣服也不少，其中最贵的一件紫貂裘皮大衣零售价高达50多万元。对很多济南人来说，这不是一个小数目，可以买1辆档次不低的轿车或近10辆经济型轿车，也可以在济南买一套面积稍小的住房。

1994年后我公司使用的中英文商标

2009年11月21日，在亚洲第一大皮草零售卖场——大连天伦皮草店内，Michelle Fur(美雪)惊艳出场了，她以独有的经典与优雅、奢华与魅力诉说着女人应有的绝代芳华。

2010年1月23日，武汉新世界百货国贸店多功能厅，在名为“奢华美雪　情迷世界”的高雅皮草艺术派对酒会上，纯白的毛球帘，华丽的皮草装饰，雍容的模特走秀，优雅的钢琴暖场，让每一位莅临现场的贵宾都深切感受到Michelle Fur(美雪)皮草的尊贵不凡。酒会上，时任香港皮草厂子公司经理的张世武（我的外甥），现场为嘉宾生动讲解了Michelle Fur(美雪)皮草复杂的制作工艺，现场抽奖为嘉宾准备了丰厚的裘皮礼品。推介活动和皮草拍卖在热烈气氛中达到高潮。

……

以前，Michelle Fur(美雪)以国际市场为主，近年来成功进入北京、上海、武汉、哈尔滨、济南、大连等内地城市，市场范围不断扩大，影响力日益增强。

Michelle Fur(美雪)不仅以奢华大气、不断创新的精品迎合市场需求，而且以周到贴心、细致专业的服务赢得广大海内外客户的信赖和惠顾。

在绍曾手中，Michelle Fur(美雪)战略定位清晰，始终跻身世界顶级皮草服装品牌之列。

2003年9月15日，北欧世家国际皮草汇演在第十五届大连国际服装节上隆重举行。北欧世家皮草（SAGA FUR）邀请了来自意大利、法国、丹麦和香港的世界级毛皮设计大师，汇集了12个拥有顶尖级毛皮缝制技术的著名品牌同台展示，每个品牌所展示的都是当今皮草界最经典的时装，融入了他们各自对皮草的最新诠释和皮草制作的最新技术。与其它品牌相比，Michelle Fur(美雪)采用更成熟的风格——以幽雅的白色、黑色及灰色，配合简洁的裁剪，并用小块狐皮拼接成的精细图案作点缀，烘托出弥漫于裙袖间的既不激烈又不俗套的典雅气质。

这是一个壮观辉煌、名牌荟萃、相得益彰的皮草盛典。国内媒体和消费者对于这次汇演赞不绝口，更被现今皮草的创新和前卫的风格深深吸引，当然对Michelle Fur(美雪)也会有更多的了解和向往。

Michelle Fur(美雪)经历了半个多世纪的磨砺，已经享誉世界，同时也为世界增添了美丽。我相信，在绍曾精心呵护下，在全体同仁不懈努力下，Michelle Fur(美雪)一定会绽放出更加璀璨的光彩，成为世界顶级皮草品牌的NO.1。

我公司印制的精美皮草服装样本

第三章

向内地发展一波三折

一 参加广交会

第一次参加广交会 广交会即中国进出口商品交易会，创办于1957年春季，每年春秋两季在广州举办，是中国目前历史最久、层次最高、规模最大、商品种类最全、到会客商最多且分布国别地区最广、成交效果最好、信誉最佳的综合性国际贸易盛会[1]。

1972年，内地政策改进，八弟被批准来港，我认为我家成分不是资本家，不是被批斗户了，于是便去香港德信行有限公司，申请参加当年秋季广交会。德信行有限公司是华润（集团）有限公司的下属公司，主营Icebud香料、Finarts皮革、Galaday皮具等国内知名品牌产品，是中国畜产进出口贸易在港澳及东南亚的总代理[2]。德信行主管人曾锦棠先生对我说："欢迎欢迎，内地非常欢迎港商，你多会儿去都行。"他当即批准我可以去广交会购买皮草原料和服装。

10月15日第32届广交会开幕，我与李庚杰、万龙桓、李玉

[1]《中国进出口商品交易会》，http://baike.baidu.com/view/585311.htm。

[2]《德信行有限公司》，http://baike.baidu.com/view/2943942.htm#2。

儒、李植玉、杨玉等七八个做地毯的朋友一块去参会。他们成分大概好，早就参加过。我是第一次，既非常兴奋，又感到很生疏，很害怕，因为多年没有回内地，对情况一点也不了解。

当时深圳还是农村，我们在那里办了入境手续，然后排队过关。过关时，海关武警要严格盘查，而且非常严肃。他会问“你干什么去？”、“去香港多少年了？”等问题，然后把你带进一间小屋，让你打开行李箱，把东西都倒出来接受检查。我走到武警跟前时，紧张得都冒了汗，幸亏这次没带多少东西，过关很顺利。

过关带的东西都得如实报告，否则就被没收或罚款。有一次，玉霞让我带了一块布料，我不知道有多长。过关时武警指着问：“几码？”我随便回了一声：“三码。”不料，他真量了一下，原来是五码，布料就被没收了。

过关后再乘火车到广州。这届广交会历史背景很特殊：一是中国恢复在联合国的合法席位已经一周年；二是这年2月美国总统尼克松访华，揭开了中美关系的新篇章；三是中日刚刚实现邦交正常化。因此，参加这届广交会的外商特别多，他们从四面八方汇聚到火车站，排起长长的队伍等待去广州的火车。

我们抵达广州后受到热情接待，住在火车站对面新建的流花宾馆。参会外商都住流花宾馆或者东方宾馆，这些高级酒店是接待外商专用的。

广交会由中央和省统一组织领导，广州方面主要负责接待外商，提供吃住行等方面的服务。由于大批外商（多达6千人）的到来，广州交通工具非常紧缺，引起外商不满。据说周恩来总理得知此事，马上批示：轿车由北京、天津、上海临时调一些去，并带司机，同时要在广州征用军车临时服务，司机要好的，随车调用。结果光从北京就调来100辆小车，大大缓解了供需矛盾[1]。

那时国内商品很匮乏，好烟、好酒、好食品等高档消费品更奇缺，但是，因为国内普通老百姓消费得少，所以都特别便宜。无论买什么运到香港都赚钱，外商参会热情非常高。李庚杰他们已经参加了几次，可说是轻车熟路了，他们带着我一大早就去会场门口排队。我到了一看，这座10层大楼的会场入口处，已经排了很长的队伍。8点半，工作人员准时开门，人们就像潮水般涌进去，有的直奔自己的交易摊位，有的快步跑向电梯，有的比较强壮就跳上楼梯，都想赶在别人前面抢到热门货。霎时会场里人头攒动，宾客喧哗，热闹非凡，一天的交易就这样开始了。

会场各楼层都摆满了食品、纺织品、金属制品、皮草原料等各种各样的商品，也都摆着谈判的桌椅。巧的是，来参展的北京畜产公司的代表田主任，是我岳父的师兄弟。我虽然跟他不熟悉，但有这层关系，彼此就亲近了很多。经田主任介绍，北京畜产公司的经理们接见了我，了解了我在内地及香港的情况。他们请我，我也回请他们，很融洽，很开心。第一次，他们请我在东方宾馆喝茅台，我喝醉了，还差点掉到湖池里。

我和他们关系不错，都是北方人，实话实说，他们特别关照我这个新客户。这次参会的香港皮草同业还有十来个，他们买货都没我沾光，甚至广东人也不如我。这次交易会我买了几千张兔皮褥子（当时兔皮用量大），还买了点狗皮、红狐皮褥子。第一次参加广交会，我就顺利地拿到货，可谓旗开得胜，满载而归。

[1] 谢涛，《周恩来与中国第一展——广交会》，2006年10月13日，http://news.21cn.com/zhuanti/dushi/gjh100th/diangu/2006/10/13/3001396.shtml。

写悔过书 有一次，我在广交会上定了北京畜产公司200条东北红狐皮褥子。一条褥子由五张红狐皮拼接而成，规格是25寸×54寸。结果对方迟迟交不了货，等到第二年货好不容易到了，一查看又与样品不符。它也是五张狐皮，两张一排，两排四张，第三排是两个半张，但这两个半张有的不是同一张皮割开的，同时，这批褥子有的颜色不同，有的质量不同。他们只是把狐皮简单地拼成了固定尺寸，这样制衣时很难配成衣料，200条褥子让我损失很大。

再次参加广交会的时候，我就拿着合同去找他们提意见，要求退货或赔偿损失。

我平和地说："你这货不对，客户不要，要退货。"

主管田主任很不屑地说："怎么了？人家买的货都是这个样子。"

这批货价值10来万，对我来说也不是小数目，但不管我怎么说，他死活不接受我的合理要求。

"国家生意怎么不讲道理呢？"我脾气不好，当时就火了，拍着他的桌子说，"这货我不要！不行以后我不来了，不参加交易会，不买国货也一样做生意。人家香港西伯利亚皮草店，不经营中国皮草也一样发大财。你们做生意是单程路……"

当时交易室里还有另外四位代表也在谈生意，田主任一看我火了，与其他几个人嘀咕了半天，便叫我第二天早上八点半再到这个房间商议。

我回到酒店，气愤地向好友们述说了事情的经过。

"我跟他们发火了，拍桌子了。"

"啊！你还想走吗？"

“怎么啦？”

“谁敢在这里发脾气啊？咱们一住进这个酒店就交了护照，不知道你还能不能拿回来。”

“你可要小心，前几年有好几个港商被扣下，回不去了，劳动改造去了。他们是做工艺品的，说是偷运了国家文物，扣了有几年呢。”

…………

当时正是文化大革命时期，人人背毛主席语录，唱国歌，唱东方红。德信行也把香港皮草业人士组织起来，每月开小组会，会上念毛主席语录。我搞不懂国内形势，会上也不敢发言，只是旁听。

他们都替我担心，叫我明早去了以后一定要认错，要赔礼道歉。虽然我没做犯法的事，但听好友们一说，还是心里直犯嘀咕，生怕被扣下回不了香港。

第二天早上，我听从大家的劝告，准时赶到交易室门口。这时屋子里已经有五位同志在等候我了，还是昨天那几位。

“进来，进来。”田主任首先开训，“你昨天那是什么态度啊？你胆敢到这里来发脾气！知道这是什么地方吗？这是国家生意，哪有你发脾气的份儿！”

“我自己做老板做惯啦，总爱发脾气，对不起。”我老老实实地站着，不敢顶嘴。

“你们香港商人都是靠国家发的财。今天你要写悔过书认错，否则叫你受受教育。我和你岳父是师兄弟，看你岳父的面子，今天饶了你。”

我只好照写，认错。

我这次被吓得不轻，也不敢揽生意了。这是我在内地做生意受到的第一次教训。

我算服了 在一次广交会上，大连畜产公司的张科长让我看了一条用水貂尾加细革做成的褥子。这种褥子规格是2尺×4尺，水貂毛很细，中间加的革条又窄，如同用整张皮拉出来的，看不出是貂尾，工艺很好，我一眼就相中了。张科长说，这样的褥子有100条。我立即签约买下了。

货到开箱一看，与样品完全不同，简直是天壤之别。样品是美国水貂尾拼成的，毛细革窄，看不出皮来，而来的货不仅所用的貂尾质量差，毛又粗又长，而且革条宽了一倍，如做成衣服，很容易看出革条来。这样的褥子可以省下三分之一的尾巴料，价格应不足样品的一半。

我很生气，又写信又打电话，交涉多次也没有结果，于是带着一条样品和一条新货专程去大连找张科长。他托词正在开会避而不见，我等了半个多小时才有位女科长露面。我把两条褥子往台上一拍就发了火。

“你自己看看，这货跟样品质量一样吗？”

“您别发脾气，别发脾气啊。”她将两条一比，承认是不一样，不是一个厂子做的，承认货品低劣。她态度倒不错。

“怎么解决啊？与样品一样我就要，这货我不要，我卖不出去。”我要求退货退钱。

“哪有退的啊？或者厂子再买貂尾给您重新做，或者您再定一批货，一定给您做好，保证做好，再给您特价打七折。”她再三给我说好话。

说到这份上，我也不好意思再坚持，那就再给他们一次机会吧。结果这批货没退了，反而又定了一批。

过了俩月，第二批货到了，开箱一看，比第一批稍微好了些，但还是不合格。如果再去和他们交涉，他们肯定还会劝你再定一批货，然后再给你补偿。我只好自认倒霉，不再与他们交涉，也不再与他们交易了，我算服了。

内地畜产公司只管接收外商订单，而不直接监管皮草厂的生产及质量，而且买了皮草厂的货可能根本不看大货就直接装船付运，因此质量全无保障。客户一旦发现货有问题而退货或索赔，既耽误了生意，又浪费了时间和金钱，当然，畜产公司更会给国家造成巨大损失。这种体制暴露出一些弊端，需要进一步改善。

二 与畜产公司的那些事儿

上海 1978年，我厂生意兴隆，主要向日本、欧美出口兔皮短衣和高级水貂服装。日本订单都是几百件的大单，而且往往工期非常紧，几个月就要交货，尽管当时有约400位工人，还是忙不过来。这年国家开始改革开放，招商引资，于是我决定到上海承包车间，发展来料加工，因为内地加工费比香港便宜很多，仅仅是香港的五分之一。之所以选定上海，一是因为我曾经在上海生活多年，又在广交会上多次买过上海畜产公司的各种皮褥子，觉得还熟悉；二是上海有一流的皮草工艺和毛毛匠。

在广交会上，我跟上海畜产公司商定：承包一个车间，聘用30个技术工人，专代我加工水貂皮短衣；3个月一批加工业务，承包3年为一期；机器设备、生产原料（包括丝绸里子、针线等）都由我出；我每年最少要给工厂3万元加工费。

谈好后，我便运进割皮机、缝皮机、滚桶机等30台机器，总价值约30万元。厂方还安排了一个欢迎仪式，有几十人参加，气氛非常热烈。我成为第一个进入上海承包车间做来料加工的港商。

我先运进两千余张水貂皮，加工做串刀大衣片。上海本来就有一些串刀手工师傅，我厂朱义泰师傅又来教了半个月，按时完工应该没问题。没料到这批货4个多月才完工。后来又做了一批，还是不能准时交货。一次又一次延期交货，客户都不要了，大大影响了我的生意。

更可气的是他们弄虚作假，货跟原材料的账对不上。一件衣服本来用10张或11张皮子，而账上记的却是14张或15张。我问那几张皮哪里去了，他们竟然把我当成外行，蒙骗我说都用上了，真是可笑。

做完这批订单，我就不给他们发货了。第二年便去信通知了他们，停止与他们合作。

过了一年，我去上海畜产公司洽谈其他业务，有位姚科长约我协商之前包车间的事。听别人说姚科长和我母亲同村，而且和我还有亲戚关系，但是自我来上海包车间，他并没有跟我相认。

姚科长说："你一年没给厂里单子，他们要跟你算账，让你赔损失。"

"算什么账啊？你们不能按期交货，耽误我生意，还找我算账！"

"你包车间协议是3年，每年最少要交3万元加工费。这一年你没履行义务，工厂要你赔偿损失。”

“我已经及时通知停止业务了，你们不准时交货，让我怎么做生意？”

“他们厂说了，这些机器不能运回去，就算赔偿了。”

我这才如梦初醒，原来他要以赔偿的理由扣押我的机器。机器我没想再运回去，本来就打算捐献给厂子的，但是以这个名义留给他们，我心里很不是滋味。

“这批机器我还能运回香港吗？我拿回来就没想再拿回去，归国家所有也不是给外人，我不要了。”

“那你就写个字据吧。”他边说边在旁边的桌上放好纸和笔。

“怎么写？”

“你就写上你是自愿将这批机器送给厂方的。这样他们就不再追究了。”

“好！我写！”

按他要求写完，我一摔笔就离开了公司，心想以后再也不来上海与他们做生意了。

1983年，上海畜产公司的人去澳洲买红狐生皮，经过香港向我取经，探听市场及供货商情况。当时德国皮草市场需求旺盛，澳洲红狐长短皮衣很畅销。我毫不保留地告诉他们供货商地址，又教他们如何买，如何分辨一二三等皮。

澳洲之行非常顺利，他们返回时又经过香港，特地来向我致谢，感谢我不计前嫌，热情相助。

然后，他们说：“您能不能给个衣服样子，我们仿着做？”

我就给了他们一件澳洲红狐短衣的样子，说：“你们照这个样子做就可以，一件用10—11张皮。”接着又实实在在地教了他们一遍。

他们又说：“那您给些订单吧，我们回去就可以开工学着做了。”

“好，我就给你们200件短衣试做吧。”看他们很诚恳，我马上就答应了，完全忘了以前那些不愉快的事。我知道他们买了2万张狐皮，一二三等都有，所以我特别言明：“我的订单必须用一二级皮，如果不合要求，我就不收货。”

他们做了好几个月，都到冬天了还没有完工，我就去上海看货。

“你来看货？还没做好哩，还在生产着。”

“你拿几个样子给我看看，下个月就要交货了，我得看货合不合要求。”

“你不能随便看货，国家有检验局，到时候有合格证。”

“我知道有检验局，那都不准，人家外国人不信那个证。”

“我们上海不能看货，你要看的话，国家失面子。”

“我必须亲自看货，不看货我不开信用证。”

双方谈僵了。

我当时住在上海国际饭店，到了晚上，他们派罗小姐和倪先生拿了2件短衣来给我看样。我坚持要看大批样，他们还是不同意，并且逼我到期开信用证汇款。他们买的三分之二都是三等皮，又死活不让看货，我断定货不合规格，如果运到欧洲客户叫我赔，那么损失更大，我决定不开证不收货。

“你不开证不行，你定的单子，如果不要了，得罚款。”这两位不是当初去澳洲买皮的人，不讲交情。

“要罚就罚好了，货我不要了。”

他们要5%金额赔偿，经再三协商，罚我3%，我回港后就如数汇给了他们。后来得知，他们把货卖给我认识的一个客户了。

河北　自从参加广交会，我和北京、上海、天津、南京、石家庄、大连等很多地方的畜产公司建立了业务关系。

我到河北邯郸皮毛厂验货(1986)

有一次，我代欧洲客户在河北畜产公司定购了2千件兔皮短衣，三级皮质量。货运到欧洲以后，客户来电要求退货，理由是质量太次，根本不是三级兔皮，其中很多都是用四级兔皮做的。客户给我寄回来两件，我一看真是太次了，绒毛是三级，但全身很多地方的兔皮都没有枪毛，好像瘌痢头，难看得很。

我与河北畜产电话联系，他们不理，我只好亲自带着这两件短衣专程去石家庄，找主管人朱主任洽谈欧洲客户要求退货或赔偿损失的事。可他根本不承认他们做得不好，他说：“这是兔皮吗？”是啊。“有毛吗？”有啊。“有绒就是三级，没枪毛一样保暖，这不能退也不能赔。”他很不客气。

洽谈不成，我也不想谈了，只好自认吃亏，替他们承担了责任，赔给客户30%的违约金，约10万美元。

1983年，我当选为河北省政协委员，省侨办王元主任拜托我今后多为河北拉些生意。虽然与河北畜产公司有这段不愉快的经历，但我是河北人，也想尽我所能为家乡做点贡献，这样也对得起领导对我的信任，对得起政协委员的称号。

当年我就找到一个叫史泰乐太太（Mrs. Styler）的德国客商，她生意做得很大。我跟她说："我现在是河北省政协委员了，跟河北做生意，保准不会受骗，如果有货不对板的事，我有权帮你解决。"她很信任我，就定购了两千件白奶山羊皮长短大衣。

几个月后，快到交货的时候了，我带着我厂的一个学徒李殿生（我同乡李春来的儿子），到河北几个皮毛厂验货。主管此项业务的张主任夸海口说："孙先生您放心，货的质量保证第一。"我们在石家庄某厂发现生产的羊皮衣皮板很硬，他们用大竹刷子往上刷颜色线条。厂长说："这线条经过木桶滚后就不褪色了，皮板子一滚也软了，放心。"看了几家，大都如此。令人满意的是邯郸市的一个工厂，衣服做得比较好，又白又漂亮，非常干净。

一个月后，两千件白奶山羊皮长短大衣空运到德国，史泰乐太太见货后非常失望，大吵大闹，坚决要求全部退货。她寄照片给我看，有的大衣皮板硬得能直立起来。我觉得有愧于她，提出将我的利润全部给她，她还是不同意。两千件衣服，一大堆，如退货的话，空运费也不少。这时正好省政府秘书长毛志君来港开河北省商品展销会，我便叫史泰乐太太过来亲自向省领导投诉协商。她不肯来，但做了让步，叫我赔她5万美元的损失，她把货大减价卖出。没办法，我只好汇去5万美元了结此事。

这次合作伤透了德国客商的心，她说再不与中国人做生意了，我因此也失去了这个朋友。我真心实意地帮家乡拉生意找客户，却伤了朋友赔了钱，这是我万万没想到的。

天津　有一次，我到天津畜产公司，公司经理刘汉雄说，这里有一批国产二三级水貂皮，1.5万多张，价格很便宜。他给我看了一批样品，样品有毛针，有绒，有点小残伤，不太坏，价钱也划算，我便将10张样皮寄给英国一家皮草行。英方很满意，直接开银行信用证买下了这批货，然后运到韩国汉城去加工。

可是英方收到货却发现货跟样品不一样，都是大残伤皮，有的烂得根本不能用。英方非常失望和气愤，让我去天津交涉，索赔30%的损失。

我随即去天津找刘经理，他竟不负责任地说："我将货装了船，收到货款，就没我的责任了。"他一推六二五，不接受任何条件，可气之极。我交涉多次无果，又一次蒙受了巨大损失。

大约1985年，天津畜产公司在香港成立了一家分公司。在一次酒会上，我遇到这个分公司的负责人。他对我说："我们天津皮毛厂常做串刀细工活，清滑小羊羔皮我们都能串刀，工艺很好。"小羊羔皮，毛短，根本不能做串刀手工。他假装内行，吹得太离谱了，我不禁大笑着说："你太外行了。"他这才意识到说走了嘴，马上认错，并恳请我去天津开皮草厂，或者派师傅去给指导指导工艺。为加强贸易关系，我一口应允了。

不久，我亲自带着我厂的两名师傅飞到天津传授皮草工艺。我们入住第一饭店，然后便跟天津皮毛厂的一位主管去了工厂。工厂在杨柳青，离天津市区很远。我们到了一看，是个空厂，等了一两个小时也没见人。吃过午饭，有人带来七八个年轻人在院中搭起工作台。

我一看都是小孩子，就问："你们来干嘛呢？"

他们反问我："你不是说教我们做皮子吗？"

我带师傅来是传授皮草工艺的，他们一点基础也没有，什么都不会，怎么教呢？况且这里既没有料子，也没有机器。我要求到厂里去，让我厂的师傅给生产一线的工人做指导，可这位主管人却说："我们正忙着生产呢，不方便叫外人进去看。"我一听火冒三丈，不叫去算了，我们回香港。

看来香港分公司的那位负责人就是个没谱的人，他和天津皮毛厂根本没搭好线，害得我们劳人费马白跑了一趟。

本想把世界先进皮草工艺传到内地，以提高内地皮草产品质量，而有些内地同行却闭关自守，不肯学习，枉费了我一片热心。

北京　1978年，香港皮草市场竞争异常激烈，一件水貂皮短衣仅卖300美元，不赚钱，只赚尾巴及其它碎料钱。而这个时期订单却很多，又不能不接，以致产能明显不足，为此，我极想在内地找个工厂合作加工水貂皮高级服装。在这种情况下，我与北京畜产公司谈成来料加工业务，签了协议。

我先发去1.5万张水貂皮，由北京皮毛厂按日本客户订单加工串刀短衣，双方约定3个月交货。为确保产品质量，我还派了两位技术过硬的年轻师傅去指导。

没想到北京皮毛厂的师傅特别不服气，说："我从小就做这个，都做了几十年，你派两个30来岁的小伙子教我啊？"

我解释说："你们做的都是黄狼皮，水貂皮做得少。这两位香港师傅专做水貂皮串刀已经10多年了，他们天天做，天天摸水貂皮，很有经验的。"

不管我怎么说，他们还是没人肯虚心听两位师傅讲解生产工艺。我想，既然他们说自己有经验，就让他们按自己的经验做吧，我便带着师傅回了香港。

圣诞新年是外国销售旺季，客户本来要求11—12月交货，不料一等再等，一催再催，一直等到过了春节他们才交货。我开箱验货，发现竟有一半不符合要求——有的手工不合格，有的配色不均匀，有的缝皮线粗，有的皮用得多——头都快气炸了。

冬天就要过去，日本客户早已不要这批货了，本来这是一笔赚钱的生意，现在却成了一个大麻烦。这批货压在北京近半年之久，最后我不得不另找客户，割肉清仓，损失了近百万元。

虽然屡经挫折，但是我仍相信可以找到理想的合作者。

后来，我决定去北京皮毛二厂包车间。这个车间有30名工人，我可以派人去指导，也有权管理生产。另外，有两位亲戚能帮我照管，一位是玉霞的叔叔，他是二厂领导干部；一位是玉霞的弟弟李方雨，他在北京已经不教书了，我可拉他进来。这应该会是一个好的合作模式。

然而，事情的发展并不尽如人意。我先与叔丈人商谈，他给我写了个草案，草案上仅党支部就设了五六人。我问他：“咱们一共才30来个人，你让这么多人闲着，那谁来生产啊？”他叫我甭管，我说不管哪行啊。结果我们两个就谈崩了，本来我已经买好去北京的机票，一看这样就改主意不去了。

后来内弟方雨对我说：可别来，他们想先把你套进来再说——先同意撤销党支部，等你签了协议，把机器和货运进来，然后……听了这番话，心中暗自庆幸，幸亏我还没把机器和货运过去，否则又要吃亏上当了。

还有一次，我洽购北京畜产公司的水貂皮。他们说有一批国产水貂皮约3千张，规格是5：3：2搭配（即一级皮50%，二级皮30%，三级皮20%），价格很便宜。这次我学聪明了，不只看样品，还亲自去对方的货仓开箱验皮。开了几箱都不对，根本看不到一级二级皮，都是残次皮。去找他们经理问，他却说："这批货我也没见过，都是采购部进的，你不要没关系，在仓库存着吧。"当时国营公司的作风由此可见一斑。

当然，与内地畜产公司也有过愉快的、成功的合作，但是经历的这么多麻烦，遭受的一次又一次亏损，也让我很伤心，让我感触很多。说实话，改革开放之初，国内很多对外贸易企业只求利益，不重声誉，不保质量，没有负责的专业管理人才，各畜产公司均亏损巨大。而香港企业为什么就个个赚钱发财呢？因为那都是个人的，他们具有强烈的责任感和危机感，重质量，讲信誉，怕失去客户。内地企业如果不改变经营和管理模式，就不会改变亏损的窘状。

三 最早引进蓝狐

在大营试养成功 1982年，我去丹麦参加毛皮拍卖会，遇到好友诺登先生（Mr. Nordan）。他是挪威人，蓝狐饲养专家，在奥斯陆（Oslo）郊区有一个蓝狐饲养场，年产蓝狐皮1千多张。那时候蓝狐皮服装特别流行，市场需求年年增长。他邀请我到他的饲养场参观，谈话间，他提议可否去中国合作饲养蓝狐。我十分赞同他的提议，因为当时中国还没有蓝狐，蓝狐饲养一定大有可为。经过协商，我们计划投资50万美元，向中国引进300只蓝狐。

与Mr.Nordan父子合影（1984）

我首先想把蓝狐引进我的家乡，于是回港后立即与大营皮毛厂常金善厂长联系，给他分析了饲养蓝狐的可行性：

1、蓝狐是一种毛皮价值较高的动物，饲养地以芬兰、挪威、瑞典、丹麦、苏联为主。蓝狐皮张大绒毛厚，价格昂贵，市价每张50—55美元，在国际毛皮市场上特别畅销，是三大支柱产品（水貂皮、波斯羔皮、蓝狐皮）之一。

2、我国饲养水貂已经取得了可喜成绩，很多地区也适宜饲养蓝狐。如果引进这种新动物，能发展畜牧业，增加出口贸易，争取外汇。

3、挪威的诺登先生是我香港公司在欧洲的皮张采购代理人之一，和我已有10多年业务关系。他家三代饲养蓝狐，有十分丰富的经验。挪威利得税较重，多养多得利也多抽税，他不愿扩大，很想与我合作到中国发展。

4、蓝狐饲料有动物性饲料，如鱼、畜禽副产品等；有植物性饲料，如粮食、蔬菜、水果等；有添加剂饲料，如食盐、骨粉、鱼肝油、酵母、维生素等。饲养时，必须以动物性饲料为主，一般应占70%左右。我国杂粮比外国便宜，鱼、肉类比外国贵，而且碎鱼碎肉人也食用（这与外国不同），这是在我国发展蓝狐饲养的最主要的障碍。

常金善厂长（我们又叫他常主任）同意我的分析，对此很感兴趣，也想试一试。

1982年10月20日，我带领诺登先生和他的儿子赴大营考察，受到枣强县领导的欢迎。经考察，我们认为在大营饲养蓝狐可行，于是，我和诺登先生、大营皮毛厂三方商定合作试养3年：我和诺登先生提供25只蓝狐种（公5只，母20只），各出一半资金；皮毛厂提供养狐场所，并负责饲养管理；诺登先生负责技术指导。若试养满意，三方再正式扩大业务并迁到更好的地区。

1983年3月6日，我和诺登父子挑选了25只蓝狐种，将其由挪威空运到北京，常主任租了货车在机场迎候。不料，申报进口手续时遇到了麻烦——进口动物要做检疫，海关要扣押1个月。

蓝狐很名贵，算上空运费和笼子每只150美元，如果照管不妥，很可能会死掉，再说诺登先生的时间也非常宝贵，别说扣一个月，就是扣一天两天也不行啊。我非常着急，再三向海关说明实情，请求给予照顾，结果还是不行，于是我以河北省政协委员的身份去找海关局长。我告诉他，这位外国专家是我们请来传授饲养蓝狐技术的，是帮着致富的。他当场表态：我们全力支持，但得安排两个检疫人员跟随去做检疫。海关终于放行。

到大营已是傍晚时分，检疫人员先给蓝狐打了预防针，然后把它们放入狐笼内。蓝狐个个活蹦乱跳，好似到了中国的新居很开心。饲养员准备了新鲜兔肉热情招待它们。第一批蓝狐就这样被安顿下来。

第二天，诺登先生给饲养员详细讲解了饲养蓝狐的方法：要多喂各种动物肝脏等肉食；蓝狐交配期一般为春季4月份，母狐配种成功要经过2个月才能生下小狐；母狐生产时不可打扰它，否则母狐受到惊吓会将小狐吃掉；一般饲养到11月份，即可杀狐扒皮……

当时在中国饲养蓝狐是一项开创性的事业，前景令人振奋。大家都非常用心，这可从常主任写给我的饲养汇报中略见一斑。

…………

进入4月份以来，气候逐渐转暖，各种饲料存放困难。我们对各种饲料加强管理，做到随到随喂，不使积存，以免变质。对谷物饲料及菜类饲料均做到清洁卫生，保证做熟。根据蓝狐的食量分配饲料，避免剩食多造成浪费。

在配种期，除定期检查发情及时放对外，也注意增加公狐的营养，加强母狐配种后的护理，按时在饲料中添加各种维生素、鸡蛋、奶粉等精饲料，对食量有起伏的给予特殊照顾。

为搞好场地卫生，我们每天清扫，冲刷一次，对食具等用完立即洗刷干净，同时，每周进行一次消毒。

现天气转热，气温上升很快，中午气温达32℃以上，为避免发生意外，我们除随时给水盒中加水，保证饮水充足外，还用水冲洗地面，起降温作用。

…………

5—6月，母狐生下了43只小狐，最多的生了12只，最少的生了4只。小狐被大狐吃掉及自然死亡有20只。试养阶段，我们不杀狐，让它不断繁殖，第二年就达到了75只。蓝狐试养取得了初步成功。

去秦皇岛寻求合作　1984年10月30日，我和诺登父子来到大营，查看了蓝狐饲养情况，感觉还算满意，只是蓝狐长得不够尺寸，个头都缩了一个号。诺登先生是专家，一看就知道这是营养不良的结果，便再三强调要喂肉喂鱼喂牛肝猪肝，要保证营养。他们说平时就是喂肉吃，还推了一小车新鲜兔肉给诺登先生看。这明摆着是糊弄外国人，如果真是常吃这样的兔肉，蓝狐一定会长得很标准，还会缩成现在这个样子吗？

诺登先生认为，蓝狐饲养在中国能够成功，不过他建议换个地方，因为大营无法有效解决饲料不足的问题，而且环境也有点嘈杂，不宜扩大规模。经过总结分析，我们决定把养狐场迁往秦皇岛关外，我与诺登先生再投资300万元扩大饲养规模。秦皇岛市规模大，又靠海，屠宰场和肉食加工厂多，碎鱼碎肉之类的饲料会比较丰富，而且关外也清静，有利于蓝狐生长。

当时，我不了解国家政策，不知道怎么办手续，就找省侨办主任帮忙。他很支持，马上通知秦皇岛市侨办予以协助。

11月1日，我和诺登父子坐火车到秦皇岛考察并洽商有关事宜，晚上8点到达秦皇岛。市侨办一位女同志前来迎接，协助我们住入山坡上的一个招待所。然后，我们到餐厅吃饭，可等了十几分钟也不见接待人员。餐桌上摆着3份点心，一份4块，还有3杯茶，也都凉了。

我跟服务员说："请开饭吧，我们都饿了。"

服务员说："没饭了，只有这个。"

"有外宾来，你们不知道吗？"

"知道，可是你们来晚了，厨师都下班走了。"

"你们就这样招待外宾吗？"一听我就火了。

诺登先生一看我在吵，赶紧安慰我说："别发火，我们带着罐头和饼干呢。"

我吃了几块饼干，生了一肚子气，就给市里打电话交涉。他们都说不知道怎么安排的，一个推一个。

第二天一早，侨办、畜牧部门的人员陪同我们去考察。我们坐车出了天下第一关的城墙大门，又行驶了10余里，畜牧部门的主任指着迎面一个山坡说："就是这个地方。这是秦皇岛最好的土地，值钱着呢。"

这个山坡有点荒草野树，周围都是空地，不见人烟。我说："这里什么都没有，值什么钱？有什么发展啊？"

"将来会值钱的。"

"好了，就这个地方吧。"

我们又到附近的一个菜市场，看了看卖肉的、卖鱼的，还去了屠宰场。诺登先生一一问价，觉得饲料成本还是太高。他说："还不如由外国运饲料来便宜呢。"

回到招待所，我们与秦皇岛合作方继续商量办养狐场的事。畜牧部门有一位小胖子同志，很精明，提出很多问题。他问蓝狐个头多大、鼻子多长、前腿多长、后腿多长、尾巴多长等等，把外宾问烦了，问笑了。我说："你问这么多干嘛？我比你高大，外国人比你更高大，都不一样的。这狐狸不是一个模子里刻出来的，运来能生长就行了嘛。我们投资300万是想发展这个新行业，不是跟你闹着玩的。"我的意思是别瞎问了，抓紧时间谈正事。我这个人脾气直，说得他们都不太开心。

经商讨，有关合作方达成了一个合约草案：

合资公司名称：长城皮毛兽饲养公司

地址：秦皇岛市山海关城北王家坟

投资总额：美金40万元

股东及持股比例：甲方——秦皇岛市畜牧服务总公司 30%

乙方——挪威诺登公司 35%

丙方——香港皮草厂有限公司 20%

丁方——河北省侨联公司 5%

戊方——大营皮毛厂 10%

…………

当晚，秦皇岛市市长顾二熊给了个面子，设宴款待我们。他原来是衡水地区的专员，与我几年前就相识。我向他提了几点意见，但都没得到答复。

第三天，我们要走了，酒店拿来一份账单，上面有到关外看土地租车费400元、住宿费400元、资料打印费40元、会议室租用费多少钱等等，样样都要我付钱。我说："外宾大老远飞过来，我大老远陪着来，我们得花了多少钱啊，市里什么钱也不出！"一气之下，我毫不客气地在那400元租车费单据上写了七个字：请顾二熊市长付。我们离开酒店的时候，只有一位侨办的女主任来送行。

在回北京的火车上，诺登父子二人吃了些酱牛肉后腹泻不止，一到北京就被紧急送到医院。第二天，病情稍有好转，他们就坐飞机回挪威了。

"不寻常的晚宴"　秦皇岛之行令人非常失望，不仅因为仍未很好地解决饲料问题，更因为那种让人热情顿消的冷遇。诺登先生在离开的那一刻就拿定了主意：再见吧，秦皇岛！我永远不会再回来了。我们决定取消蓝狐饲养计划。

为引进蓝狐，诺登先生花了不少钱，我也花了不少钱，因为是好朋友，就没细算账。我们把蓝狐给了大营皮毛厂，后来他们都卖了，听说卖给天津一个动物园了。

这次引进蓝狐开了个好头，却终究没能成功，但是，这个路子趟出来，后来人再走就容易了。我喜欢创新，喜欢探索，失败自然就多了一些。

第二年河北省政协开会，我想谈一谈秦皇岛的事，便征求省政协尹哲主席的意见。他说："你沉住气，慢慢来，婉转说，别着急，别生气。"在一次会上，我向省政协委员们汇报了去秦皇岛寻求合作的经过。

我说："现在全国都在开展招商引资工作，我引进蓝狐饲养也是积极响应中央号召，为国尽力，可是到了秦皇岛，我伤透了心。这样招商引资谁还愿来？外国客商说永远不再来中国投资了，这话好听吗？这是我们所要的吗？"

我说话不会绕弯，说着说着，就沉不住气了。

"有这么接待外宾的吗？还跟我要租车费400元，要什么协议书印刷费40元……秦皇岛方面的办事人这样对待外商是错误的，太失国家脸面了。"我越说越气，一下子全都抖落出来，在座的委员们都瞪了眼。

会后，有人把这个情况报告了副省长李锋。第二天，李省长当面向我道歉，连说对不起，并要在晚上专门设宴请我。我一听吓了一跳，没想到自己在会上发发牢骚竟惊动了省长，而且省长还要为我设宴，我只是一介普通商人，实在不敢当。

参加晚宴的除了李省长，还有秦皇岛市市委书记、市长，衡水地区的领导。席间，各位领导依次给我敬酒，秦皇岛市市委书记、市长借酒向我诚恳致歉，大家推杯换盏，开怀畅饮。其实我要的并不是嘴头上的道歉，而是他们以后能热情地对待外商，切实抓好招商引资的各项工作。

第二天，《河北日报》刊登了这条消息，题目为《不寻常的晚宴》。

四　在内地办厂

与航天部谈而未果　20世纪70年代中期，国际皮草市场需求旺盛，香港皮草业竞争日趋激烈，为了降低生产成本，提高竞争力，我积极寻求与内地畜产公司合作，但是几经努力，收效甚微。

1980年8月，国家决定在广东省深圳、珠海、汕头和福建省厦门建立经济特区，在税收、金融、土地和劳动工资等方面予以适当优惠，鼓励客商及其公司到特区投资设厂或合资办厂。这恰好契合我的需求，机遇难得，不可错失，我振作精神，决定到特区投资设厂。

1983年，我得知航天部在深圳有块空地，大约30亩，我去看了看，很满意。我想在这个地方投资建厂，就与航天部驻香港代表取得了联系。

我们谈了很久才定下来，但是他给我提出一个条件。

他说："你还得给买40台电视机。"

"买电视机做什么？一人一台，没事都看电视？"我很纳闷。

"不是，有别的用处。"

“这怎么行啊？”

“你别管了，你不知道到内地的规矩。”

他又提出要一成股份，我没答应，因为他不出资，要股份不合法，我说可以送给他红股。

他约我7月1号到北京签字。我买了票，又一想：我只跟他接洽了，没有见过航天部领导，如果签了字，到时候有问题就麻烦了。考虑再三，我觉得这字不能急着签，先放放再说。

于是，我通知他说：“我不去了。”

“为什么？与领导都说好了，第二天早上等着你呢。”

“我不打算跟你们合作了。”

“为什么突然不合作了？”

“我有理由的，特殊理由。”

很快航天部派了一个代表到香港来找我，问我：“说好了去北京签字，你怎么又不去了？”我就跟他实话实说了，他听后很生气。他回京不久，驻香港的这个代表就被撤了职，投资建厂的事也搁浅了。

河北省最早的三资企业 我多次回乡都住在大营皮毛厂内，副县长赵殿水、皮毛厂常主任几乎天天陪着我，我们很投脾气，很谈得来。家乡人对我特别热情友好，让我非常感动，激发了我的爱乡之情，我总想为家乡做点事情。

在一次谈话时，我主动提出：下次我带师傅来，教教串刀工艺。1983年回乡时，我就领着我香港皮草厂的朱义泰师傅、张勤亮师傅，带着几百张貂皮，在大营皮毛厂教了工人们几天。在离开大营的头一天，我们想考考工人学的如何，就让他们试做一件串刀貂皮短衣，通宵赶出来，次日一早要做妥。他们摸索过这皮子，串刀也知道怎么做了，结果按时完成。这件貂皮短衣做得很好，两位师傅很满意。

与尹哲先生(右一)、郭志先生(右三)、徐纯性先生(左一)、樊敏光先生(左二)合影(1990)

大营工人一教就会，又听话，于是我提议：与大营皮毛厂合作，到深圳特区投资办厂。选择深圳一是因为这里离香港近，便于管理；二是因为特区有许多优惠政策。常主任他们也想出来，我们很快就谈妥了。考虑到如有外商投资合作，各方面手续申办比较方便，于是我又邀请日本好友野口先生（Mr. Noguchi）加盟。他的公司叫日本霓虹贸易株式会社，专门为日本皮草商在香港采购皮草服装，与我有多年生意往来，彼此很熟悉也很了解。1984年春，我邀他一起来到大营，洽谈合作事宜。三方谈得很顺利，决定合作成立中国联合毛皮企业有限公司（China United Fur Industrial Limited），共投资200万港元，其中我香港皮草厂和大营皮毛厂各出资70万，霓虹贸易株式会社出资60万。

当时，河北省还没有三资企业，大营皮毛厂不知道手续怎样办。经衡水地区行署郭洪深专员指点，我去石家庄找副省长郭志，向他申请。他说，行啊，好事啊，去干吧。

有郭省长的支持，心里就有了底，回港后，我就到驻香港的深圳特区招商局洽购厂房。正好蛇口工业区华建工业大厦有一处厂房，1万多方尺，港币123万元，我随即付了5万元定金。当时厂房紧缺，卖得很快，如不出手，恐怕以后找不到合适的。

我和野口先生又去大营与常主任洽谈，将合作协议签妥，商定三方股金200万元要在30天内凑足。到了限期，我与日方的资金都已汇入，不料大营的资金迟迟不能到位，原来内地资金受到外汇管制，与外商合资须经河北省外贸厅核准才行。我和常主任就去外贸厅，找到当时主管此事的陈来立处长。他很年轻，很帅气，也很能说，他说我开设外资企业，应该先向他们申请。陈处长做事雷厉风行，细致严谨，他即刻召集有关部门研究，随后又亲自带领四位同事到蛇口工业管理局，深入调查了解霓虹贸易株式会社和香港皮草公司的背景和资历。经全面了解，我们均符合有关条件，河北省外贸厅予以批准，中国联合毛皮企业有限公司（简称中联）成为河北省第一家三资企业，大营资金也随即到位。

我与常主任开始紧张筹备开厂的有关事项：聘请人员、设置账目、购置安装机器、安排食宿等，一切都很顺利。中联从大营皮毛厂精心挑选了50名工人——这是大营派出来的第一批乡亲——我从香港派来五六位高级师傅，教授他们制作高级水貂服装的工艺，工资食宿费用都由我港厂负担。这些小同乡，学习非常用心认真，进步很快。

副省长李锋(右三)参观我深圳中联厂。右一为常金善厂长(1987)

中联主要为我港厂做来料加工，由我负责全面管理，事事须经我批准。我每周有两三天在蛇口工厂，有时住酒店，食宿都自理。常主任主管生产和人事，他正直诚实，没有私心，管理很正规，生产质量很好。我和常主任配合得默契，遇事都大公无私，严格管理，合作非常愉快，也非常顺利。从建成开工，中联生意订单就很多，当年底工人达到了105位。生产技术年年提高，销售利润年年增长，大约3年资金就翻了一番，三方股东都很满意。大营皮毛厂还收取工人的劳保金，每年也有10多万元。李锋、郭志等省领导多次到蛇口中联视察，鼓励工人们继续学习，掌握技艺，努力生产。

如此合作到1987年，大营皮毛厂瞒着我和日方，让中联会计田俊林（他来自大营皮毛厂），以中联的名义私自向蛇口工商银行抵押贷款70万元汇回了枣强。他们说是30天内再汇回归还，结果超过还款限期了，银行来信通知中联还抵押款，我这才知道。我立即带着田会计去银行交涉，我特别气愤，指责银行无知："这么做是违法的，我厂是三资企业，你们怎么能大胆接受田会计的个人签名贷款呢？如果贷款人不承认此款项，一切损失要银行自负。"银行经理再三认错。为和平解决此事，以免给田会计造成麻烦，我港厂先将70万元汇入，归还贷款，再让田会计向大营催要。

大营皮毛厂迟迟无法归还贷款，决定退股结束合作。我无可奈何，只好向日方通报有关情况。日方很不愉快，也要退出。于是三方按工厂资产总值分清，中联由我港厂承接，全权经营。常主任、田会计等几位被大营厂方召回，其他工人均无变动。中联继续正常生产，依然非常顺利。

京联的小股东　1984年冬，北京皮毛三厂闻知我们开设中联非常成功，也来找我商谈合作，再三恳求我给他们找个日本合作伙伴，到深圳特区开厂。我与北京皮毛三厂曾有多年业务联系，难以推辞，就答应帮他们的忙。

在香港，我找到一位叫西本的日本好友，他是日本著名的大阪皮毛公司的老板，在港开设小工厂好几年了，因为内地工人工资低廉，所以他很愿意与北京皮毛三厂合作。不过西本先生一定要我也参加，我刚开了中联，精力财力都有限，但又盛情难却，于是我们三方合作，投资200万港元，成立了一家合资公司。北京皮毛三厂和大阪皮毛公司各投资90万港元，各占45%的股份，我投资20万港元，占10%的股份，做小股东。公司取名：北京联合毛皮有限公司（Beijing United Fur Co., Ltd.），简称京联。

京联在深圳深南中路兴华大厦六楼租了一层，面积有5千多方尺。京联由北京皮毛三厂负责全面管理，日方为副，负责提供加工生意。西本先生委派管理他香港公司的一位亲戚，每周到京联视察几次。他这位亲戚不太懂皮毛，语言不通，交流不便，根本起不到监管作用。我只是顾问，不参与具体管理，只参加一年一次的股东会议。

京联经营了五年，不但无利可得，还亏损严重，我察觉管理上问题多多，但又不便指明。有一年开股东会时，我劝西本先生结束为佳，否则亏损会更大。可是他非但不听我劝，反而还要收购我的10%股份，将我投资的20万元原数退还给我，他要坚持下去。见他如此执着，我也无可奈何。

又经营了不到两年，京联亏损更大，连周转资金都没有了。西本先生这才看出其中的弊端，他认输了，决定结束此厂。

厂里有一些机器设备和黄狼皮褥子，西本先生拜托我去协助清盘。清盘时发现许多虚假开支，而且数额非常大。账面上写的是几百条黄狼整皮褥子，实际全都是黄狼皮碎料褥子，两种褥子价格相差几倍。如此欺骗外国股东，真是太丢中国人的脸了。我向西本先生提议可依法控告北京一方，追查到底，追究责任。西本先生忠厚老实，宽宏大量，鉴于我和北京股东关系不错，不愿意让我为难，不追究了，以后也不来中国投资了。那些机器设备和黄狼皮碎料褥子估价30多万元，由我承接买了下来。

这次合作让西本先生蒙受了巨大损失，尽管他是大皮草商，很有财力，这对他来说也许不算什么，但我还是觉得很对不起他。最近几年日本经济衰退，皮草业务不振，他年事已高，也没心思再做了，就结束了他在香港和日本的公司。

开设京联后，张家口皮毛厂也曾来找我，请我为他们牵线搭桥，找外商合作在深圳开厂。因自己能力精力有限，又有前车之鉴，就婉言拒绝了。

与宝利(博罗)厂德、意股东合影(1994)

设宝利分厂　1988年的香港皮草市场非常兴旺，宝利皮草厂（Schmidt-Poly Fur Co.，Ltd.）已经无法满足生产需要，经股东研究，1989年，我们在深圳龙华工业区投资200万元，购置了一座2万方尺的厂房及宿舍，建立了宝利皮草深圳分厂。

过了5年，分厂也需扩大，但深圳对污染行业有限制，于是我们决定将分厂迁到惠州。1994年，我率全体股东专赴惠州视察，挑选厂址。我们在博罗县响水镇埔头工业开发区选中了一块风水宝地，它是国家特批给污染行业的，距惠州市近百里，周围高山环绕，山外有河流和广阔的田野，很像个聚宝盆。申办用地手续，规划建设厂房，安装调试设备等等一切都很顺利。1995年3月，深圳分厂搬迁到此。

新厂投资900多万元，占地30亩，厂房10万多方尺，有工人宿舍楼三座，可容纳300多人，非常气派。

在建厂过程中，我们得到博罗县政府和响水镇政府及其它有关部门领导的支持和关照，为了表示感谢，我邀请并陪同博罗县县长、响水镇镇长及工商部门的一位领导到法国一游。在法国，我的一位山东好友徐广存博士正逢假期，陪着我们游览了法国名胜古迹。回到香港，我在世界中心酒店宴请了这些领导以及他们驻香港的多位同事朋友，大家开怀畅饮，非常开心。

新厂叫宝利皮草(博罗)有限公司[Schmidt-Poly Furs (Boluo) Ltd.]，德国股东占30%的股份，我和意大利股东各占27.5%，绍曾5%，刘家杰5%，张钜英5%。约在2005年，德国股东因病退出，公司抽资买下了他的股份。后来刘家杰移民新西兰也退出，把所持股份转给张钜英。这个硝染厂是刘家杰一手操办建立的，是惠州宝利的大功臣，他移民以后，在国外没做什么生意，很无聊，

与宝利(博罗)厂部分员工合影

我与意大利股东协商决定，公司送给刘家杰5%的股份，又把他请回厂协助张钜英管理厂务和技术。

我是董事长，平时听听汇报，每年到厂内走一走，看一看，与同事们吃顿午饭。我每年只提取营业额的10%作为我和绍曾的服务费（绍曾兼管厂务），除此之外，从来没有在厂里支取过一分差旅费。刘家杰和张钜英为业务主管。他们忠诚可靠，管理得非常成功。我主张多劳多得，积极鼓励，对主管人待遇优厚，对工人也不刻薄，生意是大家的，有财大家发。对此，外国股东也很赞同。公司对两位主管人大力奖励，营业额越多奖金就越多，他们的全年收入比我这个大股东只多不少。厂内许多工人都在博罗买了住房，有的还买了汽车、摩托车，都开车上下班。公司现在每年产值约5千万元，总资产已值数千万元了。公司办得越好，同事们的生活就越富裕，我也很开心。

我经商一贯奉公守法，从不偷税漏税，公司经营中从来没出过什么问题。2008年，公司被惠州市工商局授予“守合同重信用企业”荣誉称号。但是，如遇有政策调整，有时也会碰到麻烦。

有一次，生水貂皮运进来后，海关忽然改了规定，进出口皮张按重量报关，不按皮张数量报关。虽然事先也有通知，但我厂还没弄清，生皮就熟好了，在出关时就出了问题：出口的熟皮与进口的生皮是同一批货，毛皮的张数是对的，但分量少了很多，海关不放行，将数千张水貂皮连同货车一起扣下了。

我解释说：“生皮子进来它是厚的重的，硝软了它就薄了轻了，每张皮的重量会差30%—50%，应按皮张数量核算。”

他们说：“我们不管数量，你不符合规定得罚5万元。”

我觉得太不合理了，跟他们又讲不通，而香港客户急需这批货生产，我就去香港新华社投诉。在新华社好友刘克全先生的帮助下，这批货被扣了两天罚了2万元才放行。

还有一次，中联厂出口裘皮服装到我香港公司，海关要商检成衣质量，商检合格了才会批单子放行，这批货被扣押了。我去交涉说：“你商检合格了，如果衣服退回来，你负责吗？这是我香港公司自己的原料来自己的工厂加工，你这岂不是多余和刁难吗？我香港那边正等这货急着出口呢，你押了两三天还给押着，我若有何损失你要负责任。如再不放行，我要找你们上级投诉。”最后他们终于给批了单子，放行了。

大小恒利　尽管中联满负荷生产，但仍不能满足香港皮草厂的业务需求，我和大儿绍曾决定自购厂房，再办加工厂。

1991年，我们在深圳市南山区南油天安工业村购置了一处厂房，成立了恒利毛皮（深圳）有限公司，英文名：Henry Fur

在恒利厂扩张典礼上讲话。左起：沈龙乾、绍曾、宋昭棣、张世武(1994)

(Shenzhen) Co.，Ltd.，简称恒利。

公司名源于我儿绍曾的英文名Henry。绍曾1976年接手处理业务以来，厂里生意越来越旺，我用他的名字为新厂命名，中文恒利也寓意着持久和顺利，我相信以后生意一定会一帆风顺。

恒利有900平方米，可容纳100多位工人进行生产。

为扩大生产规模，1993年，我们在恒利附近又购置了一个2200平方米的大厂房和36套工人宿舍，总投资约500万港元，向银行贷款分期5年付清。

恒利是香港皮草厂有限公司的资产，由香港厂管理，一小一大两个工厂均加工生产毛皮服装。大小恒利共3100平方米，中联1300平方米，一共有500余位工人，这在皮毛业中可算是一个大企业了。

我们以创办中国一流企业为目标，坚持“努力创新，科学管理，独到经营”的原则，全体员工不辞辛苦，团结奋进，我公司不断进步，宏图大展。

为老常办港联 常金善主任与我合作多年，我们建立了深厚友谊，情同手足。大营皮毛厂撤出中联后，老常就回到大营厂了。

有一次回乡，我见他有点苦闷，精神欠佳，于是提议与大营皮毛厂再度合作，好让他也有事做。他自然是非常高兴，特别感激我的关心和帮助。大营厂是枣强县供销合作社的直属企业，他就找到供销社主任刘子会及大营厂的厂长协商，他们都同意。

1993年3月，我和大营皮毛厂合作，投资约30万元成立了河北港联毛皮有限公司，简称港联。我提供旧缝皮机数十台（作价10万元），租用大营皮毛厂旁的一座两层楼房做厂房，招聘了约30名工人，为我香港和深圳的公司做来料加工，并代购各种毛皮褥子。

港联由大营皮毛厂主管，我特邀老常代为监管。大营皮毛厂的厂长是个高大中年人，特别好喝酒，通常是上午喝酒，下午上班。不到半年时间，这位厂长竟然擅自在港联支取了3万元。后经查实，他挪用资金采购兔皮褥子，然后再加价转卖给港联从中谋利。我知道后非常愤怒，立即将他撤职——这样的人没有资格当厂长——把港联交给老常主管。

因为相距遥远，监管不便，港联开办了约两年没什么效益。这时老常的儿子开了个小皮毛厂，我认为港联不宜再办下去了，决定结束此厂。港联有些机器和货底，我请天津二姐夫贺全福到大营代我盘点，结果港联亏损10多万元。

办这个厂就是为老常，关闭港联后，我赠送了他5万元退休金，算是我这个老朋友对他的特殊照顾。

老常有两个儿子，小儿子开的小皮毛厂生意还不错，大儿子是退伍军人，被我介绍到省检察院工作。老常的大儿子为人正直诚实，很受领导器重，可惜他不幸身患重病，英年早逝。老常痛失长子，从此一蹶不振，不久便病倒了。有一次我回乡办事，去探望他，他已病得不能起床。第二天，我在由枣强去大营的途中听说他去世了，便立即转道去他家——本县新屯乡常水堤村，吊祭老友。老常是我家乡的好伙伴、好朋友、好兄弟，他的离去让我非常悲痛。

大营宝利的坎坷命运　1994年11月，我回家乡参加“枣强县’94对外经济技术洽谈会暨大营皮毛交易会”。县领导邀请我和部分皮毛同业召开了一个座谈会。在座谈会上，县委书记孙志人说：我们要振兴大营皮毛业，请大家献计献策。

我曾经参观过大营几家小硝染厂，这几家小厂都是在院里用大铁锅烧水，还是那套原始的染色工艺。我说：“大营的硝染工艺太落后，应该改进，应该建一个现代化硝染厂，来推动大营皮毛业发展。”

大家对此颇有同感。副县长孙忠杰问：“有没有人来投资？”

与会的有个韩国进道(Jindo Co.)皮草公司的代理陈先生，他说：“我们老板曾想到这里来开厂，但没有信心。”

金道皮草公司规模极大，在世界各地设有50多家分公司，有制衣厂，也有硝染厂。陈先生专门负责在大营收购兔皮褥子等。

县政协主席孙连仲对陈先生说：“请向您老板请示一下，看看他是否有意来办厂。”

陈先生回答：“他不会来的。”

我本想和进道皮草公司合作办厂，一听他无意来，在座的又没人吭声，于是我决定自己干。我对县领导们说："没有人来投资，我来。"话音落地，会场上顿时响起热烈的掌声。

11月12日，枣强县'94对外经济技术洽谈会暨大营皮毛交易会签字仪式举行。在此仪式上，我与枣强县政府草签了在大营兴建宝利毛皮（河北）硝染有限公司的意向书。

我原想征得德国、意大利和香港股东的同意，把大营宝利当做香港宝利的分厂，但因没有把握，又不想让其他股东跟着承担风险，于是我特地向股东们声明："我为支持家乡皮毛业发展，决定投资开设大营宝利硝染厂，试办3年，如果成功了，盈利归香港宝利公司所有股东；如果亏损了，由我一人全部负担。"其他股东当然没有意见，只有儿子绍曾让我慎重考虑再做决定，为此，我还跟他发了一顿脾气，叫他别管我的事。

在大营兴建宝利(河北)厂签字仪式(1994)

1995年4月16日，在枣强宾馆，我与枣强县政府正式签订协议，我和副县长孙中杰在协议书上签了字。协议规定：

为提高营皮质量，让营皮重新走向世界，我以租赁形式独资在大营兴建一座具有国际水平的皮毛硝染厂，以促进和带动整个皮毛行业的发展，为此，枣强县政府给予一些特殊的优惠和支持。

我租赁大营皮毛厂厂房、库房、宿办室等23间，土地约

13050平方米，设备7台（套）。租赁期限50年。租金如期交清，除此之外，不再交纳其它费用。

……

刘家杰是业内一流的专家，又有多次筹建硝染厂的丰富经验，我请他负责筹建大营宝利硝染厂。我们又建了三排厂房，买了一辆汽车，增添了200余万元的机器设备，大营宝利投资总计300万元。厂房布置，机器调试安装等等，刘家杰轻车熟路，都一一安排妥当。

大营宝利建成后，由刘家杰到北京化工硝染厂聘请了两位工程师，一位姓代，是刘家杰的师兄弟，另一位姓崔。他们负责硝染厂全面管理和业务经营，每人每月工资1万元，另外再加年终红利。我聘请二姐夫贺全福负责财务，常金善负责后勤行政工作。

1996年3月，大营宝利开业。我事先声明：对大营区域内的加工业务要给予特价优惠。我开硝染厂只是想为家乡做点好事，帮助大营提高毛皮硝染质量，根本就没想发财。可不到半年，问题就来了：有的皮毛同业怨恨我，认为我抢了他们的生意；有的开始找我的麻烦，他们送次皮来硝制——这种低劣的皮张，大多数是硝不好的——一看皮子硝坏了，就让我厂赔偿……最严重的是，有一次有几个人到宿舍闹事，把崔先生的头打伤后跑掉了，两位师傅报了警也没结果，不敢再工作下去就返回北京了。

我听说这件事后非常气愤，强烈要求县领导给予解决。副县长苏兰芳亲自到北京去请两位师傅，并保证不会再有这样的事情发生，两位师傅才又回大营继续工作。后来仍有大营同业来找麻烦，但没再出现打人事件。

由于监管不力，厂里漏洞太多，后来这两位师傅就有了私心，接了生意自己赚钱，账目不实了，没心管理工厂了。鉴于此情，1997年3月，我退出掌管权，将此厂承包给他二人自主经营，每年交租金12万元。他们干了不到半年，生意不多，不成功，租金也给不了，我只好辞退了他们。

几个月后，大营皮毛厂新调来一位厂长，他要承包宝利。宝利有全套硝染设备，不能老闲着，我便与他签订了协议，每年租金6万元。他接手一年，白白地使用机器设备，交不上租金，老拖欠，这还不算，宝利所剩的20多万元的化工原料都被他用了，也给不了钱。

有一次，我向他追讨欠款。

我说："你做生意，用了化工原料，用着机器设备，你不交钱不对，很不合理。"

他不但不还账，还嫌我催款。

我说："你再不交钱，我将采取法律手段。"

不料他还火了，竟然冲我说："光脚的不怕穿鞋的！"

他很不讲理，我气急无奈就向镇里县里反映，后来找到已升任衡水市副市长的孙志人。我说：当初是你叫我来办厂的，现在竟变成这样，我怎么办？他欠我20多万不给，厂里有个闲置多年的洗皮机还值些钱，给我拉走兑账吧。孙市长没意见，让我与大营皮毛厂协商。

这个洗皮机是德国名牌，是大营皮毛厂从美国进口的，买来三四年了还没开过箱，因为谁也不会用也不敢动。我对这个厂长说："这个机器值四五十万，我也不少给，算45万，扣除你们欠我的20多万，我再补给你们20万。"他们一看有现金入账，这机器反正也不会用，商量了一下就同意了。我交了钱，随后通知惠州宝利厂来车，就把洗皮机拉走了。

1998年，大营宝利从承包方收回。

投资大营宝利失败，我亏损近300万元，但是，大营的硝染同行从我这里学到了先进硝染技术，从而提高了整个大营毛皮的质量，也算这300万没有白花。

当时，有的乡亲心量还是太小，眼光也不够长远。同行不要互相排挤，而要进行良性竞争，因为有竞争才会有进步。我们应该敞开胸怀，广招天下同业，只有这样才能扩大市场规模，有了规模才能引来全国乃至全世界的客商，大营皮毛业才能真正兴旺发达。

恒隆应运而生　为了适应外商在内地投资政策及控制进出口毛皮原料政策的变化，2004年，经有关部门批准，我们在博罗宝利厂外北面一块场地上又建了一个恒隆硝染厂。

“恒隆”这个厂名是按恒利公司的名字排下来的，是永远兴隆的意思。恒隆的负责人登记为孙绍芳——我的一位远房侄子，他原是宝利厂的二把手。原想用绍曾的名字，但他是澳洲籍，多方面不便。

恒隆和宝利紧挨着，厂房由宝利厂内的工程队施工建造，染缸、印花蒸笼、喷色印花机、滚桶等各种机器设备，由宝利的硝染技师张师傅和李师傅带领从外面聘请的多位技工设计安装。这两位师傅都来自张家口，都在宝利工作了10多年，人和善，技术又好，非常值得信任。恒隆很快建好，并且节省了不少费用。

2004年10月恒隆投产，厂房2200平方米，工人80多名。恒隆专门经营国内毛皮原料的硝染和印花等业务，因信誉良好，工艺先进，客户逐年增加，生意非常兴旺。目前，恒隆有近200位工人，有来自东北三省、河北、河南、山东等地的几十家厂商客户。宝利则只经营高级水貂皮和狐皮等进口毛皮原料加工业务。这样海关税务局容易区分哪一批货是进口原料加工的，哪一批货是国内原料加工的，以防偷税漏税。

恒隆厂景

恒隆与宝利的厂房、管理、业务、工资是分开的，但两个厂的工人工作统一分配，食宿统一安排，工资也都按工艺和工时统一计算。我厂的工资待遇一向比其它工厂高，有钱大家赚，大家花，我决不会亏待自己的同胞乡亲。

第四章

人生因此而精彩

一 香港毛皮业协会创会会长
二 香港中华厂商联合会会董
三 冀鲁旅港同乡会副会长
四 河北省政协常委

在香港毛皮业协会三十周年庆典上向全体来宾敬酒(2010)

一 香港毛皮业协会创会会长

创办毛皮业协会 香港皮草业，始于20世纪30年代一些经验丰富的皮草商从内地来香港开设工厂与零售店。初期他们和内地皮草商合作，进而和到香港的游客、海外采购商合作。60年代，香港经济的发展使游客数量猛增，海外皮草商慕名纷至沓来，香港皮草商受到鼓舞，着力提高产量，许多新的皮草工厂相继建成投产。在国外皮草商的支持下，香港皮草商开始为出口打造扎实的基础。70年代初，香港开放了出口市场，从此，香港皮草业的生产与贸易比翼高飞，一举突破了早期有限的经营范围[1]。

1978年，香港皮草市场已经有30多家零售店、几十家工厂，而且出口量越来越大。美国、加拿大、英国、法国、德国、丹麦等国家的皮草商纷纷来到香港，推销貂皮、狐皮、羊羔皮等各种皮张。他们大都住在酒店赊销皮张，赊期一般为30天、90天或120天，最长达180天。他们背后有保险公司承担坏账风险。那时香港皮草商大多是靠赊账和信用发家的，你只要开店或开厂，并

[1]《FROM THE STANDPOINT OF THE FAR EAST》，《infur》，2002年10月，第24—38页。

且资信良好，外国皮草商就敢赊给你皮张，金额从几十万元至几百万元不等。

香港没有毛皮兽养殖场，皮草商获取皮张的另一个途径就是参加外国毛皮拍卖会。世界上主要毛皮供应商都是通过拍卖会出售皮张的，北欧世家皮草（Saga Furs of Scandinavia）便是其中之一。

北欧世家皮草是由丹麦、瑞典、挪威、芬兰等北欧四国的养殖协会于1954年联合成立的毛皮原料国际市场开发和拓展机构，是业内首屈一指的毛皮供应商，它掌控着全球70%的优质貂皮和狐皮。世家皮草的毛皮是通过哥本哈根毛皮中心（CFC）、芬兰毛皮拍卖行（FFS）和奥斯陆毛皮拍卖行（OFA）销售的。拍卖行制定了一套貂皮和狐皮的分级标准——Scandinavian Sorting System。各养殖农场的貂皮、狐皮，经统一严格鉴定，按等级、颜色、尺寸等分门别类，30—50张串成一把，每把钉上一个标签，注明编号、等级等，然后录入电脑，进行统一拍卖。这样就不会出现同业竞争，互相压价的情况，这是一种非常成功的运作模式。

北欧世家皮草对行业的另一个重大贡献，就是成立了世家设计中心。世家设计中心不断开发新产品，为设计师提供专业技术和工艺知识，引领行业站在潮流的最前沿，同时令皮草元素在时装界内发挥深远的影响力，从而确立了世家在皮草业内独一无二的地位。从原料、技术到设计，世家皮草建立了一个环环相扣的网络，使得全世界喜欢皮草的人都愿意与它建立起哪怕是一丝一缕的联系。香港和许多国家的皮草公司经常派年轻职员去学习，世家皮草也愿意为世界各地年轻人提供免费学习的机会，当然求学者也要为他们的货仓搬运生皮，义务工作，一般每期学习半年，第二年还可以再继续学。

当时世家皮草的会长是韩信先生（Mr. Boe Hanson）。他曾多次来香港，介绍香港同行去丹麦参加拍卖会，采购生皮。1978年，在一次酒会上，他向我提议：香港皮草生意这么旺，市场这么大，同行又这么多，应该有个组织，成立一个皮草商会。这能把同行团结起来，实行行业自律管理，协助企业调解与工人的利益关系，影响政府产业政策，开拓国际市场。这对大家都是有好处的。他还向我介绍了世家皮草的组织情况及其作用。

韩信先生的一席话让我茅塞顿开，我跟几位同行一说，他们也都认为这个建议很好。我们决定几天后举行成立大会，于是就向同行广泛宣传成立皮草商会的目的和意义，积极发动同行参加。大家一致同意，非常支持。

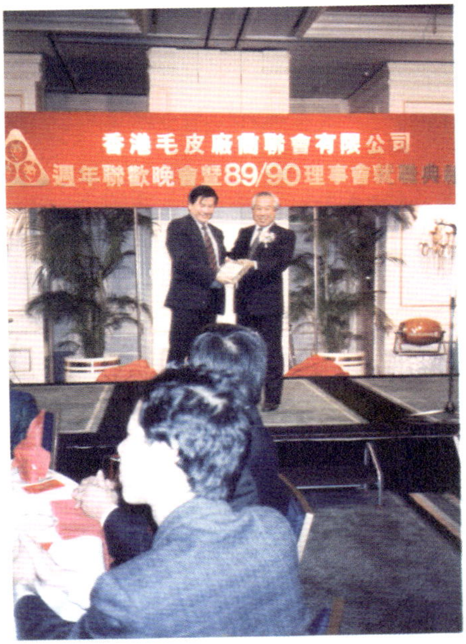

在香港毛皮厂商联合会周年联欢会上(1989)

1979年11月，香港毛皮业协会成立大会在尖沙咀乐宫酒楼举行。当时有大小60余家店商厂商参加，最多只有10多家没到。大家都热心捐献商会开办费，共筹得6万多元资金。在欢乐和谐的气氛中，大家投票选举商会第一届理事会正、副会长和理事。选举结果出乎意料，我获得57票，高票当选第一任会长，王能学、陈志耀先生当选为副会长。我才识浅薄，怕不能胜任，再三推辞，但大家都不同意，在大家的欢呼声中，我只好接任此职。同行们对我如此信任和器重，我立誓要为同行们公正办事，忠诚服务。

第一届理事会有正、副会长和六位理事一共9人，此外还以月薪500元聘请了一位王秘书。我们在尖沙咀漆咸道赫德道口2楼，以月租300元租了一个不足100方尺的小房间，作为商会的办事处。大家都没有办会知识和经验，但都非常敬业，经常在一起商讨如何开展会务工作，一切都是摸索着进行。

我们首先确立了商会的宗旨：促进本地业内人士的合作与伙伴关系，共同发展皮草业；为新加入者提供职业技能培训，为会员举办各类社会活动，协助同业与国家驻港机构、海外皮草组织的代表以及有关贸易组织的交流沟通等。我们还订立了商会章程，如：理事会每月开会一次；理事会一年一届，会长不能连任，每位同业均有机会任会长之职……为使会长更好地尽职尽责，到了第三届，改为两年一届。当时制定的会章，沿用至今没有大的改变。

“香港皮草公司”与“香港皮草商会”名字近似，有同行提意见说这容易混淆，叫我公司改名。我说公司名字是1957年注册登记的，我不能改名，商会这名字可以改。经研究，大家一致决定把“香港皮草商会”改为“香港毛皮业协会”，英文名：Fur Federation of Hong Kong。

协办慈善晚会 东华三院是香港最大的慈善机构。它在香港设有194间服务中心，致力为广大市民提供医疗、教育以及社区服务。它设有常年捐款热线，每年都举办多项筹款活动，其中每年冬季的“欢乐满东华”为全港最大的马拉松式筹款晚会[1]。

《香港透视》杂志封面(1984)

香港毛皮业协会副会长陈志耀先生是东华三院的会董。1980年冬季，由陈先生联系，我们协会积极配合，东华三院举办了一场皮草服装表演慈善晚会，筹募免费医疗服务经费。当晚，淑媛佳丽，衣香鬓影，冠盖云集，精英荟萃，场面十分热闹。作为毛皮业协会会长，我在大会上作了讲话，大家报以热烈的掌声。这是我第一次在这么盛大的场合讲话，非常兴奋。

晚会上，模特们踩着激昂节拍，摆动曼妙身姿，展示着一件件做工考究的皮草服装，或高贵典雅，或清新时尚，表演非常精彩。我公司参加表演的是粟鼠皮与白貂皮相间的花条纹服装，一组8件。这是我和厂里的老师傅先选定了几个样板，然后从几百张皮子里精心挑选出优质皮料，反复修改多次才做成的。这组服装款式设计新颖，色彩搭配巧妙，引人注目，艳压群芳，博得了全场的掌声和赞美。

晚会最后要评出一件最优美的皮草服装，颁发设计奖。经过

[1]《东华三院》，http://baike.baidu.com/view/273832.htm。

与老同行陈志耀先生合影(2010)

大会评选，我公司的一件大衣当选，荣获皮草服装设计奖。当时有位同行不服气，说我是会长，暗中做了手脚。凭良心讲，事先我根本一点都不知道。我之所以能荣任创会会长，就是因为我为人正直诚实，不自私，爱助人，不仇视同业，我不会做也不屑做这种以权谋私的事。

过了两天，电视台得知我公司获奖的消息，对我进行电视采访，问我是如何设计出这种新皮草款式的。我没口才，也不会编词，只是实话实说。后来，香港报纸也对这次皮草服装表演及设计评奖的情况进行了报道。

其实无论做什么事情，只要用心去做，就一定能做好。一分耕耘一分收获，我始终坚信这一点。

申办皮草技校　毛皮业协会成立之际，正值香港皮草业兴旺之时，老同行纷纷扩展业务，新同行接连不断增加，皮草店、皮草厂越来越多，一时皮草技师和工人出现短缺，供不应求。这时业内出现相互挖墙脚的现象，有的以高薪到处挖取皮草技师和工人，导致同行不团结，甚至成了冤家对头，也使工人工资剧增，生产成本高企。

面对皮草业出现的新情况，我和理事会的王能学、陈志耀、贾安坤、方新道、陈逸敏等九人，一起提议立章程，禁止同行互相挖人，解决同业不和问题，控制人工成本过快增长，保持皮草业健康发展，但提议被否决。

我们又想了一个办法，就是办皮草工艺技术学校，自己培训技术工人，以此来解决劳力短缺引发的问题。我和副会长王能学、陈志耀三人同去香港工业局拜会有关领导，申请政府提供场所并帮助建立皮草技校。我们再三强调开办皮草技校的重要性，并指出现在皮草业的不团结已经直接影响了香港皮草业的发展。在我们的努力下，政府终于批准了我们的请求。

1980年，皮草工艺技术学校正式成立。毛皮业协会推荐了两位师傅任教，学校每届培训出具有初级皮草技术的工人二三十名，各厂商可根据自己的需要，自由向学校申请要工人。这一举措为同行解决了部分困难，也在一定程度上缓和了业内一度紧张的气氛。

直至20世纪90年代大部分皮草商开始到内地办厂或加工，皮草技校才停办。

第一届香港毛皮拍卖会 1985年3月，在香港湾仔港湾道26号华润大厦三楼，中国土畜产总公司和丹麦裘皮拍卖行合作举办第一届香港毛皮拍卖会——第一届中国裘皮拍卖会。（合办三届后，1987年，中国土畜产总公司在香港注册成立了自己的拍卖行，即中国裘皮拍卖行有限公司)。原来香港同业大都是飞往丹麦拍买生皮，而今不出家门就能买到世家皮草和中国大陆的毛皮，既省时间又省路费，拍卖会自然很受欢迎，就连日本、韩国

等地的皮草商也都赶来。这次拍卖会有会员资格的才能进去，参加者逾千人，可称得上是香港皮草界的一次盛会。

中国土畜产总公司很重视这个合作创举，德信行选派了一位叫朱仁永的年轻拍卖师与北欧拍卖师共同主持。朱先生是北京畜产公司的代表人，曾在外国接受过数年培训，很有拍卖经验。他声音洪亮，口齿伶俐，叫价叫号非常熟练。

我是香港毛皮业协会创会会长，很要强，事先打定主意，要在第一届拍卖会上抢购第一把皮，既为中国人争光，也为支持欧洲拍卖行首次在香港举办拍卖会。第一把皮一般是拍卖会中品质最好的，拍出的价格也比较贵，往往会高于正常价格的1—2倍。拍卖会会为拍下第一把皮的买家颁发荣誉奖牌，注明届次、毛皮名称和公司名称等，并在数据报告中公布有关情况。这对崭露头角的新公司和知名度不高的小公司而言，是个打响名号的好机会，许多买家都会积极竞拍，甚至会为此一掷千金。

这届拍卖会第一把皮是57张黑龙江的黑公貂皮，黑龙江貂皮质量很好，这把皮市价约500港元1张。

拍卖师开始叫价，起价300港元1张，很多人举手；拍卖师不停地叫价，每叫一次加价100港元，还是很多人举手；每叫一次加价500，人们热情依然不减；拍卖师一看竞争太激烈，每叫一次加价1千。一路拍，一路加价，后来只有我、西伯利亚皮草行的大老板、两位日本同行等4个人竞购。

又拍了大概半个钟头，只剩下我和身后的一位日本人了。我回头一看，他很年轻，是日本一家大公司的代表。虽然我和他不熟悉，但我知道他的公司财力很大，在香港与我一个同行老友的儿子方国飞合作，开了一家貂皮服装公司，每年采购大量貂皮服装发往日本。

常言道：同行是冤家。这位日本年轻人想打击我，跟我斗气，竟然在后边举着手不放下来了。我一听没声音了，就又举手。儿子绍曾坐在我旁边，时不时地拉我手臂，示意不要再举了，太贵了。我那时预计是50万，商会的几位朋友都在给我加油，也想让我为中国人争气。我根本不理会绍曾的提醒，心想反正这把皮子已经叫到50万了——差不多合1万块钱一张——日本人举着手，我也举，我非要买下这荣誉不可。拍卖师还在叫价，拍价电脑板上的数码超过了4位数还在一路飙升。到了每张1.7万元，绍曾在我旁边说："爸爸，90多万了！"我一下子清醒了，手落下来，不拍了。这位日本人还在那里举着手，他不懂，也没经验，还在跟我斗呢。拍卖师3次报价，再无他人应价，落槌成交。

这位日本人终于胜利了，大家都惊呆了，一时全场鸦雀无声，继而又沸腾起来，大家热烈鼓掌祝贺。我当时坐在第二排，也起身到后排当面向他道贺。德信行陈淑兰总经理给他颁发了一个景泰蓝花瓶作为纪念。

第一把皮共拍得96.9万港元，那时这个价钱能买三套大住宅楼房，真是惊天之价，达到世界貂皮拍价之最。这是拍卖会从来没有过的事，以后也不可能发生，这可算是一次空前绝后的拍卖会。

拍卖时，我真是太冲动了，只想在祖国的土地上，在香港，第一次拍卖貂皮，又是第一把，一定把它拿下来争口气。说实在的，当时晕了，根本没细想，真是天助我也，否则我会懊恼一生的。好友们都来向我祝贺，说我太悬了，太幸运了。

这位日本年轻人在香港待了没有半年，总公司知道了这件事把他给开除了。他说自己弄错了，还认为1.7万元是一把皮57张的总价呢。做什么事都不可感情用事，要三思而后行。这次拍卖会留给我一个很大的教训，大概这个年轻人也会终生难忘的。

我参加过很多毛皮拍卖会，也积累了不少经验。凡是大量购买皮子的，多数在拍卖会举行前两三天就到拍卖会场看货。拍卖会有每把皮子的资料簿，介绍得十分详细，你可以到货场看货评价，决定是否可买。有些老行家根本不去看货，因为你看中了那把皮子不见得就能买到手。他们通常看哪把买的人多就去买哪把，能买到就买，买不到就等下次。

现在中国皮草市场需求量居世界之最，每年欧美毛皮拍卖会的参加者有50%—60%是中国人，另外中国东北地区水貂、狐狸饲养场很多，毛皮产量相当大，因此，应该成立一个像北欧世家皮草一样的组织，把国内的毛皮汇集在一起，统一鉴定，统一拍卖。我们还应联合欧美毛皮拍卖行在中国举办国际毛皮拍卖会，让外国人把毛皮运到中国来拍卖，让外国皮草商到中国来竞拍。这样一定会成功，一定会促进中国皮草业进一步繁荣。

在香港皮毛业协会创会30周年晚宴上(2010)

毛皮业协会30年　拥有700万人口的香港是典型的亚热带海洋性气候，夏季长达6个月，1—2月的冬季平均气温也超过16℃，冬天根本不用穿毛皮大衣，然而，在最近30年里，香港皮草业却迅速崛起，今天的香港已经成为世界毛皮贸易中心、毛皮时尚制作中心和最大的优质毛皮成衣出口基地。探究这一奇迹的成因，我们不难发现，除了香港在国际贸易中的特殊地位，除了中国实行改革开放带来的历史机遇，香港毛皮业协会所发挥的推动作用实在不可小觑。

1979年，我和我的同行们共同创办了香港毛皮业协会，为香港皮草业的繁荣发展迈出了关键的第一步。

1982年，在九龙尖沙咀美丽华酒店，协会成功举办了第一届香港国际毛皮展览会，为业界搭建了一个重要的贸易平台。此后，毛皮展年年扩大，并改名为“香港国际毛皮时装展览会”，1989年，移师香港会议展览中心举行。现在，这个展会已经成为全球首屈一指的毛皮贸易平台，也巩固了香港在国际皮草业的中心地位。作为展会的重头戏——“皮草之夜”，每次都汇聚两千多名来自世界各地的买家，一同欣赏香港毛皮制造商的最新杰作。今天的“皮草之夜”不只是一场世界顶级的皮草时装

为Mr.Borresen的SAGA FUR展台剪彩(1994)

表演，更堪称为皮草业殿堂级的社交盛会。

1987年，协会属下的青委会成功举办了首届大型“皮草设计比赛”。这项比赛提高了年轻设计师对皮草设计的兴趣，鼓励了更多年轻人投身皮草业，提高了本地产品的水平，使香港皮草时装设计百花齐放。青委会不单把“皮草设计比赛”办得有声有色，还举办多元化的讲座及工作坊，传播专业知识和技术；另外，还为会员安排各类康乐活动，加强交流，增进友谊。

协会致力宣传推广活动，为会员开拓商机，发展海内外市场。协会积极安排香港同业参加海外的皮草展销活动，经常在出口市场举行展览会，组织代表团到海外市场考察，足迹遍及欧美等地。1980年，协会加入国际毛皮业协会；1995年，协会与中国、日本、韩国毛皮业协会，联合成立了亚洲毛皮业协会，进一步加强了与国际同业的沟通和合作。协会每年均出版精美年历，在本港及内地不同展览会中派发；在主要时装杂志刊载广告，推介香港皮草产品；有时应学校邀请举行讲座，向学生介绍皮草业讯息，正面推广皮草业；积极向设计师推广皮草的应用，强调皮草乃国际时装设计师广泛采用的高级物料。在本港及内地的这些活动，刺激了顾客对皮草产品的需求。

协会成立之初，香港皮草业工匠短缺，协会积极向政府申请，成立皮草技校，培训技术工人，提高香港毛皮业的生产力。1986年，协会协助制衣业训练局开设了毛皮技术训练课程，为日后香港作为毛皮出口中心注入动力。2001年，再度与制衣业训练局合作设立毛皮资源中心，为传媒和设计师提供一个完备的资料库。此外，协会每年都会为会员、时装界及设计系的学生举办有关毛皮设计、毛皮制作技术及资讯的讲座，不断提升香港毛皮业的专业水平。

协会一向积极参与社会公益活动，关怀社群，乐善好施。2003年香港SARS及华东水灾、2004年南亚海啸、2008年四川大地震，协会均为灾民及受害人士提供了紧急援助。协会每次筹款赈灾都得到会员大力支持，充分展现了香港皮草业的团结，令我们引以为豪。协会自1990年至今，还成立了三个奖学金，借以奖励对皮草业有重大贡献的毛皮商，同时，这些奖学金也作为“皮草设计比赛”的奖项之一，鼓励年轻设计师投身皮草业。

在协会为会员举办的众多活动中，一年一度的周年晚会最能展现会员和谐团结的一面。晚宴云集过千宾客，包括会员公司员工和家庭成员，大家欢聚一堂，其乐融融。这个活动现已成为会员们共度新春的盛会。

30年过去，弹指一挥间。协会当初租用的那个小房间早已不在，1986年，28名永久会员慷慨捐献，首次置办了属于自己的办事处。随着会务发展，2006年，办事处又进一步扩展，面积倍增，协会可以更好的为会员提供更有效率的服务[1]。

2010年1月23日，在会展中心，香港毛皮业协会创会30周年庆典暨晚宴隆重举行。

承蒙黄友辉会长盛情邀请并赠送机票，我携太太学华回港参加了庆典晚宴。作为创会会长，我站在舞台中央，聚光灯下，给历任会长一一颁发了水晶纪念奖牌，各位会长都和我热烈拥抱，相互祝贺问候。大会还特意将我的发言稿印成精美册子发给与会同仁，并向我敬献鲜花致谢。

---

[1]《香港毛皮业协会—30th Anniversary三十周年》，2010年1月。

与黄友辉会长合影(2010)

黄友辉会长发表了热情洋溢的致辞，深情回顾了30年前的创会经过，高度赞扬了创会同仁的历史功绩。他说："回顾香港毛皮业协会30年的发展历程，我们必须感谢70年代业界的翘楚。当年他们怀着宏大抱负，高瞻远瞩，成立协会。在创会会长孙佐民先生、当时理事会同仁及一群创会会员的努力下，奠下根基，令业界团结一致，共同推动了香港毛皮业的发展。"

我夫妇回赠协会一座高20寸、价值2万元的浅红色水晶鲤鱼摆件，衷心祝愿协会鱼跃龙门，再创辉煌。

大会宴开80多席，所有会员全部盛装参加。为祝贺协会30周年庆典，答谢会员们的拥戴，我特备张裕红酒（木盒装）85瓶赠送来宾，为晚宴助兴。大家频频举杯互敬，畅叙友情，热闹非凡。借此机会我见到了很多老朋友，也认识了很多新会员，大家都对我十分尊敬。

置身这繁华而欢乐的庆典，我心中油然而生了许多感慨，当年万万没想到协会能有今日的盛况、今日的成就、今日的辉煌。创办协会是我香港创业生涯中最大的成绩，此时此刻，此情此景，让我感到格外高兴、骄傲和自豪。

30年来，协会理事会更换了16届，先后又有16位同行荣任会长一职。会员也由最初的60余位，发展到现在的200多位，涵盖了香港皮草业内人士的80%，除去香港没有毛皮兽养殖场之外，我们的会员涉及原料销售和加工，产品设计、制作与销售等毛皮业的各个环节。在外国皮草商会受动物保护组织和反皮草运动的抵制而停滞、退步或消失的时候，我们香港毛皮业协会却高歌猛进，一往直前，如今已经成为世界同业中最强大、最成功、最有影响力的皮草商会了。协会能取得如此巨大的成就，是各位同仁精诚团结、群策群力的结果。

协会会员交纳的会费寥寥无几，协会会费主要来源于一年一度的香港国际毛皮时装展览会。每年都有全世界皮草业数百家公司来参展，外国的到这里来做中国生意，中国的到这里来做外国生意，盛况空前。

如今，国家富强了，人民富裕了，内地市场需求非常大，这必将推动香港皮草业更加繁荣。

二 香港中华厂商联合会会董

香港中华厂商联合会（The Chinese Manufacturers' Association of Hong Kong，简称厂商会），创立于1934年，历史悠久，为香港最大及最具代表性的非牟利工商团体之一，和香港工业总会、香港总商会、香港中华总商会等并称为香港四大商会。它拥有各行各业会员超过3700家，致力服务社会，维护公众利益。它的主要宗旨是：促进香港工业与贸易的发展；就政府政策的订定与执行代表工业界发表意见；参与社会发展工作；促进国际间的了解与合作[1]。

1991年，厂商会动员皮草厂商入会，会长梁钦荣（香港维达企业有限公司董事长，1991年起任厂商会会长，全国政协委员）邀请绍曾参加，可是绍曾太忙，实在没空，于是就动员我参加了。厂商会会员大都是商界巨子，社会名流，我作为皮草商会的代表，做了厂商会会董，感到很骄傲，很开心。厂商会每月开一两次会，每次开会我都到，有时也在会上发言，和大家交流。

厂商会是个特别强大、特别有影响力的组织。它经常组织代表团参加国内外各种商务活动，寻求经贸投资合作机会，宣传推广香港工业产品，开拓新市场。

我与学华参加厂商会晚宴。右二为梁钦荣会长，右三为原财政司司长麦高乐先生（1996）

1991年8月，我随厂商会代表团参加了在新加坡举行的第一届世界华商大会。来自全世界30多个国家和地区的近800人，参加了此次大会，新加坡前总理、内阁资政李光耀主持开幕并作了主旨演讲。以全国工商联常务副主席孙孚凌为团长、中国贸促会副会长刘福贵为副团长的中国工商代表团参加了本届大会，全国人大常委会副委员长、全国工商联主席荣毅仁以特约嘉宾的身份出席会议并发表了演讲。会议期间，新加坡总统黄金辉举行茶会欢迎全体代表，新加坡副总理等不少高级官员出席有关活动，介绍新加坡发展成就，宣扬其成功经验。这次大会还通过决议，第

[1]《香港中华厂商联合会》，http://baike.baidu.com/view/918229.htm。

二届世界华商大会在香港举行，由香港中华总商会主办。

改革开放以来，厂商会与内地联系更加密切，国家领导也很重视我们这个厂商会。1991年11月，我随厂商会代表团赴内地参加经贸洽谈会，我们在北京受到国务院总理李鹏，全国人大常委会副委员长、全国工商联主席荣毅仁等国家领导人亲切接见。

接受李鹏总理、荣毅仁副委员长的亲切接见(1991)

像这样的高级商务活动，厂商会每年都组织多次，我一般都会随团出行。厂商会也经常接待国内外来的代表团，协助他们在香港开展商务活动，我曾多次参加接待工作。

厂商会能帮助香港厂商解决一些实际困难。比如，你的公司跟外国公司有什么纠纷，厂商会可以出面协助交涉和解决；涉及香港政府或内地政府部门的问题，它都可以给予有力帮助。

我在厂商会有幸拜会了国内外很多国家和地区的高官，认识了很多商界精英，长了很多见识，也学到不少经验。

三 冀鲁旅港同乡会副会长

加入同乡会　20世纪40年代末，旅居香港的冀鲁同乡约有1万人，大都经商，还有很多从事海员、警察等职业。他们身处异乡，形单影只，遇到的困难远比本地居民多得多，成立一个互助组织，共渡难关，成为许多同乡的共识。1949年3月，40位冀鲁同乡开了个会，一致同意成立冀鲁旅港同乡会，并确立了“敦睦乡谊，沟通侨情，服务桑梓”的办会宗旨，从此，冀鲁同乡在香港有了自己的社团。

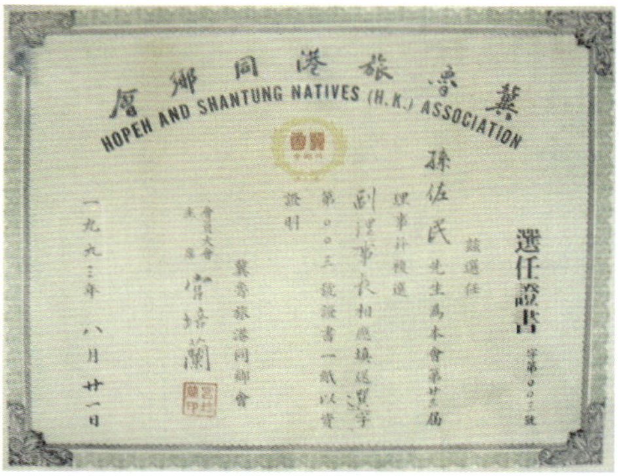
冀魯旅港同鄉會
HOPEH AND SHANTUNG NATIVES (H.K.) ASSOCIATION
選任證書
茲選任
孫佐民先生為本會第廿五屆
理事並被選
副理事長相應填送選字
第〇〇三號證書一紙以資
證明
冀魯旅港同鄉會
一九九三年 八月 廿一日

冀鲁旅港同乡会选任证书(1993)

冀鲁旅港同乡会是一个很有凝聚力和影响力的爱国爱港爱乡社团。会员是来自冀、鲁、京、津的旅港人士，目前达4千人，涉及范围比其他同乡会都大。同乡会中既有普通百姓，也有商界精英，还有不少政府要员，如前外交部驻港特派员马毓真、杨文昌，前驻港新华社社长周南，前中联办主任高祀仁，香港行政会议召集人梁振英等等，大家都很关心和支持同乡会。

走进冀鲁旅港同乡会会所，首先映入眼帘的是由著名书法家武中奇所题的四个大字——爱我冀鲁。这不仅表达了同乡会对家乡的热爱与关注，也是会员们支持家乡建设、服务冀鲁乡亲的真实写照。

冀鲁旅港同乡会是旅港乡亲在香港的家。凡品行端正的旅港同乡，不分性别，均可申请入会，每人只需交200港元会费。同乡会每年都要组织春季、秋季两次旅游，会员八折优惠，只要参加一次旅游，这会费就省出来了。每年的春节、妇女节、国庆节等节日，都定期组织联欢，此外，也经常组织不定期的联谊活动。同乡会还为旅港乡亲介绍工作、调解争端、提供免费医疗和公墓福利等等，解决了许多实际困难。

冀鲁旅港同乡会是连接香港和家乡的桥梁。1979年以来，内地与香港交往日益密切，经常有冀、鲁、京、津的代表团来港招商，在联络接待方面，同乡会做了大量工作。同乡会还热心向会员推荐家乡好的投资项目，许多有能力的会员纷纷以实际行动支持家乡建设，有的捐款捐物，兴办公益事业，有的投资设厂，引进技术设备，为家乡人民造福。同乡会为家乡与香港的交流合作牵线搭桥，发挥了独特的积极作用。

1980年，同乡会会长刘克文给我介绍了有关情况，邀请我参加同乡会。我本来就喜欢交朋友，也想为乡为国尽点力，就很高兴地答应了。后来，我成了同乡会的永远会董。

“公关爸爸” 1986年，冀鲁旅港同乡会第20届理事会成立，理事长是宫培兰，我、王劭兴、孙裕年、樊敏光等4人任副理事长，任期2年。后来，我又连任两届（第23、24届）副理事长，连任两届（第25、26届）会董会副会长。直到2000年8月第27届，我退休移民加国后才不再任职。

同乡会理事会每月开一次月会，我一般每次都参加，很少

在香港探望老朋友王怡霖博士(2012)

与原文化部长高占祥先生、小演员们合影(1995)

缺席。在同乡会中我认识了很多老乡，其中河北的有樊敏光（香港东丰集团有限公司董事长）、李春来（香港冀丰贸易有限公司董事长）、王怡霖（香港万和国际有限公司董事长）、屈恩（香港恒誉贸易发展有限公司总经理）、李守信（香港天保民学校行政主任）、王化云（香港五洋公司副总经理）等。在香港经商、工作的河北人比较少，同乡会的河北老乡约占十分之一，山东老乡占多数，人多力量也大，大家大都很团结很亲近。

任职期间，我分管河北方面的事务，经常接待河北的访问团。一个团少的五六个人，多的十几个人，有的是政府官员，有的是工商人士，有的是演艺人员等等。他们是来自家乡的人，我把他们都当做我的亲人来接待：帮着安排食宿，联络拜访有关部门，陪同参观游览……为乡亲们提供力所能及的服务，虽忙碌辛苦，但很开心。

1986年8月，为弘扬中华民族优秀文化，香港新华社在港举办首届中国地方戏曲展。这次展演，汇集了当时活跃于中国剧坛的京、评、豫、越、湘、黄梅、粤、晋、梆等九个剧种，打头阵的是裴艳玲和她率领的河北梆子剧团。这是河北剧种有史以来首次登上香港舞台，同乡会给予了大力赞助。

裴艳玲的卓越演技，痴迷了港九观众，河北梆子一炮打响。当时在新光戏院原本计划演三晚，第一晚是折子戏专场，第二晚是《钟馗》，第三晚是《哪吒》。谁想到第二天戏还没开锣，观众已经强烈要求，说这么好的戏我们还要看，就这样第四天又加演了一场《钟馗》。我本来就是个戏迷，家乡戏更喜欢看，每晚必到。这次我还自己掏钱买了大量戏票，送给在港的亲朋好友，支持演出活动，也是为宣传河北文化艺术吧。

我还经常自己出钱邀请家乡领导们来港旅游，有石家庄的、衡水的、枣强的。我接待规格不高，都是住小酒店，也不买什么礼物，因为花费太多了我也负担不起。我请他们来，主要是想让他们开开眼界，了解了解市场情况，参观学习一下香港企业现代化的生产和管理。我脾气急，办事快，想请领导们多走走，多看看，所以每天日程都安排得很紧。有一次领着枣强县的领导们各处参观，侨办的焦伯顺主任走得脚都起了泡。乡亲们来了以后都很开心，对我的接待也很满意。

有时候每周都有接待任务，忙得连生意都顾不了，公司的业务就全由儿子绍曾一人打理。他很无奈地给我起了个绰号，叫“公关爸爸”。

成立京剧票房 为了活跃同乡们的业余生活，1992年，我倡议成立了一个京剧票房——冀鲁京剧研究社。大家推举我为社长，并大力支持，踊跃捐款，没想到一下竟捐了30多万元。为同乡服务，我心甘情愿，不辞辛苦。我们配齐了乐队，有十多位同乡会员经常来唱戏，有时我也来学唱一小段马派戏，如《洪洋洞》、《甘露寺》等，香港有名的3位京剧票友金如新、张雨文和李和声先生也来我们社唱，大家都玩得很开心。每年春节酒会，我们都组织演出，遇有可喜可贺的事，有时也会来上一场，相当热闹。

票房成立之初，先请了一位京剧票友教大家唱戏。他是上海人，同乡会的山东老票友王敬彬介绍来的。后来根据会员的提议，我又请了马长礼先生来教戏。马先生是北京京剧院的著名老生演员，1992年移居香港。请马先生的月薪5千元，由四个学戏的会员一共拿1千元，我自己出4千元。身为社长，我一心想办好票房，其实我一个月也就来学一两次。

马先生来教课后，原来的那位上海票友老师就不再来了，没料到我把人得罪了。上海票友说我让别人抢了他的工作，有个学戏的山东老乡责怪我换人。有一天，这位山东老乡把我推进办公室，指责我为什么自作主张，说我没得到大家同意，说我霸道。其实我原来根本不认识马先生，换人也是得到大家同意的，不同意怎么请人来呢。他在办公室大吵大闹，言辞激烈，其他山东人则在一旁看热闹，不理不劝，大有支持他的意味。扪心自问，我全是出自好心，可是竟然落得如此结果，实在令人无法接受。

第二天，我决定不干了，辞掉社长一职。

过了几天，老会长刘克文和几位会董请我，摆了两桌酒席，叫我别生气，要顾全大局，不要辞职，不要拆掉票房。我向诸位声明：我花钱没关系，花多少都行，大家唱戏我拿钱，我从来没抱怨过，但是这样受气我不干。我当时就辞职了。这个票房后来就解散了。筹集的经费这一年多只花了十几万，剩下的钱都退还给了捐助者。当初捐款人都是冲我的面子捐的钱，我对不起大家，没有服务好大家。

四 河北省政协常委

积极参政议政 1983年，我当选为河北省政协第五届委员会委员。当时，河北刚刚迈出改革开放的步伐不久，省政协只安排了两位港澳委员，另一位是樊敏光。这是我第一次，也是港澳同胞第一次进入河北省政协。省政协委员任期5年，后来，我又当选为第六届、第七届省政协常委。

政协委员，这是河北省委赋予我的参政议政资格，是省领导对我的高度信任，我十分珍惜这一崇高的荣誉，决心努力发挥自身优势，积极参政议政，建言献策，切实履行政协委员责任，为香港的稳定和繁荣，为河北经济建设和社会发展尽心出力。

1983年4月，我第一次参加省政协会议就提了十几条建议，写了两份提案。此后十几年，我年年到会，年年提建议，年年写提案。我是个直肠子，有意见就提，不会阿谀奉承。我多次提出国内有些部门条条框框太多，层层设卡，工作效率低，影响了外商投资的积极性。对国内某些部门的个别工作人员虚报成绩、不够廉政、不负责任的工作作风，多次提出尖锐批评，并且将香港廉政署的一些规章制度等文字资料带给有关部门作为参考。

为了振兴家乡的皮毛业，我回乡进行专门考察，特意撰写了关于振兴枣强县皮毛业的提案，提出六条切实可行的建议，引起

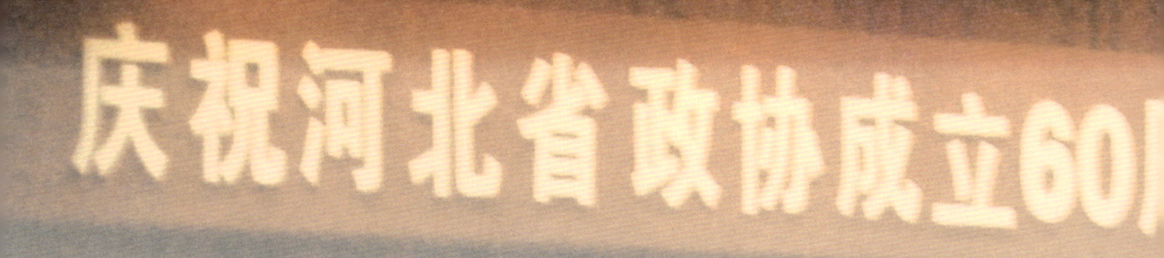

政府有关部门的高度重视并纳入省政府的决策之中。

1997年2月，在香港即将回归之际，我参加了省政协七届五次会议专题座谈会。我觉得，河北省应该抓住这一历史机遇，加强与香港的全面沟通与交流，加快发展自己。在会上，我大胆提出了自己的想法，我说："我们河北以往的招商引资活动，轰轰烈烈有余，扎扎实实不够。在对外开放中，我们要注意向香港社会机构递上一张自己的'名片'，特别要加强与香港商务机构的联系。今后搞一些大的招商引资活动，要主动与这些大机构挂钩，请他们协办，这样会大大增加合作的机会，效果也会更好。"这些建议得到与会的省政府主要领导的高度赞赏。在这次政协会上，我还被评为河北省优秀政协委员。

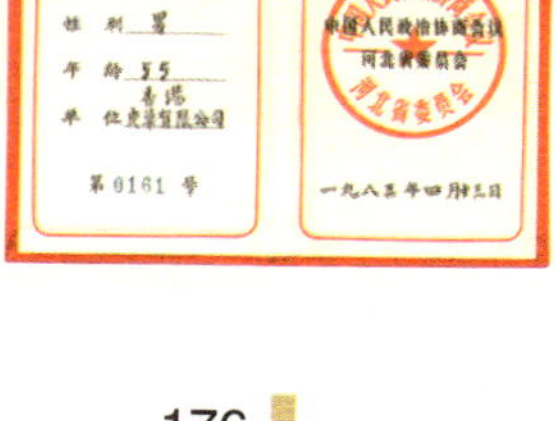

创立河北省海外同胞教育基金会 1992年1月1日—7日，河北省政协六届五次全会在石家庄召开。这期间，我看到家乡教育的落后面貌，特别是贫困地区简陋的办学条件，心里沉甸甸的，有种说不出来的滋味。为了帮助政府尽快改变这种状况，我和一同参加会议的香港委员沈炳枢、樊敏光倡议：建立基金会，支持贫困地区的教育事业。这个倡议得到省政协领导的大力支持，也得到省政协香港委员杨勋、王怡霖、顾家源、李春来、李守信和天津市政协香港委员刘克文等人士热烈响应。我和刘克文起了个头，每人捐了20万元，其他委员也纷纷慷慨解囊，基金会很快就筹集了120万元。在各方共同努力下，1993年3月，一个拥有230万元资本的民间助学团体——河北省海外同胞教育基金会，宣告正式成立。

基金会的业务主管单位是河北省政协办公厅，宗旨是支援和推动河北省贫困地区发展教育事业，主要业务一是接受海外同胞的捐赠，二是对河北省贫困地区的优秀师生进行奖励。基金会设有理事会进行日常管理，理事会5年一届，现在是第4届。我一直担任副理事长，也是永久荣誉理事。

河北省海外同胞教育基金会给捐款人颁发荣誉证书仪式

河北省海外同胞教育基金会第一次颁奖大会，理事会成员与获奖师生合影(1993)

受奖师生来自省内40个国家级贫困县，由教育厅和基金会按照公开、公正、公平的原则共同组织评选，每年每县受奖教师5名，学生2名。每年9月10日教师节前，基金会在石家庄召开颁奖大会，对优秀师生进行表彰奖励，每位教师奖金500元，学生300元。

为了切实发挥基金会的作用，理事会对有关工作不断完善。为节约经费，从2004年第十二次颁奖活动开始，不再集中召开全省性颁奖大会，届时，基金会在媒体上公布获奖师生名单，请各有关市教育局到基金会领取奖金和证书，并及时发放到获奖师生手中。从2008年开始，每位教师奖金由500元提高到1千元，学生由300元提高到500元。从2010年开始，奖励范围在原来40个国家级贫困县基础上又增加了12个省级贫困县，共计52个县，奖励人数也由原来的280名相应增加到364名。

颁发的奖金从基金的利息中支付，假如资金不足，热心的委员们会再捐献。1999年，我太太张学华也捐款5万元，成为基金会理事。从2006年开始，我夫妇二人每年再捐2万元予以补助。其他海外同胞的捐款也源源不断，基金越来越多，如今已积累到1036万元人民币。

基金会从孕育的那天起，就得到许多省领导的关心，凝聚了许多海外同胞的心血，寄托了许多贫困地区师生的希望，也吸引了许多老百姓赞许的目光，我们必须办好。作为创会人和副理事长，我认真履行职责，敢于严格管理，努力确保基金会健康成长。

每年发奖前后，基金会都要向我汇报基金数额及其使用情况。后来，忽然有一年没有汇报，我以为是疏忽了，第二年还是没有汇报，我就起了疑心，开始追查。查来查去，果然查出了毛病：省政协主管基金会的一位秘书长擅自将数十万元基金借给了某私营小工厂，从中谋取私利。对此，我很不满，向省政协副主席王满秋做了汇报。在省政协领导的协助下，这位秘书长千方百计把钱追了回来。

在一次理事会会议上，本着向基金会和所有捐款人负责的态度，我非常严肃地提出这个问题。

我对这位秘书长说："你不应该把基金私自放出去，这是违法行为。"

当时，王满秋副主席也在场，他委婉地说："这事以后我们自己解决吧。"

"不用你们自己解决，我们现在就要解决。"我毫不客气地对这位秘书长说，"基金会不需要你这样的秘书长管财政了，你应该辞职。"

我做事认真，眼里揉不得沙子，强烈要求省政协主席立即批准换人，结果这位秘书长只得引咎辞职了。

本来我和这位秘书长是很好的朋友，但是，为了基金会持续健康发展，树立良好形象，争取更多的捐款人加入，长久地为那些有需要的师生服务，我必须让诚实可信、更有责任心和爱心的人来管好这个基金会，我是对事不对人。虽说理是这个理，但自己说话太直，不留情面，得罪了朋友，事后也心感不安。

在省政协领导下，为实践基金会宗旨，理事会精心管理，多方筹措资金，克服了许多困难，做了大量工作。截至2010年9月5日，基金会已经连续18次向省内贫困地区优秀师生颁奖，总计奖励优秀中小学教师3557人、优秀中小学生2144人、优秀大学生60人，共颁发奖金341.8万元。此外，基金会还用110万元分别在井陉、平山、赞皇建了三所小学。基金会在河北省和港澳地区产生了很大影响，有力地推动了河北贫困地区教育事业的发展，成为河北省政协港澳委员扶贫助教的一个品牌。

这个奖项虽然奖金数额不大，但与省级政府奖具有同等效力，在一定程度上缓解了受奖师生的经济困难，激发了贫困地区广大师生的昂扬斗志。

根据对 240 名获奖教师的抽查分析，他们无不百尺竿头，更进一步：50% 的教师在国家或省市级刊物上发表过论文，35% 晋升了一级职称，16% 晋升为高级职称，4 人晋升为特级教师。获奖的学生也深受鼓舞。当邢台市获奖学生张燕，以全市理科状元的优秀成绩考入清华大学时，她激动地说："我获得过很多奖励，但海外同胞的奖励我最珍惜，因为它表明，有那么多的海外亲人在关注着我们，对我们寄予厚望，这使我更增添了奋斗的激情和动力。"

经过18年辛勤耕耘，基金会赢得了广泛赞誉。在省内一些贫困地区，这个奖项被老百姓亲切地称为"中国的诺贝尔奖"。河北省政协的工作人员颇有感慨地对省政协香港委员们说："你们捧着一颗心来，却不带半根草去。"桃李不言，下自成蹊。如今，河北省海外同胞教育基金会已经成为闻名全省乃至全国的、有口皆碑的民间助学团体[1]。

[1]《赤子之歌：河北省政协港澳委员捐资助教纪实》，2010年12月13日，http://www.hebzx.gov.cn/html/2010-12-13/20101213173706Y9EXr3-1.htm。

终身的荣耀　1997年6月30日午夜至7月1日凌晨，香港会议展览中心新翼灯火辉煌，举世瞩目的中英两国政府香港政权交接仪式在五楼大会堂隆重举行。我以河北省政协常委的身份，应邀携夫人从加拿大返港，见证了这一庄严、重大的历史时刻。我的入席证号是NO.235。

6月30日晚23点42分，政权交接仪式正式开始，英国国旗和香港旗在英国国歌乐曲声中缓缓降落，标志着英国在香港一个多世纪的殖民统治宣告结束。

7月1日零点整，激动人心的神圣时刻到来了：中国人民解放军军乐队奏起雄壮激昂的义勇军进行曲，鲜艳的五星红旗在紫荆花区旗的相伴下冉冉升起，大会堂里全体肃立，面向国旗和区旗行注目礼。当国歌结束的那一刹那，全场立刻沸腾起来，雷鸣般的掌声经久不息。被英国统治150多年的香港终于回到祖国母

在香港回归庆典上我与扬勋、李春来先生合影(1997)

亲的怀抱，这是我们中国人的伟大胜利，这是中华民族长久期盼的一个瞬间！作为一个在香港生活了近半世纪的人，我和现场的许多同胞眼里都噙满了激动的、喜悦的泪花。

参加这个举世瞩目的伟大盛典，是我一生最自豪、最难忘的经历。

河北省政协委员的身份为我打开了人生的另一道门，从这里，我走进了更加精彩的世界。

多年来，每逢中华人民共和国国庆节，我都会接到香港新华社、香港民政署的邀请参加国庆酒会。每次我都会送上大花篮表示祝贺，即使身在加国，也从未忘记对祖国的这份真诚祝福。2010年10月1日，我夫妇特地赶回香港参加建国60周年大庆酒会。作为一个中国人，我们为祖国的日益繁荣富强，感到无比骄傲和自豪。

每次回国，不管是到石家庄，还是到衡水、枣强，我总会受到家乡领导们的盛情款待；家乡的领导只要去香港，我也总会为他们热情服务。多年来，随着与各级领导的密切往来，彼此建立了深厚的友谊。尽管如此，我却从未利用这个便利请领导照顾我的生意，或帮我办什么事情。我们的友谊真诚而又纯朴。

1997年，我移民加拿大，与各位领导很少见面了，我很念旧，闲暇时常常想起他们。他们现在大都离任了。每次回乡只要有时间，我都会约他们见见面。如果他们不方便出来，我就登门探望。我曾探望过省老领导尹哲主席夫妇（已去世）、甄三禄主任（已病逝）、徐纯性主席、李文珊主席、郭志主任、王元主任，还有我最想念的县老领导赵殿水县长等等。

在香港参加国庆60周年酒会上与特首曾荫权先生合影(2010)

2003年回乡时，我特地到石家庄看望各位领导和好友，邀请大家共聚晚餐，以慰相思之情。念及几十年的友情，他们都给足了我面子，参加晚宴的有几位省政协原主席，有省人大、统战部、侨办的老朋友，还有省政协、侨办现任的各位领导及工作人员等几十位。席间大家推杯换盏，相言甚欢，我感到十分荣幸。这次聚会是烦劳我的好友、省政协港澳台侨和外事委员会赵宝玉主任出面联系组织的。

2010年10月9日，我应邀去石家庄参加庆祝河北省政协成立60周年大会。大会结束后，省政协在石家庄市中国大酒店举行招

在河北政协成立60周年庆典会场留影(2010)

待会。当晚中国大酒店宴会厅灯光璀璨，鲜花吐艳，洋溢着浓浓的喜庆气氛。在招待会上，我再次见到省政协、侨办的很多老领导、老朋友，大家多年未见，重新相聚，把酒话旧，格外亲热。

我是一个漂泊海外的乡下人，但是作为省政协委员，我却有机会在家乡结交了这么多高朋贵友。

我是一个没学识的普通商人，但是作为省政协委员，我却走进了国家高级议事殿堂，有机会与众多社会精英坐论国事，参加了一些重大政治活动。

从1983年1月到1998年1月，我连任河北省政协委员整整15年，尽管只有15年，但是，这却成为我最珍视的、终身的荣耀。

第五章

痛失爱妻玉霞

一　相濡以沫的岁月
二　玉霞离去的日子

一 相濡以沫的岁月

创业伴侣 玉霞生于1924年10月23日，比我大5岁，我们结婚时她21岁。婚后，她侍上以孝，待下以礼，料理家务，任劳任怨。为了与我团聚，1951年底，她不顾家人劝阻，毅然抱着不满两岁的大儿子，千里迢迢，由北京来到香港。她们母子的到来让我在香港安下心来，我们一家的命运也从此改变。

最初，我们以卖地毯为生，生意清淡，后来又生了女儿绍德、小儿绍九，一家5口，生活十分艰苦。在那段最艰难的时期，我多次想出去打工赚钱，或者去开出租车，但都遭到玉霞坚决反对，她说："'工'字不出头，不打工，大小生意自己做。"她的这个主张可算是我们立足香港的一个思想基础，对我影响极大，让我最终没有放弃经商，在这条路上一步一步向前发展。

玉霞有远见，有魄力，足智多谋，是我创业的好伴侣。

当年她曾租下赫德道23号地下一层大小5个房间，只留下一间工人房自用，把其余4间暂时转租出去，这样不但不用自己付房租，而且还能赚一点差价，解决了困难时期的住房问题。

购置厂房时玉霞在律师楼签字(1980)

当年她为了贴补家用，曾与山东王太太合伙蒸包子，卖给小裁缝厂的工人；还曾找到一家外发加工活的钉珠毛衣厂，在家给毛衣钉珠和缝里子，后来又大量承包，再转发给其他五六位太太搞加工。

她为人随和，读过两三年书，能看信写信，有口才。开了厂后，她对工人就像对自己的兄弟姐妹，有工友生病了，她去看望问候，有人事上的问题或工友之间的纠纷，她来帮助解决，工友们很爱戴她，都把她当成老大姐。她从不摆老板娘的架子，与工友情同手足，亲密无间。

1974年、1977年，我们夫妇二人商议着先后买下了么地道40号店铺和38号店铺。当我尝试向内地发展加工业务而屡遭失败的时候，香港的厂房租金飞涨。1980年，在我去北京期间，玉霞和大儿绍曾审时度势，果断出手，斥资近千万元买下现在这个4.5万方尺的厂房。有了自己的店铺和厂房，从此再也不用担心搬迁了，我们的生意不断扩展，事业更加稳固。

可以说，我孙氏一家从内地移居香港，从一无所有到安家立业，从丰衣足食到兴旺发达，爱妻玉霞耗尽了毕生心血，居功至伟。

理财好手　我们的皮草生意做起来之后，玉霞手里也积攒了一些私房钱。她的钱主要来源于皮草厂的貂皮、狐皮等毛皮碎料。当时希腊的皮草商经常来香港收购各种毛皮碎料，他们运回国后，再用这些碎料拼接成大衣片或褥子。玉霞经常去厂里处理一些毛皮碎料，然后把卖的钱自己存起来，20世纪80年代，每年能存逾百万元。这些都不算正常收入，是不上账本的。她用这笔钱买了点金条和股票，后来积存多了，就开始投资买楼。为方便向银行申请房贷，方便房屋收租，1975年，我们专门创立了新利投资公司（Sunny Benifit Co.， Ltd.）。

在购买了两间店铺和一座厂房之后，上世纪80年代初，我们商量着买下么地道42号8楼一套住宅，投资约25万元。不久，又买下3楼一套住宅，花了30万元。这时楼市在上升，各楼的楼价都看涨，当时移民出国的人很多，所以卖楼的也多。46号后座9楼（顶楼）要出售。这一套略小，约800多方尺，不过在天台上可加造一层，玉霞觉得很合算，也花了30万元购买下来。我们在天台加造了两个小住宅，每间有400方尺。买下这些房子后，公司都租了出去，每套每年最少收入7千元。

后来，我们在喇沙利道碧华花园买下6号楼、9号楼的两套房子，每套1750方尺，145万元，一套自己住，一套绍曾住，付首期后，绍曾夫妇就自己分期还款。这里正处九龙的繁华地段，对面是著名的中小学校，左边靠近著名的玛利诺学校。这楼盘是大儿媳的亲戚李嘉诚投资的，给了我们一些优惠。

大儿绍曾在澳洲雪梨上大学时，我夫妇二人去探望他，玉霞见雪梨的楼价不贵，看中雪梨桥下附近的一个老住宅，花了3万澳元买了下来。绍曾结婚后，又为大儿媳买了一套住宅，也花了

3万多澳元。

1987年，我们去美国拉斯维加斯参加皮草展销会，顺便飞往华盛顿探望女儿。我们看了看玉霞此前为女儿买的一处连花园3万多方尺的豪宅，又在华盛顿市区给女儿和小儿子购买了两套相连的小住宅，每套有1千多方尺，让他们出租贴补家用。

贤妻良母 玉霞生活节俭，过日子精打细算，即使后来过上富裕生活，也没有半点享受之念，她深知创业不易，守业更难。

她平时上下班或外出办事，经常搭乘公共汽车，很少坐出租车。她从不讲究吃穿，穿得普通，吃得简单。我俩通常中午在店里或厂里吃碗炸酱面，晚上七八点钟下班到家后再自己做饭吃，很少去外面饭馆吃。洗衣、做饭、打扫卫生等家务活，都是她一早一晚自己做。两个儿子成家后，他们每家都有两个佣人，我也想雇一个减轻她的负担，可她就是不肯，她说："家中就咱俩，下班回来很容易吃上饭。"

玉霞整天忙于打理公司，没空儿外出旅游，也舍不得出去。内地一些风景名胜区她都没去过。她虽出过几次国，但不是为生意就是为看望儿女，从没真正旅游过，享受过。

有一年，我俩去德国参加皮草展会，展会结束后，我要带她好好玩玩，可说啥她也不同意。我们坐电车回酒店，一直坐到头，然后再返回酒店，她说，这样坐在电车上看市区风景也不错，就算来德国旅游了。

还有一次是1985年春天，香港贸易发展局组织各行业去拉斯维加斯开香港商品展销会，我公司也参加了。我和玉霞、小儿绍

九、业务经理陈小姐一同前往，入住展会举办处——希尔顿大酒店。抵达酒店，他们去办入住手续，我和玉霞在大堂里逛了逛。我见大堂里有老虎机，就拿出一美元投进机内，然后用力一拉拉杆，忽然机铃大响，一会儿有服务员送来500美元，原来是我中奖了。我俩很开心，当即给了服务员20美元小费。

拉斯维加斯除了是个闻名于世的赌城，还是个世界结婚之都，人们在这里结婚易如反掌。这个城市为人们结婚提供了快餐式的一条龙配套服务，市政府有关部门一年365天，一天24小时，全天候办理结婚登记手续。只要你携带身份证、驾驶证或者其它有关证件，甚至没有证件，只要男女双方在场和经办处说一声“我愿意”，并缴纳50多美元的费用，不到10分钟就可领到结婚证。如果在附近找个结婚教堂，那么再花上10—15分钟就可以完成婚礼。在这里人们结为夫妻只需半个小时，你可别以为这是个游戏，在这里办的结婚证在美国是合法的，在加拿大、香港等许多国家或地区也是有效的。

1985年3月27日，在拉斯维加斯，玉霞和我补办了结婚手续，因为当年我们在北京结婚时没有证书。这天，在小儿绍九和陈小姐陪同下，我们领了结婚证，然后走进附近的结婚教堂，请一位天主教神父给我们主持了仪式。我和玉霞并肩面对神父，一字一句复述着誓词：“我，愿意让你成为我挚爱的妻子（丈夫）……在你身旁，无论快乐或悲伤，逆境或顺境，永远爱你并呵护你。这是我发自内心的承诺，它将贯穿我生命中的每一天。”此时此刻我百感交集，蓦然回首，我和玉霞已经相濡以沫，携手并肩走过了41年。仪式结束后，我们坐上超级豪华凯迪拉克加长婚车，绕城游览一番，度过了非常开心的一天。这次补

我和玉霞在拉斯维加斯补办结婚证书(1985)

办结婚手续花了300美元。

妻贤夫祸少，是中国的一句老话，我对此感触很深。在玉霞和我相伴的岁月里，我时时能感受到她的真情呵护，没有玉霞也许就没有我今日之福。

其实我也没有什么大的缺点，就是有一点不好，挨着什么人就学什么，而且一学就会。当年，我在那位好赌的亲戚店里，租柜台开皮草公司，他拉我打牌，玩扑克五张，一教我就会了，晚上一打烊我们就在店里赌钱。后来玉霞知道了，就找到店里拉我回家。那位亲戚不高兴她搅局，就说："我店里的沙发女人不能随便坐，你不能常来。"她说："连义在外边做生意不容易，你别教他赌，别教他学坏。"为此她很不喜欢那位亲戚。

有一次，我打牌输了1千多元，手里没现钱，就在店里拿了一条4尺×6尺的小地毯去付账。玉霞发觉了，追问地毯的去向，我骗她说是那位亲戚借走了。纸里包不住火，她后来不停追问，终于知道了真相，很生气地指责我说："没出息！你看他把家产都赌光了，败光了，想跟他学吗？"

在么地道38号开店的时候，楼上鹿鸣春京莱馆的王老板，特别爱打麻将，还有王镇鼎和娄镜玉两个老板，也是打麻将的高手，他们有时拉我一起打。我不好意思推辞，有空儿时就玩一会儿，店里来了客人就放下牌去照顾生意。为应酬朋友，我有时打打牌，但从不上瘾，不狂赌。

玉霞常在身旁提醒我："咱爹可说过啊，你要争气做生意，不要赌，不要嫖，赌的嫖的都败了家。"父亲和叔叔们都是老实本分的人，我们兄弟姐妹也都安分守己，没有花天酒地的人。父亲的话犹如警钟在耳，让我保持着清醒头脑，没有随波逐流。

有一次，有位老板拉我去香格里拉酒店洗桑拿，他给买了票，我一听说那里都是异性按摩，就说什么也不去了。

生意场上请客户吃饭是常事，有时让她去她不去，说店里忙走不开，后来我和客人用英文说去跳舞，她听出来了，就要跟着一起去。有一次，来了一个客户，我们在美丽都夜总会吃饭，吃到一半她就来了。还有一次，晚上在丰泽园招待一位日本客人。吃完饭，日本客人要跳舞，我不会跳，但又不能失礼，日本客人搂着舞女跳，我就在一旁看着他们跳。这时候，玉霞找来了。我说："你怎么来了，客人还没跳够呢。"她说："都12点了，该走了。"那位日本客人一看我太太来了，就不再玩了。

后来事业做大了，工友、客户、同行、朋友多了，自己也很注重形象，就更不去那种不好的场所了。

当年，我吸烟很凶，一天3包甚至更多。玉霞常劝我戒烟，给我讲吸烟的危害，一看我不改，还动员孩子们来劝我。有一次，女儿又劝我戒烟，我不但不听，还冲她发了火，让她们不要管我。后来我们参加一个考察团到台湾，我顺便做了一个全面体检。

照完片子，医生问我："孙先生，你一天抽几包烟？"

我说："三包多。"

"你要是再抽的话，气管和肺里都会有毛病，有了病就难好啦。"

"我抽烟是喷烟，不咽下去。"

"这一样能吸进去，最好现在戒了。"

"好，我戒了。"

"你戒不了，抽三包的人戒不了。"

"我发誓，我要再抽烟，就再也不上你台湾来了。"

我要给这位医生看看我戒烟的决心，顺手就将我的名贵Dupont金打火机丢进废纸筒里。那个打火机3千多元，玉霞舍不得又拾回来，说送朋友也好。

戒烟是很痛苦的，尤其是吸烟历史长又吸得多的人，克制不住想抽时，我就骂自己混蛋。为了戒烟，我吃过牛肉干，嚼过口香糖。我嚼口香糖太多，牙床都肿了，张不开嘴，不能吃饭。后来又含花旗参片，花旗参是苦的，烟也是苦的，我把参片装在像胶卷盒那样大小的小瓶里，一天吃一瓶。为身体健康，凭着顽强毅力，结果我真的把烟戒了。

玉霞是一位称职的好母亲，她非常爱孩子，3个孩子都是她一手带大的。孩子到了上学的年龄，她去找学校报名，孩子要转学，她去与学校联系，孩子放学上学，也是她去接送。不管生意有多忙，她从未放松过对孩子的管教，而且管教得还都不错，孩子们学习都很认真，每天晚上都学到很晚。大儿绍曾和女儿绍德比较听话，小儿绍九有点调皮，玉霞常去教会学校找神父说情不要让他留班，拜托老师好好教育小儿子。玉霞对小儿子最放心不下，很为他的前途担忧，常常向我哭诉，让我多关心他一点。玉霞没上过学，她深知没有文化的难处，在当时生活并不是很富裕的情况下，我们还是尽力支持三个孩子先后到外国留学。

那时我的精力全部集中到做生意上，而玉霞除了看管店里的生意，还要照顾孩子，真是很不容易。孩子们非常爱他们的妈妈，和妈妈的感情很深很深。

玉霞是一位相貌平平的普通女人，她几十年如一日，相夫教子，勤俭持家，是一位典型的贤妻良母。

二 玉霞离去的日子

不祥之兆　1987年1月，我和玉霞去美国西雅图参加毛皮拍卖会。

这个拍卖会是西雅图毛皮交易所举办的。西雅图毛皮交易所（Seattle Fur Exchange）成立于1898年，是世界上历史最悠久的毛皮拍卖行，是北美地区最大的毛皮拍卖行，也是世界最优质水貂皮——北美水貂皮的主要供应者，每年有70%的北美水貂皮在此拍卖，数量达200—250万张。西雅图毛皮交易所一般每年只举办两次拍卖会，通常在2月和5月举行，每次持续3—5天。每次拍卖会都有来自世界各地的数百名客商参加，其中中国、韩国、日本等东亚国家是最大买家。我和玉霞参加过一次西雅图毛皮拍卖会。

我们到达西雅图的第一晚，交易所设宴款待来宾。我们与两位香港同业、两位外国友人坐在一起，大家说说笑笑，很是热闹。宴会结束后，大家站起来互道晚安，我们刚转身走开两三步，忽然身后“啪嚓”一声爆响把众人吓了一跳，大家回头一看，原来是玉霞刚刚用过的玻璃杯碎了。无缘无故的，玻璃杯怎么会爆碎呢，真是奇怪。

我和玉霞在西雅图拍卖会会场留影(1987)

第二天早起，玉霞的腿忽然疼了起来，疼得很厉害，不能下床。我急忙请酒店叫救护车，把玉霞送到了医院。在医院照了片子，医生说骨头没大碍，让她以后多走路活动活动，还送了一副拐杖给玉霞。

当天下午我们乘飞机到华盛顿市探望女儿一家，在女儿家住了3日，然后又飞往温哥华探望朋友。

回到香港后，玉霞多次让我跟她一同去友联银行办手续签名。这家银行离我们的店很近，仅隔一条街，玉霞在这里有两个保险箱，登记的都是她一个人的名字，她带我去就是再加签上我的名字。她跟我三妹说：“今年我可能过不去了。银行里我存的有钱，如果将来儿女不孝，也够你哥哥养老的了。”她还嘱咐三妹不要告诉我。

这次出国的不祥之兆让她十分忧虑，她有了某种预感，从那时就默默地着手料理着自己的后事。

病重住院　1987年10月21日晚，公司宴请汇丰银行旺角总行总经理吉布斯先生（Mr. Gibbs）和副总经理。公司参加宴会的有我夫妇俩、绍曾夫妇、绍九夫妇、陈会计和业务部陈小姐。公司每年都要宴请银行的领导，多谢他们的照顾和支持。我们10人在九龙会所包了一个大房间，大家推杯换盏，谈笑风生，非常尽兴。

席间，吉布斯先生问玉霞："孙太太买有股票吗？对当前股市有什么看法？"当时香港股市正一路暴跌，玉霞只是听朋友谈论股市如何如何，她根本不懂。玉霞回答："我很少玩股票，只买了一点。"当时我不知道她手中有二三百万元的股票。吉布斯先生告诉她："股票大跌不要怕，还会回升的。"

过了一会儿，吉布斯先生喝了不少酒，兴奋异常，起身跳上邻近的长桌，把我也拉上去，一起举杯给玉霞敬酒。他称赞玉霞为人好，有本事，又祝她健康幸福。敬了酒，我们下桌入席，我正坐在玉霞对面，忽然见她面色粉红，非常好看，有些异样，感觉很奇怪。当时我也喝多了，就没考虑有其它情况。

这时玉霞站起来去洗手间，刚走到走廊里，不小心脚下一滑一下子就摔倒了。酒店服务员急忙跑过来，大喊："孙太太跌倒了！孙太太跌倒了！"我们赶快跑过去，只见玉霞倒在地上，手摸着头，表情十分痛苦——她摔伤了头。大家都非常惊慌，赶紧叫来救护车，救护员把玉霞抬到车上。这时已经是夜里11点多了，我陪坐在她身边，救护车向医院疾驰而去。她抓着我的手说："连义，我头疼，我头疼！"我安慰她说："忍着点，一会儿就到医院了，到了医院就好了，忍着点，忍着。"没想到这几句竟成了我们夫妻最后的对话。

一路上，玉霞一直紧紧抓着我的手不放，过了大约15分钟，到达九龙法国医院，进了急救室。我喝得太多了，下了车与她一分手就倒在椅子上大吐起来，后来就醉得不省人事了。我家离医院很近，走路只需10分钟，凌晨1点多，大儿子把我送回家，我倒在床上就大睡了。

我醒来时已是早晨6点钟，一看玉霞不在，才忽然想起她还在医院。我几分钟就跑到玉霞的病房里，只见她安静地躺在病床上，紧闭着双眼。我推喊她，可她一点反应也没有，我慌忙喊来医生。医生说："凌晨2点多，护士发现孙太太有异常，叫值班医生给打了针。"医院的主治医师黄大夫赫赫有名，是老熟人了，平时我们看病就去他的诊所，可是昨晚他没在医院。8点，黄大夫到了医院，诊查伤情后告诉我：玉霞脑血管爆裂，值班医生误诊了。

我听了黄大夫的话手足无措，不知如何是好。我问他："还有没有希望救治？"他说："如果尽快动手术，也许能保住性命，但是，如果手术做不好，也许会成为植物人。"我当时不知道什么是植物人，听他一解释才知道，植物人就是只有一口气，不省人事，对外界根本就没反应了。只要有一线希望，我也要救活太太，我恳求他尽力尽快给我太太动手术，挽救她的生命。他提醒说："这要花很多钱，光手术费就30万元，以后还要花多少都没数。"我催促他说："快快救人要紧，花钱没问题，花多少都没问题。"

玉霞被推进手术室，我责骂儿子儿媳昨晚没有照看好妈妈，也深深自责没能守护在她身边。现在埋怨谁也解决不了问题，说什么也晚了，只好认命。我来到天主圣母神像前跪下，跪了俩小时，求主救命，求神保佑，让我太太复活。我脑子里一片空白，什么也不想了，只盼着医生能把太太救活。

本来4、5个小时就能做完的手术，不料竟从上午8点多一直做到下午4点，用了近8个小时。医生从手术室出来告诉我：手术过程中，玉霞右脑血管又破裂了，脑内淤血太严重，他们尽了最大努力，人已无法救治，成了植物人。医生还说：多在她耳边说说话，或许会出现奇迹。

玉霞从手术室被推进私人病房，过了几个小时也没任何反应。我坐在床边握着她的手，亲着她的脸，跟她说着话，希望她能够感知到，希望她能苏醒过来。不知过了多久，我终于发现她的眼角有泪水流下，她似乎有了一点知觉，明白了我的心，可是她的反应仅此而已。

四处求医　我请医院给安排了一个单间病房，从早到晚看护着玉霞。后来，我们搬出单间，我和她各住一间病房，我就在她病房的隔壁。医院见我疼爱太太，很同情，让我住了1个月也不忍心退我的房。很多朋友劝我："你别在医院住着了，这样对你身体不好，到时候你再病倒了怎么办？"我说："病倒了正好，我跟太太一块走！"过了一段时间，院长对我说："病房是住病人的，非病人租住是不准许的。你可以晚上回去，白天过来。”我明白医院有医院的规定，只得退了房。我每天晚上11点回家，第二天早上7点去医院，就这样陪了她19个月。

玉霞住院期间，我通知公司将租的写字楼退租，生意不做了，也没心思做了，任何人也不见了，一心想照顾好太太，盼着她尽快好起来。一夜之间，我夫妇二人仿佛销声匿迹了，当时一些同行朋友还以为我们炒股失败，避债去了。

我千方百计四处寻找治疗脑血管病的专家。过了3个月，有日本朋友介绍了一位日本脑科专家来医院查看病情，叫我送太太去东京名古屋大医院医治。香港的医生劝我别浪费财力了，说她大脑严重受损，处于不可逆转的深度昏迷状态，谁也没法医治，我只好谢绝日本专家的建议。

后来听内弟方雨说，北京有一位气功医师李秋存，用气功救醒了一位中年植物人——这是北京报纸上刊登的新闻，应该属实——我马上派八弟去北京，邀请李医师来港治病。因出境手续很难办，八弟又到石家庄托河北省政协领导帮助，李医师的出境手续才批下来。李医师来港后住在我家里。起初医院不准中药、气功插手同医，后来经再三请求，才同意李医师加入诊治，但声明一切后果自负，院方不承担任何责任。

李医师每天上午两次按摩发功，玉霞没有什么反应。李医师又用中药搽在她头上，搽了几次也没有效果。李医师在我家住了一个月，虽然尽心尽力了，但玉霞的伤病依旧没见好转，于是我付给他3万元报酬，就送他回北京了。

后来又听说深圳有一位气功大师，也姓李，自称是上天派他下凡来拯救世人的。三妹与玉霞感情最好，她一心想救大嫂，就专门到深圳找李大师。李大师说，他在深圳发气功，就能叫香港这边的病人感应到，能活动，但是要先付3万元。这话说得太玄了，我不相信，但三妹执意要试试，就先付了他1千元，让他试发功一次。他试了一次，香港这边什么反应都没有，根本就是骗人的。

病急乱投医。有一次，我听说招商局来了一位神医。他是从深圳蛇口过来的，专治疑难病。我赶紧请来给玉霞看病。当时是2月份，她比原来胖了，头发也长好了。这位神医一看玉霞面色红润，睡得很安详，就说："不用叫醒她，她是昏迷不醒。回头让病人的一位亲人到招商局来，领受我发的气功，然后再带到医院病人身上，三次就见效，每次500元。"这次还是三妹去招商局帮大嫂领受气功。神医叫三妹闭上双眼坐着，只想嫂子的病，其它什么也别想。三妹坐了1小时，神医说发完功了。他发功时三妹没感觉，回到医院来，玉霞也没反应，结果又上当了。

最后一次是请中国著名气功大师严新看病。那次严新大师来香港，在九龙塘浸信会大学礼堂讲学，前来听讲的有近千人，整个会堂座无虚席。我托香港新华社进入会场，想拜见大师，可是他不接见我，于是我将事先写好的一封信交给了他的助手。我说，我太太是植物人，请他到医院治病，如能治好，我愿酬谢百万元。

凭着新华社的关系，开会时，我与香港的气功人士一同坐在第一排。在大家的热切期待中，严新大师上台演讲了。他请大家安静不要出声，让大家都闭上眼，说他要发功了。过了一会儿，他说现在会场内有他的气功气了，叫我们求医者坐在椅子边上，脑子里只想着你要医治的病人。半小时后，我忽然浑身发抖，还有些晃动，当时真以为是接受了气功的缘故，过后才明白：坐椅边太久太累太紧张，身体自然会发抖。

严新大师在台上做气功演讲，台下会场中也安排了一些会气功的人，东一个西一个，楼上一个楼下一个。严大师在台上发功时，这些人则一个个走到通道中间，弄手弄脚，胡乱跳动，好像中了邪似地与他相呼应。在台下还有五六位坐轮椅的病人，每个轮椅后面都安排了两个香港气功学院的人推车，他们同时大声叫病人："起来！起来！用力走走！"全场喊声喧天，把病人都吓怕了，可没有一人能站起来，如同一场闹剧。

严大师讲了约两小时，劝人做善事，劝人捐献积德等等，讲完就从后台溜了，再也没有回音。在进会场之前，大家都抢着买一本严新大师的气功书，120元一本，散会之后都说上当了。

痛失爱妻　能想到的办法都用尽了，但玉霞的病一直未见好转。九龙法国医院是一所天主教医院，医院内有圣堂，我每天早晚都去祈祷，求主不要让我太太痛苦，祈求出现奇迹，让她能醒过来。

1989年春，玉霞的病开始反复无常。她每个月要进急救室一两次，住几天，治好了，又出来。她有时需要开个喉洞吸痰，每天吸痰数次。

玉霞住院之初，女儿绍德远在美国，她的小女儿才3个多月，第二年又添了个儿子，一时没能回来。5月初，绍德抱着小儿子终于来到妈妈身边。玉霞也许一直盼望着这个时刻，见到女儿有了心灵感应，默默地流下了眼泪。这就是亲情的力量吧。

玉霞这种痛苦的状态持续了三四个月，5月14日早上，她又被送入急救室抢救。她身上插着八九条针管，让人十分心疼。黄大夫对我说："不要再用气压泵了，使她的心跳起来是很痛苦的。女儿回来了，也见面了，让你太太平安走吧。"这时三妹、八弟都在身边，我们一起去给她选了寿衣，然后带到医院一件一件拿给她看。尽管她早已无法感知，但是我们依然非常尊重她，谁也不愿忽略她哪怕是一丝一毫的感受。

下午3时，玉霞停止了心跳，安详地离开了人世，被送入太平间。

在她生命的最后日子里，我每天陪伴照顾她，在医院里度过了19个月，可她直到最后也没能和我说一句话，就这样与我永别了。她与我同甘共苦45年，节俭兴家，辛苦了一生，还没来得及享受清福，就这样与我永别了。那一刻，我泣不成声，悲痛欲绝。

玉霞住院时，我雇了一个护士长期护理她。医院什么都要钱，价格还很贵。她住院19个月，每月开支三四十万元，一共用了7百余万元。

这期间，有许多国内外好友和内地各级领导前来医院探望玉霞，每天病房门口都有七、八个花篮。对这些关心我们的领导和好友们，我由衷地表示感谢。

45年恩情永刻我心 玉霞出殡时，场面很隆重。棺木是西式楠木的。入棺时，亲人们都含泪看着为她穿好寿衣。花篮挂满了灵堂，花圈一直排放到门外。我和玉霞都是天主教徒，她的葬礼由天主教堂的科神父主持，800多位来宾参加。

玉霞被安葬在香港皮草厂后身山上，长沙湾天主教坟场7421位。她的墓地处于靠边的位置，风水很好，从这里再过不远就可看见皮草厂大楼。这个工厂是她购置的，她又喜欢做生意，墓地选在这里，应该是非常称她心的。墓碑上有她的玉照，永远留下了她那慈爱的笑容。墓碑前的两个石柱上雕刻着我发自肺腑的两句话：刻苦创业我永世不忘，四十五年恩情永刻我心。

玉霞被安葬后，我天天去墓地探望她，送鲜花，清洁墓碑，不管天气如何，即使有台风暴雨，也阻挡不住我的脚步。后来我请了一位管坟场的人代管她的墓地。

玉霞去世不久，有朋友提醒我要申报她的遗产税，我便带着小儿绍九去友联银行，将她那两个保险箱迁到汇丰银行。我们打开保险箱一看，里面装满了美钞、港币、股票、金条和金玉首饰，光大小金条就有几百两，都用原购金票包着，那时一两黄金250港元。我们二人抱了一大堆，很重，当天就搬到汇丰银行新开的保险箱。过了几年，我列出清单，自己留了一份，将其余平均分给了3个儿女，同时，将国外房产也全部分给了儿女。

我一个人过起了王老五的生活。我把玉霞最后一天穿的粉红旗袍和鞋，挂在卧室的墙上她的大照片一旁，晚上回家睡不着觉，就望着她的照片，跟她说说话，说今天见到谁了，办了什么事等等。照片上的她依然是那熟悉的笑容，可我的诉说她再也听不到了。我的睡房内满是她穿过的衣物，用过的物品，我不准菲佣移动，菲佣平时也不敢进。过了很长时间，经好友解劝，我才把她的遗物收拾起来。

我常常情不自禁地想起玉霞。她一生劳碌，舍不得吃，舍不得穿，对我情深意重，即使生病的时候还挂念着我，为我的晚年做打算。当我们富有了，她却走了，她跟了我一辈子，一点也没享福，我心中只有深深的内疚和无尽的怀念。每当回想起过去的那一切，我常常禁不住潸然泪下。

我对一切都失去了兴趣，不想去公司，不想与人交谈，意志消沉，精神萎靡。平时遇有不快或委屈无处倾诉，就忍在心中。我不会借酒浇愁，不会去夜总会找乐，更不会去赌场解闷，有时到坟场向她诉诉苦，有时开车到新界游车河，在车中自言自语，委屈流泪。失去了老伴，我也失去了生活的信心，有时心想自己可能也活不了太久了。这是我一生最落寞、最消沉、最痛苦的时期。

这样过了一年多，1990年7月，我听从好友劝导，报名参加了一个旅行团，去欧洲八国旅游散心。团内只有我一个单身老人，其他都是年轻人。起初我坐在长途巴士的前排，后来领队让我坐到最后一排，人们在车上有说有笑，兴高采烈，而我却无法融入其中。年轻人的快乐与我无关，不但没有感染了我，反而让我心情更加低落。

1991年，我结识了一位陈老太太，她给了我许多精神上的安慰、生活上的关心。陈老太太是上海人，80多了，住的离我家很近。她和我同行，也经营皮草生意，只对日本市场，是一位皮草界的老前辈、女强人。她丈夫去世十多年了，她有一儿一女，女婿是香港巨富名流，儿子移居加拿大，每年回港探母。她有菲佣照顾，会吃喝享受，生活品质很高，常吃鱼翅燕窝。她见我生活孤独，时常邀我到她家共用晚餐，邀我和另两位好友一起打麻将。她多方面劝解我，让我以健康为重，振作精神，要好好活下去。她让我感到人生中仍有欢乐和友情，我的心情也好了许多。她还劝我再娶一位太太，并给我介绍了两三位，都被我拒绝了。我想，我都是快死的人了，不要再找麻烦了。

后来，还有很多朋友关心我，给我介绍女友，他们一提我就发火，我告诉他们：如再提，就不是朋友了。去石家庄开会时，省政协、省侨办的领导也热心地给我介绍女友，我就将随身携带的玉霞的照片放在床头柜上，谁要给我介绍女人，我就指着她的照片跟对方说："她会愿意吗？请别提这个了。"

第六章

开启新的生活

一 我的第二春
二 移居加国的生活
三 周游世界

一 我的第二春

尹哲夫妇做红娘 我初次当选河北省政协委员时，尹哲任省政协主席，因工作关系，我们联系较多，彼此了解，脾气相投，成了很好的朋友。1995年初，尹主席离休4年了，这时我还担任河北省政协常委和冀鲁旅港同乡会副理事长，但不再整天忙于公司业务，就特邀尹主席夫妇来港7日游，想陪他们在香港走一走，看一看。

我家住喇沙利道12号碧华花园大厦九楼，四室两厅，我一个人居住，另外雇有一名菲律宾女佣，宽大舒适，我请尹主席夫妇住到了我家。

因为有尹夫人同游，我照应起来不太方便，于是邀请张学华小姐来帮忙陪客人。学华小姐也是冀鲁旅港同乡会会员，她是京剧大师张君秋的女儿。尹主席熟识张先生，他们都是全国政协常委，每年都在一起开政协会。学华小姐也认识尹主席，因她每年都到石家庄参加河北省贸易洽谈会。请学华小姐来陪尹主席夫妇，大家知根知底，不会拘束。她接到我邀请，很爽快地答应了，我非常感激。

尹哲夫妇和我二人在店门口合影(1995)

我和学华小姐每天陪着尹主席夫妇游览香港的风景名胜，她对老前辈十分尊敬，照顾得周到细致，他们则把她当作自己的小辈一样看待，亲热地称她为小华。每天游完，吃过晚餐，我再送学华小姐回家。我们在一起相处得非常融洽，非常开心。

这样游玩了5天，有一晚在家里，尹夫人很认真地对我说：“佐民，再过两天我们就回石家庄了。我们看小华很好，很和善，会体贴人，都离婚两年了也没有男友，她的家庭咱们都了解，你为什么不追她做女朋友呢？”

这一问让我感到很突然，我回答说：“人家学华小姐是名人之后，年轻貌美，我已经60多岁，都是白发老人了，又没有什么文化，怎敢妄想呢？”尹夫人说：“佐民你也太谦虚了。如你有意，我们替你问问小华去。这是件好事，也是你的大事，政协的老人们都很关心。”

其实在这之前，有人曾跟我提过学华小姐。有一次同乡会组织团体春游，一位山东老乡很关心地问我：“你老伴走了好几年了，怎么不考虑再续娶一位太太呢？总是一个人生活不好，对健康不利。咱同乡会中有一位美女，她是一位可敬可靠的、很正派的名人后代，已经离婚几年了，如你有意，我们几位可以给你做媒。”当时我一个人生活习惯了，根本没有再婚的打算，所以也就没放在心上。

这次尹夫人又提此事，我才开始郑重面对。经过再三考虑，我认为：自己身体和精神还好，还能活个十年八年，但是，如果身边无人照顾和关心，那么既不会快乐，更难以长寿；玉霞已经离开6年了，我形单影只，苦闷寂寞，整天游在外面不想回家，我若再娶，相信她是不会责怪我的。于是我下了决心，就拜托尹夫人向学华小姐提亲，不过言明大家先做朋友，彼此进一步了解后，如果都感觉合适，然后再提结婚的事。

过了一天，尹夫人很高兴地告诉我：“小华同意了！她说你在同乡会中口碑极好，声誉很高。你陪伴照顾生病的妻子19个月，有情有义，她很敬佩你的人品。你们可以先做朋友交往。”

我听后心情十分激动，这真是做梦也不敢想的事啊！

我与学华刚交往时的照片(1995)

“小老虎” 虽然以前我和学华认识，但只是在同乡会开会时见面打个招呼，并不熟，也很少交谈。关系确定以后，我们开始较多来往，我邀她一起吃饭，游车河，到山顶、浅水湾等处游玩，我们晚

张君秋岳父与吴励箴岳母在香港时的合影(1951)

上常通电话，问候问候，互道晚安，我还去过她家多次，对她的生活工作有了更深的了解。

学华，英文名Helen，1950年生于香港圣保禄医院，比我小21岁。她的父亲张君秋是著名京剧艺术大师，德艺双馨，名扬四海；她的母亲吴励箴是上海银行家的千金、上海圣约翰大学外文系的高材生，贤良淑德，才貌双全。学华从小就受到了良好的家庭教育和艺术熏陶。

学华从小随父学习京剧，是不折不扣的张派艺术传人。

学华和她的兄弟姐妹们生长在艺术之家，每天听到的都是美妙动人的歌唱，看到的都是精彩绝伦的表演，接触的都是当代顶级艺术家，他们经过艺术学校的专业训练，陆陆续续都登上了京剧表演的舞台。

她和姐姐学敏、妹妹学聪长期在父亲身边，真正看到父亲的戏是怎么排的、怎么演的、怎么教学生的。全国各地的学生接连不断地来家学戏，她们就跟着一遍又一遍地学。父亲的每一部戏她们都反反复复看了多次，充分领略了父亲京剧表演艺术的精髓。

学华在父亲身边的时间最长，经常跟出随进，服侍父亲多年，得到父亲的真传，她上台演戏时的扮相、发音、做派、神韵酷似父亲。学华曾在中南海给毛主席表演过京剧，只可惜因当时条件所限，没有留下纪念照。由于诸多方面的原因，学华没有继续舞台表演，转而从事张派京剧艺术的教学传承工作，她精心整理张派剧目的资料，并出版了父亲的《望江亭》演出本等。

学华受母亲的影响喜欢读书学习，喜欢诗词歌赋，喜欢音乐艺术。小时候母亲要孩子们临王羲之三希堂帖，因而她写了一手优美而刚劲有力的好字。她15岁就在空军当文艺小兵，为部队服务11年，登台表演舞蹈、唱歌、话剧，在演《红灯记》、《红色娘子军》、《智取威虎山》等样板戏时都担任主角。她是个多才多艺的女子。

学华在十二个兄弟姐妹当中，排行第九，因为属虎，所以自小就被父亲昵称为“小老虎”。她身上的确有一种虎虎生气，不怕苦有股闯劲。

她在文革时期下过乡，吃过苦，在父亲被批斗的时候，承受了一定压力，但是，她对这些人生历练从不抱怨，始终保持着昂扬向上的精神。

1987年，学华父亲的朋友在香港生死注册处查到了她的出生纸，她得以获准重回香港定居。她初到香港人地生疏，只身一人，语言不通，可她没有求靠父亲的那些有钱的老板叔叔伯伯们，而是去了工厂做工。在工厂里工作十分艰苦，她也偷偷掉过泪，可没有打退堂鼓。后来，她转到贸易行，在写字楼里工作。经过几年的用心学习和锻炼，她了解了一些做贸易的方法和途径，成立了自己的公司——学华香港贸易发展有限公司。

她的公司专营粮油食品进出口贸易。每逢广交会，她都亲自去采购红小豆、绿豆、栗子、葵花籽、花生、辣椒干、大蒜、菜籽粕等紧俏农产品。

当时的广交会给不少港人带来了财富，只要在广交会上拿到批文或签到合同，你又有自己的客户，回到香港，甚至在会上，就能很快把货卖出去。自己根本不用下本金，由买家直接开信用证，收货后就算完成了一单生意。如果自己下本钱，自己开证，还可以多赚一些。当时内地与香港间的贸易很发达，没有卖不出去的货。

学华本钱少，只能是买单卖单赚取佣金。她的货主要卖给香港南北行的一些老字号粮油食品公司，还给美心集团、大昌行等供货，也有转口到日本、新加坡、欧洲等地。可能与她父亲在中国的名望有关，人们认为她诚信有保证，使得她与河北、山东、山西、湖北、湖南、内蒙等内地省市粮油食品土产公司都建立了很好的业务关系。她每次广交会都能拿到货单，有时只需打打电话发发传真就搞定了。如果拿到板栗、红小豆、菜籽粕、辣椒干等紧俏产品，数量又很大，一单生意就能赚十几万港币。

学华经营了几年，省吃俭用积蓄了一点钱，就下决心以分期付款的方式买下了属于自己的住房。这套房有600多方尺，两室一厅。一有收入，学华就赶紧存入银行还房款，以减轻借贷压力。

我曾看过学华的生意往来文件，甚至银行存款账目等等，她做得都非常正规清楚。说是一家公司，实则她一人经营，联系客户谈生意、听电话发传真、送样品、跑南北行、办理银行手续、去码头验货出货……事无巨细，都须亲历亲为。她大小生意都做，我认识她后，她做茅台酒贸易。出口日本大货后，甩下几十箱放在家里，她就打电话向各大酒楼推销，少则一箱，多则十箱都可以，一两箱的自己拉着小车就送去了。我还开车陪她给同乡会、上海餐馆送过几箱茅台酒呢。

我惊讶地发现这位来港不久的文艺界女子还是一位很在行的贸易商人，不但能搞贸易，而且经营得很不错。她做生意时，那些没见过面的客户，看到她所发传真上有力的字迹便认为对方是男士，发传真打电话给她，都称她为“张先生”。

天赐良缘　学华很少外出交际应酬。我与她结识后，不管白天还是晚上，每次打电话到她家，十有八九她都在家。有时我请她去饭店用餐，她或者婉言推辞，或者就选择附近的普通餐馆就餐，因为她担心耽误生意要回去接听电话。有时她应邀参加香港京剧票房的活动，也是唱完戏就回家，从不在外面逗留很久。

学华在她生活的圈子里可谓有口皆碑。票友们说她气质文雅，人品清高，大方得体，很有修养。年长的叔伯们说她身上有股“傲气”——不是骄傲的傲，是傲骨的傲。

学华不是一位讲究吃穿的时髦小姐，很会过日子，有时我想给她买件高级服装，也被她谢绝。

学华是一位非常正派的、可爱可敬的女子，我很欣赏她的为人。如果能娶她做太太，可说是我老年的福气，是天主赐给我的良缘。

对我的品行和事业，学华早有耳闻，我也坦诚地向她介绍了我的家庭情况。我有两儿一女，儿女们都孝顺听话。他们都已结婚成家，各有三个子女。我是一个普通的皮草商人，在香港白手起家，摸爬滚打了数十年，算不上大富商。我的生意只是个家庭生意，没有股东，我是一家之主，一切事我说了算。

我问学华：“我都看了你的银行账目，你怎么不问问我的财产情况呢？”她回答说：“我与您交往不是为您的家产财富，主要是因为您人品好，正直可靠，我很敬佩您。”对此我非常感动，凭我对学华的了解，相信这是她发自肺腑的真心话。

经过半年多的交往和了解，我和学华的关系由相识、相知、到相爱不断发展，感情也不断升温，我认定她就是我后半生的最佳伴侣，相信她也会觉得我是她最值得信赖和托付的人。我想，我们都是有过家庭的人了，只要相互了解了，时间不需要拖得太久,有一天与她通电话时,我就向她提出结婚之事。她感到很突然，于是我把我的想法和安排一一讲给她听，她便答应了我的请求。

1995年，我的生日阴历7月13，是阳历8月8日，是非常吉祥的日子，我二人决定这天举行结婚典礼。

我与学华在香港合影(1997)

在决定结婚之前，我们去北京拜见了学华的父母和兄弟姐妹。她父母询问了我的个人生活、家庭及事业情况等等，他们都对我印象很好，表示同意我们的婚事。我们还会见了我在北京的姐姐和亲戚们，他们对学华很满意，也都鼓励和支持我早日完婚。

我们还去了趟美国华盛顿，让学华认识一下我的女儿绍德，然后，又到了加拿大温哥华探访小儿绍九一家。

回港后，我们就开始准备结婚事宜：办理结婚登记手续、订教堂、订酒楼、印请帖邀请亲朋好友、登报声明……大部分事都由我们二人亲自操办，一切从简。

我是天主教信徒，学华必须先入教方可与我结婚。教堂科神父非常喜欢学华，特为她每周讲解教规和圣经，一共上了两个月的课才批准她为天主教教徒。科神父还给学华取圣名为Helen（海伦）。

科神父为我和学华主持结婚仪式(1995.8.8)

1995年8月8日（星期二）上午10点半，在九龙太子道圣德肋撒天主教堂，我和学华举行了结婚仪式，科神父为我们主持并颁发了结婚证书。我的表叔宋鸣皋先生、学华的姐姐张学采女士作为双方的家长，在结婚证书上签字见证。我们交换了戒指，成为合法夫妻。这是我一生中最难忘、最激动的时刻。

我们结婚后随岳父母拜见原全国政协主席李瑞环和夫人(1995)

参加婚礼的有大儿夫妇和三个孙子女、有

在港的双方亲友和十多位公司老工友。仪式结束后，在我店楼上的鹿鸣春京菜馆，我们摆了两桌简单的酒席招待来宾。正式喜宴当晚在九龙会会所举行。因我是多年老会员，九龙会给予特别招待，厅堂布置得十分喜庆。我们摆了13桌酒席，款待双方的亲朋好友。席间来宾们都向我们举杯道喜祝贺，祝我们夫妻恩爱，白头偕老。我孤苦生活了6年之后，身边总算有位心爱的人作伴了，大家都为我高兴。最后我二人与来宾分别合影留念。我们非常幸福地度过了这个人生大喜日子。

过了两天，我与学华到玉霞的墓地扫墓，祭奠并告知亡妻。学华亲自选购了鲜花摆放到墓前，焚香祭拜，鞠躬行礼。我想如果玉霞在天有灵，一定会赞同这桩婚姻的，她最挂念的就是我，如今有学华这样一位心地善良的女子来照顾我的余生，相信她也会放心了。

二 移居加国的生活

移民加拿大 婚后，我的生活有了全新的变化。学华不仅带给我年轻人的蓬勃朝气，还从家里到外面、从穿衣到吃饭、从头上到脚下……给了我无微不至的关心和照顾。原来生活是这样美好，这种感受我从未有过。我觉得自己有了希望，还不会死，我要好好活下去，要多陪学华几十年。感谢上天的再次眷顾，让我娶了这样一位美丽善良、聪明可爱的妻子。

由于种种原因，我决定退休，与学华移民加拿大安度晚年。

我在香港生活了40多年，对香港感情深厚，很不愿离开，但通过去各国旅游考察，认为加拿大温哥华最适宜退休养老。那里人口少，绿化面积大，到处是树木花草，空气清新，可称得上是世外桃源。再说小儿绍九一家及学华的女儿菲菲、妹妹学聪都在加拿大，那里还有一些早已移民定居的老朋友，在那里有亲朋好友来往不会觉得孤单。考虑再三，我们最终选择定居温哥华。

香港以及内地各公司都是我几十年辛苦操劳，一手创办的，没有人可以替代我的地位和声誉。移民加拿大需要申报海外资产，并需要就海外资产所得每年申报所得税，若有瞒报，后果很严重，轻则罚款，重则检控入狱，因此，在移民加拿大之际，我推掉了董事长之职，只在香港皮草厂保留了2%的股份以为纪念。我将我的股份和股权都送给了大儿子，因为他对公司的贡献最多，功劳最大，最能干，最值得我信任，交给他我也最放心。大部分家产连同玉霞名下的股份和遗产也都给三个儿女分清，我只留下足够我们两个人生活的费用。

1996年末，我办理了退休手续，随即叫小儿绍九以家庭团圆为由，为我们申请移民加国。申请移民需要资金，我先汇给他30万加元。不到3个月申请被批准，限我们6个月之内入境报到。我和学华都非常高兴，希望早日起程，去开始我们的新生活。

1997年初，我们夫妇二人飞到温哥华。到移民局报到，办妥了移民手续，在小儿家中暂住几日后，就搬到市中心的一家小酒店住下。我们决定尽快买一套房子，于是找了一位地产经纪胡太太带着，天天到处看房。我觉得在香港辛辛苦苦奋斗了几十年，应该选一处理想的住宅，可看了十多天，眼都看花了，也没有相中的——有的太大，有的太小，有的太贵，有的有游泳池……都不合适。

这天我们又看了几处，不觉已是下午5点多了，还是没有中意的，心烦又累不想再看了。胡太太说："还有一处约好了，在等您看呢。"于是我们只好耐着性子跟她去，结果到了那里一看非常满意。

在加拿大温哥华合影(1997)

这是一栋带花园的三层楼房，位于温哥华西区的半山上——温哥华市最好的住宅区，海拔数百米，不高不低很适宜。这套住宅占地面积1.3万方尺，建筑面积5700方尺，外型大方，楼内格局通畅方正，光线充足明亮。一层是大客厅、小书房、家庭厅、餐厅、厨房，二层有两间睡房、两间写字间，地下一层有两房两厅，可通花园草坪。它的南面有无敌海景英吉利海峡，从这里也可观看温哥华市全貌。

此房是3年新楼，室内装修得很好，一切都完好如新。因为业主要回香港发展生意，所以连屋内的新家具一起出售，开价125万加元。经协商，我们117万成交，当即签了协议，3天后就去律师楼办了交接手续。总算买到一处心仪的住宅，我和学华都非常高兴。

买妥住宅以后，我们拜托学聪妹由多伦多市飞过来帮忙照看新家。学聪妹来加国五六年了，很有艺术眼光，喜欢室内设计装潢，我们就请她代为打理一切。我们飞回香港，请运输公司将家中主要家具、服装等重要物品打包装箱，经海运发往温哥华（20多天便可到达）。然后，我们又飞回温哥华，这时学聪妹也将房

画家为我们的房子画的油画

子布置得差不多了。等货柜到家后，我们拆箱摆放家具，又忙碌了好多天。

新家布置好，因准备参加香港回归仪式，我们于五月又返回香港，仍住在碧华花园大厦。这套房子是1980年买的，花了145万港元，十几年时间香港的楼价疯涨，香港回归前，有人出价2千万港元要买，我没舍得卖。这个天价可以买到温哥华新家的两个半楼，香港的楼价实在太高了。现在碧华花园的房子给小儿绍九了。

晴天看到温哥华市全貌

窗外晨雾缭绕，犹如海市蜃楼奇观。

温哥华印象　温哥华位于加拿大不列颠哥伦比亚省南端，三面环山，一面傍海，是一座美丽的城市。她虽处于和中国黑龙江省相近的高纬度，但南面受太平洋季风和暖流影响，东北部有纵贯北美大陆的落基山脉作屏障，终年气候温润，空气清新，环境宜人。她多次被评选为全球最宜居城市，是加拿大著名的旅游胜地。退休的老年人能在此地安享晚年，可算是有福之人了。

我家门前鲜花盛开

温哥华绿化程度很高，几乎家家户户的住宅都有花园草坪。这里有30多种樱花，遍布整个城区，空地上、街道边随处可见，四五月开花时节最好看，可以和日本的樱花节媲美。樱花的花期很短，仅有一两个月的光景，不免让人心生一丝好花不长开的惋惜。当夏天快要到来的时候，樱花就开始谢了，这时漫步街头，飘落的花瓣轻轻掠过脸颊，那淡淡的芳香，那柔曼的舞姿，常常令人流连忘返。落英铺满的街道如同一条粉红色的地毯，那样的鲜艳、松软、壮观，让人不忍心去踩踏。我们每天开车盘旋上下山，一路上四季应时的鲜花、深红浅红的枫叶、深绿浅绿的松树……花草树木大概有几十种之多，连绵不尽，令人赏心悦目。在这里生活一定会有利健康，一定会延年益寿的。

温哥华的夏天气温不太高，6月至8月的日间温度一般在20℃左右，中午最高只有25—28℃，日落后就清凉许多，我住在半山区更凉爽，夏天也要盖薄棉被。冬天有点潮湿，但仍然温和，气温最低的时候只有零下三五度，因为室内有暖气，所以也十分舒适。这里不像加国东部的多伦多和蒙特利尔等城市那样：冬天特别寒冷，温度在零下20℃上下。

温哥华凭借得天独厚的地理环境条件，吸引着世界各地的人们来旅游或移民定居。温哥华总人口约300万，真正原居民仅占一成，其他都是来自世界各地的移民。虽然种族不同，肤色不同，语言不同，但大家都能和谐相处。

温哥华的中国移民非常多，在任何一个公共场所，你都能看到中国人的身影。以前香港、台湾的移民居多，后来大陆的新移民越来越多，随处都能听到讲国语的。以前很多华人商店、饭馆、咖啡屋都是老移民开的，他们说粤语，现在有很多新移民开的店。在Richmond有几家华人开的中国食品超市，商品都是从大陆运来的，货架上琳琅满目，几乎任何大陆的食品——哪怕是王致和臭豆腐、韭菜花这样稀有的特产，都能在那里买到。温哥华的华人占到总人口的15%—20%，我想如果没有华人在此经商投资，这个城市也许不会这么繁荣兴旺吧。

温哥华大部分地方给人感觉冷清，虽然居住区里的花园洋房一栋连着一栋，但是住的人太少，又都在车房内上了车出门，很少见路人经过，即使在商业区，也没有香港、北京人气旺，香港、北京的大街上、商店里到处都是人。在这里，人与人的交往不多，而且华人的朋友多半还是华人。邻居住在一起，通常只是见了面打个招呼，亲友们、同乡们也很少聚会，都各自过着节约而清淡的生活。如果你喜欢热闹，那么温哥华就不是一个最好的选择。

有人夸张地说，加拿大是"万税之国"，这并非无稽之谈。加国确实是目前世界上税负最重的国家之一，平均居民收入的

40%要用于纳税，而且收入越高缴税越多，最高可达75%，一般也要35%—50%。加国也是一个高福利国家，它拥有完善的社会保障体系、医疗保障体系及教育培训体系，而这一切的经济基础就是税收。加国用高税收高福利政策来限制富人，补助穷人，使国人平等得到关怀，促进了社会稳定和经济平稳发展。但是，这也导致了另一种现象：有的人认为赚得多交税更多，便不肯多赚钱，情愿少做，甚至买一杯咖啡可以在街边咖啡店里坐上几个小时消磨时光——这种观念与中国人大不相同。也许与此有关，温哥华的商业并不景气。

在我们来之前，我香港皮草厂有一位师傅移民温哥华。他一看在这里做一件貂皮大衣能挣1200加元，而在香港只有1200港元，比香港多5倍多，于是便让他的两位兄弟在冬季来到加拿大，帮忙给皮货店加工做皮大衣。来加国旅游、探亲的人打工挣钱是违法的，年底皮货店老板报税时就只报了他一个人的名字，结果政府竟征收了75%的税。向政府求情也无效，两个兄弟白跑一趟也没有赚到钱，都交税了。这里发财机会不多，要想发财还是在我们中国做生意好。

我夫妇二人移居温哥华安享晚年，衣食无忧，我从没想过在这里投资经商，即使在这里经商，干老本行也根本行不通。温哥华市区只有两家皮草老店，每逢皮草生意旺季，就有十多个动物保护协会的成员，举着抗议的大牌子，在店铺门口大喊大叫，反对经销和穿着皮草，影响你的生意。移民时，学华带来的皮草衣服，每年冬天只能穿剪毛短衣，长大衣太显眼多年没穿过，也没有机会穿，因为平时人们穿着很随便，都不穿皮草，自己也就不好意思穿了。

居家的生活　再婚以来，我虽然精神尚佳，但是体力已在年年减退，幸好有太太学华精心照顾饮食起居，注意调理保养身体，这些年没生什么大病，生活得很快乐。

刚移民加国时，每天没事做，朋友又少，且都是老年人，极少联络，总觉得不习惯。或许新移民都有同样的感受，很多在香港回归前移民海外的年轻商人不甘寂寞，又陆续返港重振事业，而我们这些老人就留下来了，慢慢适应这种清淡宁静的生活。我曾想组织成立河北省同乡会，但毕竟年纪大了，力不从心，另外这里的河北人太少，又放弃了。这里的山东人多，又团结，成功组成了B.C.省山东同乡会。山东同乡会成立时邀请我参加，我捐了3千加元，资助同乡会买房子做办公会址。我上了岁数，又常出外旅游，很少去参加活动。

我很念旧，爱联系朋友，定居加国后，才真真切切地感受到那种“独在异乡为异客，每逢佳节倍思亲”的滋味。我很想邀请家乡领导、亲朋好友来加拿大玩玩，但是距离太远，开支太大，手续繁琐，无力实现。从1997年至今，我和学华每年都要寄200多张贺年卡给世界各地的亲人，传达我们的祝福和思念。写200

每年收到的贺卡挂满墙

多张贺卡是一项大工程，我们一般在十月份就开始做准备——选照片，印邮票，印贺卡，写信签名，打印地址标签，写信封，贴邮票……这是我夫妇二人最开心的工作。同样，我们也会收到来自世界各地亲朋好友的贺年卡和问候。当我面对挂满一面墙的贺卡，会油然而生一种“海内存知己，天涯若比邻”的温情。人生在世，有朋友往来，彼此惦记，是最难得、最快乐的事情。

学华把我们的家收拾得干净整洁。室内地上满铺奶白色地毯，至今已有10多年了，没有一点脏，没有一点陈旧样，楼上楼下都是一尘不染。拥有这样优美舒适的居住环境，我常常会情不自禁地唱起来：“我的家真可爱，美丽清洁又宽畅……”也常常会情不自禁地感叹：我孙连义，一个乡下人竟有今天这神仙一样的幸福生活，不枉此生也！

我家前后都有大花园，我们雇有越南人花匠夫妇二人管理，每月定期清理两次，修剪草坪和小花树。夏季，我们也去挑选喜

我们每年都会用自己的照片作贺卡寄给亲人

欢的各色花草，自己栽种，并添置了各种工具及其它用品，花剪、铲子、锯子、手套、肥料、药水等等一应俱全。

一次，我扛起大卷的水管给草坪淋水。手握不住，龙头松脱，满地乱滚，水柱直喷得我浑身上下湿透。我一时不知所措，大叫："Helen！ Helen！"她在露台上看到我被浇得像落汤鸡似的，飞奔下来关掉水喉，让我赶快洗澡换衣去了。这种快乐的经历在香港是不会有的。

我在采摘自己种的葡萄

每年的7、8月，在灿烂的阳光下，我们的花园里鲜花盛开，果实累累，樱桃、杏子、葡萄挂满枝头。我会亲自采摘，享受这丰收的喜悦。有时小松鼠、浣熊等小动物，还有大黑熊一家三口，也会前来光顾，分享果实。

这年，我种的葡萄又丰收了，足有四五十磅。上年送给邻居做了葡萄酒，今年说送给花匠，结果他告诉我：葡萄没有了。原来，他剪草时看见大黑熊来了，它径自走上二楼坐在葡萄架上大吃一餐，几十磅葡萄一会儿工夫全部落肚，葡萄藤架被它偌大的身躯压出一个圆圆的大坑。而此时，我正在房间里看世界杯，花匠吓得不敢出声叫我出来。我们去警察局报告，有位警察接待了我。他问："它伤到你了吗？"我说："没有。"他说："OK，你要生活，它也要生活的，你不可以伤害它，否则你将会被检控。"他只给了一本保护动物的宣传单，让回家去阅读。我心中真有些不平衡：如果真被它伤到，岂不晚矣？

还有一次，我们油漆车房地板，就将垃圾桶放在门外了。下午回家时，看到桶内垃圾不见了，很紧张，到处寻找。邻居说：不知大黑熊拖了谁家一包垃圾到他家后花园内找东西吃。这时我们才知道原来是大黑熊来过了。

小浣熊来我家吃樱桃

大黑熊多次来访，在树上吃水果(2009)

此后，我们与大黑熊多次失之交臂，深感遗憾。这天下午，郑师傅正在修理前天被大黑熊撞倒的花园玻璃墙，突然看见熊就在他前面树下休息，他吓得魂飞魄散，撒腿就跑，边跑边喊："有熊！有熊！"大黑熊闻声起身，爬上苹果树四下张望。我们三人站在露台上与熊"隔岸"相望，当与它的眼睛对视时，还真有些不寒而栗。这次有幸相遇，决不会放过机会，我们举起照相机，拍下了它那憨态可掬的熊姿。大黑熊"偶尔露峥嵘"，我们终于见到了它的庐山真面目。

我和学华每周开车去采购肉菜米面等食物，这也是我们生活的一部分。学华的厨艺很好，很会做菜，有的菜做得比饭店的口味还好。学华小的时候，家中的厨师和管家王爷爷厨艺一流，父亲在京城又有美食家之称，她天天跟随父亲，吃过见过听过，大受熏陶。她凡事认真研究，各种名菜都能说出出处来。她现在有时还看有关营养饮食的书，有时上网百度一下做菜的资料。

平时在家吃饭，我们两个人两菜一汤。饭前，她洗菜洗米烧菜最少要俩小时，菜肉切丝切块一致，长短大小一样，要荤素搭配，颜色漂亮，色香味俱全，可谓一丝不苟。饭后，她洗刷锅碗，清洁灶具，差不多又要俩小时，厨房里总是那么干净整洁。偶尔我也帮帮忙，包饺子我很拿手，她夸奖我包得很秀气。

我是最受惠最有口福的人，可惜我不是一个会品尝会欣赏的丈夫。我吃饭特快，通常一个菜炒好了，我3、5分钟就吃完了，等第二个菜端上来，我已经差不多饱了，顶多再尝一口。学华为此很无奈，常提醒我吃饭要慢，细嚼慢咽有利吸收有利健康。我有心改进，就与她同时动筷子，尽量放慢速度，她吃饭是细嚼慢咽，我是狼吞虎咽，顶多10多分钟就吃饱了，还是比她快。我对她说："我都吃了70多年饭了，再慢，我就嚼到舌头了。"有趣的是，现在我吃饭没怎么慢下来，反而是她为了迁就我也吃得快了。饭没好好嚼就吞下去，米粒横七竖八地扎在胃里，搞得她常常胃痛，消化不良。

后来，我们中午多数下山去饮茶或吃快餐。在美国和加拿大，数温哥华的中餐馆最多，做的中国菜最好吃，鲁川苏浙粤等各种风味都有。在餐馆叫一个菜不好意思，叫两个菜就会剩下一半，学华每次都要打包带回家晚上再吃，从不浪费。如果要两个菜一般是50元，当然像鱼翅这类的高级菜就贵了，要150—200元。我们来温哥华后都对硬壳海鲜过敏，可吃的东西种类很少，每餐以鱼菜豆类为主，较为清淡。我主张一餐在餐馆吃，这样花费也不多，又可免除学华费时费力煮饭的辛苦，何乐而不为？只是每次下山去吃中国餐，来回最少要开车25里，远一点要五六十里。

有时我和学华约几位好朋友在一起饮茶聊天，吃个便饭。那里的朋友吃饭习惯AA制（即饭钱按人头分摊自付），我起初不理解，认为既然是朋友就不应如此小气。刚到加国时，有一次大家聚餐实行AA制，我非常认真，一定要请客买单，结果与朋友翻了脸，气得住了医院。后来慢慢适应了，觉得这样也不错，不然的话吃了人家的饭，还得记着回请，人家请客吃什么规格的菜，你下次回请也要点什么规格的菜。AA制很好，谁也不欠谁的情，谁也不用记挂着。饮茶吃饭是朋友见面聚会的常态，还是入乡随俗吧。

在Crystal邮轮上合影(2008)

学华虽然出身名门，但是过日子却很节俭，不该花的钱，从不乱花。我们下午经常去市中心逛街散步，她爱去服装店，但很多时候并不买衣服，而是去看看时兴的新款式。她有架缝纫机，平时常常拿出旧衣服来修改，把大尺寸的改小，小的放大，老款式的加上个花边或珠片，旧衣服就变成流行的样子，又可以穿了。在加拿大，裤脚改短要20

元加币，改袖子或其它的更贵，我们的新裤子改短，还有洗衣烫衫等等，都是她自己做，还真省下不少钱呢。

她很注重仪态着装，凡出席重要会议、宴会等大场合，也会买些高档衣服。当然，她首先会把我打扮得很得体，穿哪套西装、哪件衬衫、哪双皮鞋，配什么颜色的领带、袜子、手绢等等，每一细节都会安排周到，决不会失礼主办人家。

学华得到父亲的真传，张派唱功很正宗，自1988年由内地来到香港，就极少登台唱戏了。在温哥华家里，她常常播放父亲的戏曲录像录音，偶尔也唱上几段，因此，我能荣幸地欣赏到她专为我一人演唱的张派名剧名段，大饱耳福。有时在家里或在车上我也唱段京戏，如《洪洋洞》的“为国家…”、《赵氏孤儿》的“我魏绛…”、《甘露寺》、《借东风》等选段，唱得没板没眼，只为开心随意唱，跟太太唱的有天壤之别。有一次，她说我真有本事，唱着唱着京剧竟然串到评剧去了。我还从没听到有喊倒好的，倒是太太有时为我捧场叫一声：“好！再来一段！”她总是鼓励我学唱，一句一句地教我，不厌其烦。她说唱戏是为了练气，练记忆，有利身体健康。

我在北京票房唱《洪羊洞》选段

我平常在室内也种点小盆景花草，由于没经验，买了书又不细看，浇水太多，施肥太多，喷药太多，日晒太多，总养不好。

学华说：“这些鲜花都被你爱死了。”这些花草太娇气，很难侍弄，我真不知怎么办才好。后来，我就只养皮实好活的大绿叶的棕树，养了6大盆。

除了养花树，初来温哥华的时候，我还找朋友玩玩麻将。学华不会打牌，就坐在一旁陪我。每次开车来回要两个多小时路程，一玩就会很晚，天黑开车回家不安全，后来我学会在电脑上玩麻将，就不再出去了。

来温哥华后，我开始练写毛笔字。太太专门给我安排了一间小书房，小书房布置得幽静雅致：墙上挂着多幅名人字画，中式柚木桌椅配红缎椅垫，桌面铺着米字格毛毡，肇庆大端砚、好宣纸、好毛笔、柚木笔架、铜镇尺，文房四宝，样样俱全，落地台灯照明，望窗外满是花草树木，非常养眼。我们选了颜体、赵体、柳体等多种字帖和诗词，那时我每天可写两个多小时，边写字边诵读诗词。学华经常鼓励我说：进步不小，持之以恒，必有收获。她还说：“写字全神贯注，毫无杂念，养心逸情，可以延年益寿。”

温哥华几乎没有风沙天气，夏天常常是蓝天白云，一尘不染，如果外出，你一定要戴上太阳镜，因为阳光太耀眼。即使是阳光灿烂的日子，也不太热，中午最高气温超不过30℃，如走到树荫下会立刻感觉很凉爽。很多人喜欢到海边游泳，可是我们不会，没福享受，我们经常在黄昏时分开车下山到海边散步。

12月中旬这里就开始下雪，有时第二年3月还会再来一场，每年下五六次，一般下4—5寸厚，最厚时能达到15寸。下雪时，远近一片银白色的世界，如诗如画，清新纯净的空气，让你情不

雪后在家门前留影(2002)

自禁地深呼吸。这时市政工人就忙碌了，他们往往从夜里开始撒盐铲雪清理主要大道，而内街当然要各家“自扫门前雪”，否则车开不出去。为铲除自车房门口到大道这段路上的积雪，我们还专门准备了大雪铲、大雪靴和一台小推雪机。

曾协办2010年温哥华冬季奥运会的世界知名冬季滑雪胜地惠斯勒（Whistler），距我家只有2小时车程。这里的滑雪场很大，山景秀丽，英国王子查里斯和戴安娜一家人常来滑雪。我们曾多次开车去玩，有一次过圣诞还住

在滑雪圣地惠斯勒雪山留影(2002)

了两天度假。这里白天山下很暖，坐缆车上山后就是冰天雪地，十分寒冷，要穿上预先准备好的羽绒衣，戴上帽子手套。可惜我和学华都不会滑雪，只好借用人家的雪靴雪板做道具，摆摆样子拍照留念了。

学华非常尊敬我，关心我，疼爱我。她像对父辈一样把我服侍得十分周到，事事以我为先。她把我的衣食住行安排得井井有条，生活上的事从不需要我操心。她不放心我一个人出门，无论走到哪，都陪伴搀扶着我，像是我的活拐棍儿，有她在身边，我也觉得安心。我们结婚10多年，一天都没分开过，她始终陪伴在我身边。

我几乎每年都要回家乡一两次，每次学华都高兴地伴我前往。她是一个从小生长在大城市的名门闺秀，到了我们家乡那个土窝窝，从来没有抱怨过穷、嫌弃过脏。她没有名门之后的娇骄二气，对父老乡亲非常和善，非常亲切。每次回乡我就特别激动，她总会特别嘱咐我尽量少喝酒。不管日程安排有多紧，她也不会忘记给我按时服用保健药。她常提醒我要爱国爱乡，要助人为乐，要与人为善，尽量为社会多做点好事。我们志趣相投，常常不谋而合。如果我对家乡有什么捐献的想法，她总是积极支持并出谋划策，成就我这一生的愿望。

在迟暮之年，上天又给我送来一位出得厅堂入得厨房、明事理顾大体、美丽善良的好太太，使我的晚年充满了幸福和欢乐，我自感真是一个有福气的人，我的老运真好！自1995年结婚至今，我们已携手走过17个年头，事实证明我没有选错人。感谢天主降福于我，祈求天主保佑我和学华再相爱10几年，让我二人在温哥华好好享受这最充实、最安乐的生活。

我二人参加菲菲大学毕业典礼(2000)

菲菲 学华的女儿菲菲，1995年由香港来到多伦多念高中，住在她姨妈学聪家中，1997年以优异成绩考入坐落于温哥华的加拿大著名高等学府U.B.C.大学，就搬到了我们的新家。我们一家三口，其乐融融，生活美满。

菲菲像她妈妈一样，既漂亮又聪明能干，给我们在国外的生活带来很大帮助和方便。她教我们学会电脑上网，打E-mail，玩游戏，用USB，用GPS，用iPod等等，不断更新升级我们的电脑设备，使之从不落后于时代。她经常介绍外面发生的各种事情，使我们很快了解并融入加拿大社会。

学华对她教育很严格，也很传统。她十分孝顺，她会说“我负责二老的‘三节两寿’”。其实何止“三节两寿”啊，除了圣诞、元旦、春节和我们俩的生日外，还有母亲节、父亲节、结婚纪念日、中秋节等等，这10几年来，她都是为我们精心准备礼物，请我们共进晚餐，即便我们身在北京、香港或乘坐邮轮在茫茫大海上，也会收到她经由网上定购的鲜花、蛋糕和红酒，在千里万里之外带给我们意外的惊喜，为我们庆贺和祝福。多年来，菲菲给了我们很多的欢乐和照顾，我们之间建立了很深的感情。

有一年，3月初我们深夜两三点抵达温哥华机场，怎知外面正下着多年罕见的大雪。鹅毛般的雪片纷纷扬扬，铺天盖地。车

站里许多焦急等车的旅客望眼欲穿，却不见一辆出租车的踪影。没办法，我们只能给菲菲打电话先报个平安，并做好在机场过寒夜的准备。岂料菲菲人小胆大，竟然冒着漫天大雪自己开车下山“滑”到机场来接我们，原本30几分钟的路她用了1个多小时。突然见到菲菲，我们真是喜出望外，感动得热泪盈眶。在所有人羡慕的目光中，我们上了车，开始了艰难的回家之路。

车慢慢爬行，好容易快到家了，却不料在上山的第二个拐弯处趴下了——轮胎陷进了厚厚的积雪，车怎么发动也开不上来。我们三人不顾寒冷，下来又铲雪又推车，使尽浑身解数都无济于事。真是天无绝人之路，就在我们绝望之时，正好有一辆铲雪车开来，我像见到救星一样上前求助。那是一位黑人司机，他帮助我们铲除积雪在前面开道，我们终于在天亮之前回到了温暖的家。

有时雪后我们三人在屋后露台上堆大雪人玩，用红萝卜作鼻子，用香蕉作嘴巴，用土豆做眼睛，十分有趣。我像个老顽童，累得满头大汗，却玩得非常开心，仿佛自己一下年轻了几十岁。

菲菲大学毕业后就职于温哥华一家大银行，做得很好。2005年，她嫁得如意郎君——华人Jack黄。他很诚实，很有才干，在一家美国医药器械公司任高职。Jack一家在加国生活已经三代，他不会华语，可以说是土生土长的加国人了。

有时雪后我们三人一起搭雪人

菲菲婚后离开我们

菲菲与Jack结婚照(2005.8)

过二人世界去了。他们的住所离我们有45分钟车程。我们和他们通常每星期都相约见面，饮茶聊天。遇有要事需要帮助，一个电话——哪怕是晚上他们都会飞车过来，他们知道我是急性子，比如说电脑上不了网，我要求第一时间修好，刻不容缓。

Jack 和菲菲是拥有美好事业和幸福生活的一对好青年。对女儿菲菲的婚姻，我和学华都感到非常称心如意，我真诚地祝福他们。

我第一次染发后参加圣诞夜晚会(1998)

“黑发青年” 有一年，在圣诞节即将到来之际，学华的好友邓太太邀请我们夫妇参加圣诞夜的舞会和聚餐。在圣诞节前两天，邓太太建议我将头发染一染。她说：“染发后，你会变得既好看又显年轻，与太太也相配。用日本美源染发膏，十几分钟就能染好，很方便。”她言之有理，我没加思索就同意了。第二天买来染发膏，学华给我染发。染好后一照镜子，哇！我的确年轻了许多，精神了许多，我们都非常高兴。这次圣诞晚会有100多位贵宾，很热闹。我和学华都不会跳舞，只能坐着看大家跳，感受圣诞夜的欢乐气氛。

过了半个月，看到自己的黑发上又生长出一段白发，又过了一周，白发更长了，上面黑，下面白，很明显，不顺眼。想洗掉黑色，费了半天力气也洗不掉，没办法，只好劳烦学华再染。从此以后，每月都要染一次。如果到理发店去染，每次要80加元，很贵，在家太太给染不用付钱，一边染一边看电视，很自在。

有一次，我和学华回香港，说好了绍曾来接机。在机场出口，出来的旅客多，迎接的人也多，我们推着行李车走到大厅也没见到他。等了半个小时还不见人，我就打电话给绍曾，原来他夫妇二人一直在出口找我。他们只注意穿西装的白发老人了，而那天我身着便装——红蓝色格子衬衫灯芯绒裤，脚穿球鞋，又染了发，猛一看好像一位黑发青年，他们竟没认出我来。

乌龙笑话 移居加国以来，我和学华大部分时间在温哥华过着悠闲清静的生活，有时真有点“山中无甲子，寒尽不知年”那样的感觉了。

一天早晨，我7点起床，8点就把垃圾桶拉到屋外。平时邻居都是逢周一将垃圾桶放到外面，等垃圾车来收取。等到9点，车还没来，邻居也没有将垃圾桶拉出来，我很纳闷：没错啊，今天是周一啊。学华猜测可能是假期，邻居还在睡懒觉，垃圾车休息了。于是我们决定先外出购物，回来时再顺便到区管理处问一下，为什么今天没有来收垃圾。

女儿菲菲在温哥华中区工作，我们想中午赶到那里和她共进午餐，就在车上先给她打了个电话。本以为这个时间，她正在写字楼办公，没想到她还在家中。她说，今天是周日，不上班。我们这才恍然大悟，不禁大笑。我们整天无忧无虑，过得太悠闲，都不知道是哪一天了。

老了，记性差了，就常常会闹出一些乌龙笑话来。

有一次，中国驻温哥华总领馆的副总领事崔惠欣先生来我家聊天。他是我老乡，河北安国人。他说，北京外交部来了一位好友，明晚请好友吃饭，邀我同去。可巧我明晚有事不能参加，感到很遗憾，他告辞的时候，我就顺手从家中拿了一瓶加拿大冰酒送给他，请他和朋友一起品尝。

冰酒是利用在葡萄树上自然冰冻的葡萄酿造的葡萄酒，是酒中极品。真正的冰酒只有在德国、奥地利和加拿大才有生产，加拿大安大略省的尼亚加拉地区是目前世界上最著名的冰酒产区。此前的一年，我到安大略省看大瀑布，在参观葡萄酒厂时，买了一箱冰酒，一共6瓶。平时我喝了两三瓶，因为酒瓶上的风景画很精美，所以舍不得丢掉，喝完后，我又原装封好，放入酒箱中。

到了第二天晚上8点，崔副总领事忽然打来电话。他说："老孙，您买的酒有问题啊，瓶内怎么没酒啊？"我一听恍然大悟，匆忙之中我拿了一个自己收藏的酒瓶给了他，真是太大意了。我在电话里一再道歉，然后立即驱车把一瓶确认原装的冰酒送到他的住所，这时已是晚上11点。即使这样，我还是心感不安，一晚上也没睡好。

还有一次，有位北京的朋友来温哥华，送给我一盒精装的王致和臭豆腐。盒子约1尺见方，5寸厚，内有黄绸衬里，中间是一个黄瓷罐，好似宫廷的宝盒，格外精致。王致和臭豆腐历史悠久，是北京特殊风味中的名品，闻起来臭，吃起来香。即使把瓷罐的盖子盖好，也会散发出微微臭味，学华不让放在屋内，我就把它放在车房了。过了不久，有朋友告诉我：在网上查到，臭豆腐不能吃，有害健康。于是我狠了狠心，将这罐珍品扔进了垃圾桶，因为盒子很精美，就一直保留着，仍然放在车房里。

几个月后，与一位北京好友聊起王致和臭豆腐。他告诉我：臭豆腐臭中有奇香，它含有丰富的人体必需的氨基酸，有极高的营养价值，还有和脾胃、消胀痛、清热散血等很多药用价值。我说，我有一罐高级的王致和臭豆腐，你喜欢吃明天送给你吧。第二天，我和学华准备将臭豆腐给朋友送去，这次我学乖了，上车前先打开盒子看一看，也想再闻一下那种让人纠结的气味。开盒一看，空空如也，这才想起臭豆腐罐早被我丢掉了。太太大笑说：“还好，我们没把空盒送给人家。”

我“创造”的许多乌龙笑话，就像一味佐料，给我们的生活平添了几分乐趣。

三 周游世界

迷人的拉斯维加斯 1998年圣诞节假期，我和学华去世界著名赌城——拉斯维加斯（Las Vegas）旅游。

拉斯维加斯位于美国的内华达州，这里原是一片大沙漠，热气灼人，草木稀疏，没有什么自然资源和地理优势，州政府财政拮据，入不敷出。为了渡过经济难关，州议会通过了赌博合法化的议案，没想到赌博业很快使这个沙漠小镇财源滚滚，迅速崛起，成为世界一大赌城。

赌城的标志建筑赌场酒店，一座比一座豪华气派，一座比一座奇特怪异。我们住过许多赌场酒店，如MGM Hotel、WYNN Hotel、Bellagio Hotel、Caesar's Palace、Monte Carlo Hotel等等。酒店下面都是大赌场，吃喝玩乐以及购物尽在其中。

在拉斯维加斯留影(1999)

梦幻金殿大酒店（Mirage Hotel）是游客必到的游览之处。在金碧辉煌的饭店前，巨大的飞瀑流泉让人叹为观止，一座巨大的人造火山每隔15分钟便在流水之中喷发一次，喷吐熊熊火焰，发出轰轰巨响，随之热浪一阵阵袭来，场面浩大，令人震撼。大厅里有一片茂密的热带丛林，还有一面巨型的水族箱墙，里面养了许多热带鱼，呈现出一派热带风情。酒店中还饲养着两头珍贵的白老虎，隔着玻璃窗供游人赌客观赏。

威尼斯人酒店（Venetian Hotel）大得像个小城镇，里面纵横交错、四通八达的街道上有各种商店、餐馆、咖啡馆等等，走进去，你会看得眼花缭乱，几个小时也逛不完。如果稍不留意，你会觉得已经走出来了——蓝天白云忽然不见了，天阴沉沉的，一会儿电闪雷鸣，雨声哗哗（只闻雨声，不见雨下），一会儿云开雾散，碧空如洗，一会儿又变成夜幕降临、华灯初上的景象——仔细一看你就会明白这是个错觉，因为“天空”是人造的。这家酒店的人造天空惟妙惟肖，游客们都非常喜欢来这里游玩。

凯撒大酒店（Caesar's Palace）最具特色之处莫过于石雕机

器人表演了。在赌场后部大厅有一个直径约五米的圆形大喷水池——舞台，表演开始，激光音响营造出电闪雷鸣、风雨交加的神秘气氛，水池中慢慢浮出罗马式神殿建筑和一群石雕人像，石人为四位男女诸神，比真人要高，手持各种器物站立四周。喷水停了，烟雾缭绕，又一位石人升腾出水，巍然端坐在中央宝座上，它便是传说中的海神王。忽然，它头动，眼动，嘴动，开始说话了，周围的诸神也站起来应答，它们有说有唱，并随之变换着姿势，栩栩如生。表演持续了约半个小时，石人不动了，然后都慢慢沉入水中。它们表演的是一个古希腊神话传说。这种新颖的表演形式令游客纷纷驻足围观，完全沉浸在故事的情景之中。

像这样的酒店还有几十家，而且它们大都有通道相连，拉斯维加斯简直是由酒店组成的。

多数大酒店常年都有大型演出，尤其是圣诞节，来自世界各地的著名演员、歌星或艺术团体更是纷纷前来献艺，游客们也会从四面八方赶来捧场看热闹。我们不会赌，每次到此必看新节目。那种大场面、大制作，让人大开眼界，大饱眼福。

与白老虎表演者雕像合影照

Siegfried & Roy两兄弟长期在这里的大剧场表演驯白老虎的大型节目。他们魔术般地指挥狮子、老虎、大象等巨兽轮番登场，配合机关布景、烟雾声光效果，使节目精彩纷呈，令人目不暇接。有一次，他们“上演”了最为惊险的一幕：由Roy一手驯养的白老虎，不知是误会了主人的意思，还是兽性发作，突然咬住了Roy的喉咙，观众都以为这是表演的情节，大声喝彩，岂料Roy伤重不支倒地。Roy意外遭受重伤，从此两兄弟永久告别了舞台，人们再也看不到他们精彩绝伦的演出了，无不为之惋惜万分。

酒店一般都有赌场、秀场、餐厅、游乐场等各种休闲设施。中、美、法、意、日等各式餐厅应有尽有，厨师都是一流的，普通食物并不太贵。多数人选择吃自助餐，简单快捷，各取所需，每人20—50美元不等。我们则大多选择各酒店的中餐馆吃晚餐。

赌客们大多白天在酒店内睡觉，晚上出来玩和赌，所以这里白天很清静，一到晚上就沸腾起来。夜幕下的赌城是灯光的海洋，光怪陆离的霓虹灯发出耀眼的光芒，像珍珠、像玛瑙、像繁星、像瀑布，流金溢彩，如梦如幻，美不胜收。

酒店门口都有服务生帮客人叫出租车，开车门，客人则会给他们小费，最少的1美元，多的5美元、10美元不等。他们每月的小费收入估计可达百万元，但这些收入要交公司高级管理员统一分派，据说他们的收入比高级经理都多。我不懂这里的规矩，第一次去时，手里正好没零钱，没给小费，服务生就不给开车门，我只好自己开车门上车。在国外是一定要给小费的，这表示你对服务人员的谢意，我们每次出国旅游前都要预先换好“散纸”——零钱，作为小费之用。

赌城值得一游，但切忌大赌。老虎机还可以玩一玩，一般1元一次。如幸运，或许能赢百万巨奖。赌城的老虎机随处可见，各酒店内都有几百台，连机场大厅也安放了不少，让游客一踏上赌城就能试试，赢点或输点。

1999年年假，我们到赌城游玩。有一天，我想玩玩老虎机试试手气如何。老虎机每拉一次投5美分、25美分、50美分或1美元，每次投1美元的是最普通的。我们把10美元换成40枚25美分的硬币，依次投入老虎机中。大约投了10次，老虎机的警钟突然响了，机头上的红灯闪个不停，我吓了一跳，以为把老虎机拉坏了。这时服务员过来说我中奖了，奖金是6500个25美分的硬币。略等了一会儿，服务员送来现钞1625美元，我和学华十分开心，给了服务员25美元小费。中午，我们去顶楼高级中餐厅吃饭，花了200多美元，一碗白米饭竟要5美元，太贵了！我们又小心地拿出200美元做开支，留下1千美元带回家，如果没有自制力再赌下去的话，一定会全输掉的。

我们离开赌场去逛街，逛商店。学华替我看中一件美国名牌黑羊皮短衣，皮革薄如绸缎，镶有红色光皮袖口和两面用活动领，后背也镶了一红色大褶，内衬里是七彩花绸，的确很美，但价钱也很贵，要1750美元。学华坚持要买给我，我只好同意。减去从赌场赢的钱，这件名贵皮夹克其实只花了几百美元。我穿上它人见人夸，物有所值，很划算。

拉斯维加斯真是太迷人了！在那里不仅可以玩转众多奢华无比的酒店赌场，还可以观赏令人震撼的自然风光。

2000年，在拉斯维加斯某酒店内，我们看到一本介绍旅游的书，对其中坐小飞机到附近著名的科罗拉多大峡谷观光一项产生了很大兴趣。科罗拉多大峡谷，是湍急的科罗拉多河历经数百万年冲刷、切割而形成的自然奇观。它全长近400公里，宽约20公里，平均深度1500米，总面积接近3千平方公里，只有从高空俯

我们乘坐小飞机观光科罗拉多大峡谷(1999)

瞰，才能完整地欣赏这条大地的裂缝，真正身临其境的人，只能从峡谷南缘或者北缘看到它的一部分。1999年，我们曾跟随旅游团到这里游览，当时只是站在峡谷边缘眺望大峡谷的风光，偶尔看到有几架小飞机在峡谷中飞行。这次我和学华决定也坐小飞机试游一次，亲身体会一下什么是刺激的感觉。

第二天午后，我们叫了辆出租车来到小机场。每人150美元，飞半小时，排队登机。每机只准坐五六人，每人都要过磅称重，签生死状，然后领取一张证书。不巧我们这一队有位美国人，是个大胖子，有300磅重，于是他一人坐前排，我和学华坐中排，后面还有一对外国老人。

大家坐稳，扣上安全带，检查完毕，飞机开始运行，驶向飞行道。刚刚起飞离地，飞机师说机油不够需要加油，于是又降落到加油站，加油后才正式起飞。

小飞机越飞越高，飞离地面有几百尺的时候，只听见机身底部和机身两侧的铝片被风吹得叭啦叭啦响。学华向下一望，见飞机底有裂缝，透过缝隙能看到地面的光亮，后来我们几个人也看到了，都吓得不敢出声，我心中默念求天主保佑平安。我和学华一只手相互拉住，另一只手紧紧抓住前椅后背，一动也不敢动，连呼吸都紧张了，真是提心吊胆，惊心动魄。在上空时，谁也不敢向外观望，不敢细看，更没胆拿照相机来拍照了。三十分钟好像三小时那么漫长，最后总算平安落地飞回来了。这真是一次惊险之旅。

回到温哥华家中，与好友谈起此事，他们说之前曾报道有坠机的意外事故发生，说我们是大命之人，胆子太大了。现在回想起来都觉得后怕，以后万万不能冒这样的险了。

新西兰的幸运之旅　2000年，我的孙女景霖（绍曾之长女）在澳洲雪梨大学毕业，我和学华由温哥华飞去雪梨祝贺，参加她的毕业典礼。她是我第一位大学毕业的孙女，我感到非常高兴和骄傲。毕业典礼后，我也戴上她的大学生毕业方形帽，拍了照片留作纪念。

这次澳洲之行，我们还看望了大儿媳的父母及她的7个兄弟姐妹，他们是非常和睦的一个大家庭。看望了我资助在雪梨念书的堂侄女孙婕(连信弟之女)、外甥张世欣(大姐之幼子)、外甥李学军(前妻妹玉满之长子)，他们都在澳半工半读。我们还去悉尼旅游，到了悉尼歌剧院和中国城等地，看了不少风景名胜，吃了很多美食海味，最难忘的是著名的游水清边鲍鱼。

一周后，我们从澳洲飞去新西兰的奥克兰，那里没有亲友，我们参加了当地的一个旅游团游览。

新西兰是太平洋西南部的一个岛国，人口400多万，草原极大，以畜牧业为主，养羊最多，其次为牛，据说人均养羊多达六只。奥克兰位于新西兰北岛的北部，是新西兰的最大城市，也是全国工业、商业和经济贸易中心。它南北长30多公里，四周大部分靠海，一半是内陆城镇，一半是海边城镇，拥有美丽的海滩和众多让人痴迷的小岛。全市有300多个花园，几乎是北京的3倍多。秀丽的风光和温暖湿润的气候，吸引着世界各地的游客。

在奥克兰，我们走进牧场，观看了剪羊毛表演。牧民用电剪刀不需几分钟就将一只大羊的毛剪得干干净净，非常专业熟练。我们还到牧民家里做客，喝下午茶，欣赏并购买他们手工制作的羊毛制品。这个地方人烟稀少，静寂寥廓，而那一望无际的绿色草原和在草原上缓缓飘移的一群群白羊，又让这里充满诗情画意，我想，生活在这里一定十分悠闲惬意。

我们还跟随旅游团坐长途巴士到另一大城市观光，坐了四小时才到达目的地。这里有两座山，山间有一过山桥，桥距海面有300尺，桥上有蹦极设备。勇敢的游客用粗大的松紧吊绳套牢双脚，纵身由桥上向下跳，坠落到接近水面时戛然而止，人便倒悬着随吊绳弹上弹下，自由摇摆，等完全停下来，就被慢慢地下放到在那里等候的小艇上返回陆上。蹦极真可谓有惊无险，只要有胆量就行，我想试一试，太太不准，只好听话。如果年轻点的话，我一定要尝试一下这种惊心动魄的极限运动。

我们走到海边，见有很多人排队坐喷气快艇（JET BOAT）。快艇如同大汽车胎一样，每艇坐8—10人。我也没问明情况，拉着学华就上了快艇。

我们穿上橙色救生衣，刚坐稳，快艇便像射出的箭似的离

在新西兰乘喷气快艇时留影(2000)

岸开出。它并不向大海远行，只在近岸水面行驶，越开越快，风驰电掣，忽然“嚓”的一声撇到岸边，扫过草木，猛烈摇晃，然后又快速旋转360度，疾驰而去。满船的乘客吓得一次次大声呼叫，学华紧紧地抱着我不放。

这时已是秋天，快艇上冷风嗖嗖。半小时后，快艇转向返回，逆风飞驰，冷风见缝儿就钻，真是透心儿凉。我感到非常难受，好在学华戴着新买的新西兰特产羊毛线帽和围巾，这时她干脆用围巾连帽子把整个头颈都包了起来，只露着两只眼睛。到最后人们都只是紧闭双眼，扣着腰缩成一团，任凭快艇跑得再快也喊不出声来了。来回整整1小时，险象环生，绝对刺激。

下了快艇，学华脸色苍白，没走几步，就跑到一个垃圾筒旁，大口大口地吐了起来，呛得满眼是泪。我只顾尽兴玩，没想到让太太如此受罪，感到很内疚，尝试过了，以后再也不坐快艇了。

两天后要返回奥克兰了，酒店人员介绍，坐长途巴士要4小时，乘坐直升机只需45分钟，还能在高空看雪山美景。于是我又向学华提议："咱没坐过直升机，坐一次吧？"她总是迁就我，不愿让我失望，就答应了。一架直升机只能乘坐4人，一对日本夫妇与我们同行，这位日本先生叫冈野孝司（Mr.Mitsuko Okano）。

第二天一早，我们与日本夫妇一行4人，离队直去小机场。到了机场一看，是架新直升机，就很放心地登机了。飞机拔地而起，感觉很稳，飞得也很快，半小时后，停落山顶。我们下机，站在高山之巅，只见层峦叠嶂的山峰覆盖着皑皑白雪，灰白色的山石和森林若隐若现，非常美丽壮观。我们拍照留念后登机，飞机在山顶上空盘旋了约10分钟，然后继续飞往奥克兰。我们一路平安，顺利到达原住的酒店。

次早用餐时，冈野孝司夫妇过来向我们祝贺，说我们都是有福之人，天主保佑了我们的性命。他拿着当天的英文报叫我看，该报以醒目的大字报道：昨日有直升机坠毁。失事的直升机正是在我们之后飞行的第二架班机，机上乘客一家4口全部罹难。这则消息把我们夫妇二人吓得心惊肉跳，连早点也吃不下了，想想非常后怕，又感到万分幸运。冈野孝司先生说："是您们保佑了我们的性命。"我也用同样的话回应了他。我们交换了名片，各自做了自我介绍，结为好友。

冈野孝司先生比我年轻一点，他夫妇二人都是画家，快要退休了，经常赴欧美各地旅游，观赏美景，取材作画。我们在新西兰握别后再没见过面，不过每年圣诞节都互寄贺卡，互致祝福。

第一次坐邮轮 邮轮，就像是一家流动的大酒店，能提供吃、住、行、玩等各种各样的服务，是游客在旅途中的家。乘世界著名豪华大邮轮出游是近年来最流行、最惬意的旅游方式。

第一次乘邮轮游阿拉斯加(1996.5)

乘邮轮旅游，短途一般7—14天，长途一般1—2个月，环游世界长达半年。即使短途，也能游览几个国家的风景名胜，每到一处可下船参加任何旅游路线，游览多个风景区，行李就放在邮轮上。如果乘坐飞机去旅游，一次只能到达一个城市，而且还要搬行李，找旅馆，非常麻烦。消费能力许可的，乘邮轮旅游是个极好的选择，轻松，自由，舒适。

乘邮轮旅游的大多是老年人，其中有不少退休商人，他们时间充裕，游览多少天也不用担心工作。年轻人乘邮轮旅游，多数是在假期。邮轮上的乘客美国人占多数，其次是欧洲人，亚洲人约占10%，其中华人仅占总人数的5%，一个国家或地区的富裕程度由此可见一斑。近年来，乘邮轮旅游较普遍了，喜见有越来越多的中国人加入了。

如果是14天游，外仓有阳台的房间每人船费5千至8千美元，内仓无窗的房间2千至3千美元，当然还有高级套房，房费就更高了，一般的工薪阶层，很难消费得起。

1996年5月，小儿绍九开设的新华旅行社，在山东同乡会中组织了一个33人的旅行团，乘邮轮赴美国阿拉斯加等城市七天游，我和学华也参加了这个旅行团。这是我们第一次坐邮轮。

我们在温哥华登船，乘坐的是太阳公主号（Sun Princess）。太阳公主号是美国公主邮轮船队成员之一，隶属全球最大邮轮集团——美国嘉年华邮轮集团公司。它有7万多吨，船身长260多米，宽30多米，高15层，好似一座大厦。它有上千个舱房，共可承载1950名乘客，仅船员就达900人。它船身雪白，给人高贵、纯洁的感觉。

在邮轮上，就如同在陆地生活一样，什么都不少，有免税

我在海边向邮轮上的游客挥旗致意(2005)

精品店，有各式餐厅，有剧院、表演厅、赌场等娱乐场所，有游泳池、健身房、球场等运动设施，可谓应有尽有。你还可以在环绕全船的甲板上一边漫步，一边欣赏日出日落。我们住的是带有阳台的外舱，能在私人空间中领略变幻莫测的海上风光。在邮轮上，每天的节目都安排得满满当当，丰富多彩，你绝不会觉得乏味难熬，在不知不觉中就到达了下一个目的地。

每年五月底，各国游客纷至沓来，温哥华开始进入乘邮轮观光的旺季。温哥华的登船码头在市中心，离我家很近，只有约20分钟的车程，我们站在自己家的阳台上，就可以看到每天都有不同公司的邮轮开出港口——下午5点后，一声声汽笛响起，邮轮便通过著名的狮门桥（Lions' Gate Bridge），在我家门前海面上直向阿拉斯加方向驶去。

乘邮轮的游客离去或归来时，均可在温哥华游览美丽的风景名胜。史丹利公园(Stanley Park)、格兰维尔岛(Granville Island)、卡佩兰奴吊桥(Capilano Bridge)等都是必去的地方，乘小游轮可到维多利亚市的布查特花园（Butchart Garden），坐车两三小时可到滑雪胜地惠斯勒等等。游客旅游观光，购物消费，给温哥华带来可观的经济效益，促进了其服务业的发展。

一直到9月底，气候变冷，冬季来临，温哥华的邮轮就停航了，于是，大家又开始期盼着下一个旅游季的到来。

加勒比海掠影 1998年秋，我和学华乘至尊公主号（Grand Princess）邮轮，去加勒比海旅游。这是我们第二次坐邮轮。

至尊公主号是一艘新邮轮，排水量近11万吨，长289米，宽36米，高61米，甲板楼层达18层，仅阳台舱房就超过700间，可载

第二次乘邮轮游加勒比海时留影(1998.10)

客2600人。它各种功能设施一应俱全，仅餐厅就有10个、表演厅15个，超五星级豪华。

加勒比海气候炎热，人们来这里都是在海边游玩。岸边都是沙滩，海沙细白柔软，海水清澈晶莹，即使扑在沙滩上时，也是亮晶晶的，这里最适宜游泳爱好者旅游了。游客还可乘快艇游玩，坐飞伞滑行，或潜到海底探奇，遨游海底世界。我们不会游泳，选择了乘潜水艇到深海观鱼。看到那些叫不出名字的奇特的鱼，形态各异，色彩斑斓，摇头摆尾，一群群自由自在地在海中游弋，游客们高兴得不停拍照，记录下这难得的海底美景。

中午，邮轮船员在海滩上制作烧烤等各种食物，以方便我们游客食用。

岸上的小街道有一些商店，游客可去游逛，选购当地商品。

这里的人赚钱意识不强，商铺很少有全部开张的时候，他们认为享受生活是核心，只要快乐，不愿意为赚钱耗费精力。这种超脱世俗的境界不是一般人所能达到的，令人佩服。

我和学华每到一个口岸，都会买一两样小件纪念品，如T恤或小公仔作为到此一游的纪念。

初游地中海 1999年春，我和学华又乘至尊公主号（Grand Princess）去地中海旅游。这是我们第三次坐邮轮，也是第一次去地中海。这个旅程去了意大利的威尼斯、比萨、佛罗伦萨，土耳其的伊斯坦布尔，希腊的雅典等几个沿岸城市。

我们游览了意大利美丽的水上城市威尼斯，乘着贡多拉小船，听着船夫唱的意大利歌曲，在狭窄小巷之间穿行，两边都是老旧的民居，突然有一两只小鸟从木窗里飞出来，真把我们吓了一跳。而进入大运河，豁然开朗，两岸有无数历史建筑映入眼帘，大教堂、宫殿 、豪宅，景色非常壮观。

第三次乘邮轮在雅典卫城留影(1999.6)

大巴士在崎岖的山路盘旋而上，我们前往佛罗伦萨这个意大利中部的城市，它是欧洲文艺复兴的发源地，这里曾聚集了众多的艺术家，如我们知道的达芬奇、米开朗基罗、拉斐尔……他们在这里创造出大量的艺术珍品，我们参观著名的大教堂、塔楼、博物馆，漫步在市中心的西尼奥列广场，浏览那些珍贵的石雕、铜像、绘画，穿过大街小巷，一间间小商店，售卖具有本地特色的手工制品，让您看后爱不释手。所到之处无不感受到浓厚的艺术的气息。之后我们还参观了比萨斜塔。

在伊斯坦布尔，我们参观了著名的圣索菲亚大教堂。这是一座壮丽堂皇的古建筑，硕大穹顶，装潢十分华丽精美，内壁都用彩色大理石雕刻，马赛克拼图装点，七彩缤纷的金底彩色玻璃镶嵌画，十分好看。圣索菲亚大教堂也是一座博物馆。我们在这里拍了不少照片。

非常难忘的是希腊之行。我们参观游览了希腊最著名最杰出的古建筑群雅典卫城。这天特别热，气温高达三十七八度，游客们下了巴士开始步行，头顶着烈日，走在坑坑洼洼，乱石嶙峋的路上，个个晒得满脸通红，口干舌燥，有的年纪大的团友实在走不动就半途而废返回车上叹冷气了。我们坚持紧跟导游，拾阶而上，卫城已在眼前：只见一片断壁残垣，满地散落着坍塌的墙石断柱，横躺竖卧，唯有几根千年神柱依然擎天而立，人们赞叹不止。我们坐在神柱下休息，依稀可见卫城三千多年前的壮观辉煌。它是古希腊文明的标志，全世界人民都向往的圣地，我们能亲身来此一游真是三生有幸啊!

旅行团来到希腊西北部的卡斯托里亚市。我们两人特地去看看这里的毛皮业中心，此地毛皮手工技术世界闻名，水貂、狐狸等毛皮兽养殖业并不发达。毛皮店很多，所售的都是普通毛皮服装，生意也不兴旺。这里有众多古居民点和教堂，是教堂建筑和壁画艺术研究中心。

我们坐巴士上山，山路是小石子路面，大部分路段是单程，很窄，偶尔见到小毛驴驮货上山，大巴士上山很费力，转弯时还差点碰到墙边。

到了山顶向下眺望，山下是半月形海湾，周围山上散布着白房子，蔚蓝大海，万里晴空，景色美极了。山顶有小街道，街边小店里都是些男女服装及纪念品。领队带我们去参观了一个古时的酿酒厂，在那里你可以试饮。站在高山悬崖边，对着无尽的碧海蓝天，饮着佳酿美酒，真乃人生一大享受。我们只买了一件小礼品，没有买酒，因为太重了。下山时，我们乘坐缆车，在半空中观赏风景别有一番情趣。

在这里玩了一天，下午5点我们登轮去了下一个城市。

领略欧陆风情　2000 年 7 月，我和学华去北欧旅游。由加拿大飞到荷兰阿姆斯特丹，然后换乘 7 万吨的豪华邮轮——精致

初游地中海多国(1999.7)

明星号（Celebrity Cruises Mercury），这次行程 15 天，要在 9 个国家停靠，有荷兰、挪威、瑞典、芬兰、俄国、爱沙尼亚、波兰、德国和丹麦。一路领略欧洲多国风情，这是我们第四次坐邮轮。

阿姆斯特丹是一座奇特的城市，阿姆斯特尔运河从市内流过，全市由160多条大小水道、1千余座桥梁交错相连。由于地少人多，河面上泊有近 2 万家船屋，虽是船屋，但设施齐全。该市人居水上，水入城中，人水相依，景自天成，有“北方威尼斯”之称。

我们在阿姆斯特丹住了一晚，上邮轮前在市内游览了一番。我们乘巴士去看荷兰标志性的大风车，乘小船在市中心观赏两岸风光，在街边喝咖啡休息，还参观了著名的芝士制作工厂——有些巨型芝士真有磨盘那么大。

荷兰人思想极其开放，大多数国家明令禁止的赌博、吸毒、嫖娼在荷兰竟是合法的。阿姆斯特丹的红灯区闻名于世。从中央火车站步行约10分钟即可到达市区中心的达姆广场，广场以东、运河两岸的十几个街区就是所谓的红灯区。红灯区的房子都是二至四五层的小楼，一二层是一间间装有大玻璃橱窗或玻璃门的交易小屋，屋内开着小红灯，暗暗的，在玻璃后面，妓女们或坐或站，披着纱巾或穿着内衣，对游客摆出种种姿势——这是阿姆斯特丹红灯区的最大特点。如果帘子是拉着的，就表示已经有客在房内了。很多夜总会内还有真人男女表演，男女游客均可购票观看。阿姆斯特丹的别样风情吸引了大批游客，使这里的旅游业十分发达。

第二天，邮轮起航，我们开始了15天的水上航程。

第一站停在挪威首都奥斯陆，我们在这里参观了维格兰雕塑公园。最令人震撼的是一个名为“人生循环柱”的巨型石雕，柱上雕刻了110 个裸体人物，交叠缠绕在一起，它寓意人类社会的团结和谐，让人感悟至深。我们来到瑞典的斯德哥尔摩，这里是滑雪胜地，可我们不会滑雪，只能在跳塔下面留影纪念。在芬兰的赫尔辛基，我们参观了大教堂和艺术博物馆。在爱沙尼亚的塔林，这里更像是一个小镇，短小的街道上人很少，安静得很，有的人就坐在石阶上悠闲自得，无所事事，突然有一个人向我们兜售物品，他从衣服里掏出一只蜜蜡制成的手链，要价10美元。我付钱买下送给学华，也算是来此一游的纪念品吧。登高远望，下面满是红色的屋顶，这是塔林给我们留下的最深刻的印象。

在圣彼得堡宫殿广场留影(2000.8)

8月4日当邮轮即将靠岸，之前我们已经很期待，因为到达了俄国的圣彼得堡，在这里将停留两天，节目很多。我们来到了宽阔无比的圣彼得堡宫殿广场上，拍照留念，然后参观沙皇的皇宫冬宫和彼得大帝的夏宫。这两座历史悠久的宫殿给我们留下永远难忘的记忆，它选用大量的黄金、大理石、孔雀石 、碧玉 、玛瑙等材料来建造和装饰，真是竭尽奢华之能事。 更有无数的艺术品、金色雕像、浮雕、版画、素描，分门别类陈列在数百间展厅里。曾有人统计过 ，游人如果对冬宫里的每件藏品都看上一分钟，则需要8年时间才能欣赏完整个冬宫。此外我们还观看了著名的芭蕾舞天鹅湖。品尝了俄罗斯红菜汤和大列巴面包。

邮轮在海上航行了1天，我们又到了波兰，参观一个乡村，看他们以前是怎样的生活。

9 日我们又到了德国，在柏林墙前留影纪念。

丹麦首都哥本哈根也有许多宫殿、城堡等古建筑，充满了浓郁的艺术气息。著名童话作家安徒生在这里度过了他的大半生，他的众多脍炙人口的名著都是在这里创作的。在海滨的公园里，有一座世界闻名的铜像——美人鱼铜像，就是以安徒生童话《海的女儿》中美丽善良的小人鱼为原型铸造的。美人鱼已成为哥本哈根的标志。

在丹麦美人鱼铜像前留影(2000.8)

哥本哈根有全球最大的毛皮拍卖行，香港和大陆的皮草商人每年都来这里两三次，采购各种貂皮和狐皮等。为我家乡的皮草业做出巨大贡献的包韩信先生，就生活在这里。

哥本哈根红灯区也很多，也是性爱极开放的城市，欧洲各大小城市大都如此，这也许是当地繁荣经济的一个方法吧。

结束了这次邮轮行程，我仍意犹未尽，我们又飞往英国伦敦做3天顺道游，逛了很多著名的大街道、大商店，到了中国城，吃了几次中国餐，参观了英皇宫、伦敦歌剧院，乘小船在泰晤士河上穿过伦敦塔桥观看沿岸风光。还参观了大英博物馆，因为太大了，一天时间根本看不到什么，我们只能走马观花看了几个馆，主要想看中国馆，在这里我们看到很多中国珍贵的古董文物，古瓷、玉器、古画等等。据说在大英博物馆里，中国历代稀世珍品多达3万余件，它们记录着那段令人难忘的历史。以前因生意关系我曾多次来英国，但没有学华同行，从未想过参观大英博物馆，这次她看得非常仔细，认真听解说，还拍了一些照片，然后再讲给我听，让我了解了这些中国文物的历史背景和艺术价值。

伦敦市有好几位山东老乡和英国皮草界的老朋友，我和太太抓紧时间参观游览，没有去拜访打扰他们。

3天之后，我和学华从英国乘飞机到法国巴黎旅游。

我们登上了著名的埃菲尔铁塔。埃菲尔铁塔在巴黎市中心塞纳河南岸，是世界上第一座钢铁结构的高塔，被视为巴黎的标志性象征。塔高300多米，分三层：第一层平台距地面57米，设有商店和餐厅；第二层平台高115米，设有咖啡馆；第三层平台高达276米，供游人远眺。塔底面积 1 万平方米，在第三层处建筑结构猛然收缩，直指苍穹，从一侧望去，像倒写的字母“Y”。晚上，塔顶发出转动着的彩色探照灯光，以防飞机碰撞。

登上最高层俯瞰，巴黎非常美丽壮观。威武雄壮的凯旋门、绿荫中的卢浮宫、白色的蒙马圣心教堂都清晰可见。城中高楼不太多，大都是四五层的古式建筑，石雕楼面，华贵不凡。铁塔则像一把向下打开的大雨伞一样，感觉非常奇特。

我们在塔顶观赏了约半个小时，下来后想打的士回酒店，但是走了很多路口都不能停车，路牌都是法文，又看不懂，偶尔见到一个法国人又不说英语，没法问，兜兜转转又走了1个多小时，计步器上显示已走了1万多步，我们精疲力尽，实在太累了。近乎绝望之时，只见远处路边停着一辆大旅游巴士，我们赶快跑过去，惊喜地发现车上都是中国人，也是来看铁塔的，于是就请他们把我们带回了市中心唐人街。此时天色已晚，我们就近吃晚餐兼休息，然后坐上的士回到下榻的酒店。

第二天，我们游览了法国的名牌服装店，有古驰（Gucci）、克里斯汀·迪奥（Christian Dior）、圣罗兰（YSL）、爱马仕（Hermes）等。这些店都宽大气派，富丽堂皇，陈列的服饰也都高雅不俗，一般人会望而却步，不敢随便进入观看。我们走进一家女装店，一看价钱每件都在两三千美元，比加拿大还贵，而且多数不合身。又看男装，也没有特别的，每件都在2千美元上下，一条领带300—500美元。又进了一家女士皮包店，皮包款式都很别致，远看与国内的相似，细看质量却截然不同，选料做工都非常考究，当然价钱也很贵，有的几千美元一个。我和太太逛了一上午什么也没买，好的太贵，便宜的在香港、大陆都能买到，白来一趟，空手而归。

我们还游览了卢浮宫。卢浮宫是法国历史最悠久的皇宫，也是世界上最大、最古老、最著名的博物馆之一。卢浮宫厅房高大，金碧辉煌，室内挂有很多著名的大幅油画，其中以人物油画居多，外墙都是人物石雕，建造得雄伟壮观。我曾到过欧洲几个国，参观过很多皇室，建筑风格大同小异，都是以金色为主。由于时间有限，我们只能仍是走马观花了。

在巴黎大学任教的徐广存教授是我的好朋友，他是山东威海人，于20世纪50年代由台湾到法国留学，毕业后就留在了法国。他潜心研究中国历史，在法国学术界享有很高声誉，是巴黎的汉学家。这次旅法时间安排得太紧，我们只在酒店与他匆

我二人与巴西桑巴舞者合影(2001.2)

匆见了一面，非常遗憾。

亲历巴西嘉年华 2001年2月25日，我们飞往阿根廷的布宜诺斯艾利斯，登上水晶和谐号（Crystal Harmony）邮轮，到南美洲巴西观看嘉年华会。这是我们第五次乘邮轮。这一程也有15天，不过在海上航行就有7天。

在阿根廷的首都布宜诺斯艾利斯，我们看了牧场的骑马比赛，晚上去欣赏最正宗的探戈舞表演。

在巴西观看嘉年华会是此行的重头戏，船上的人基本都参加。下船前船长提醒全体船员小心扒手，不要带现金不要带贵重首饰。我们乘坐多辆巴士前往表演场地，并有大量保安人员保护。进入这个长型的体育场，两边是看台，早已坐满来自世界各地的观众，狂欢大游行开始了，伴着震耳欲聋的音乐，无数巨型的五彩缤纷的花车引领着穿着艳丽服装的舞者一队队展现在眼前，他们跳着充满动感的桑巴舞，尽情摇摆，热情奔放，观众们也都情不自禁地跟着唱起来跳起来，完全沉浸在欢乐的气氛中。

我们还参观了基督山、甜面包山和世界最著名的巴西海滩。

在出发前我们已做足准备功夫，最重要的是打预防针，及带好防蚊用品和药物，因为我们要进入热带雨林，怕被蚊子叮咬感染疟疾。小船在森林中的河流穿过，沿岸风景如画，一些当地人在船上向我们展示他们的稀有动物，很多是我们没见过的，不过您想拍照需要付钱。

我们乘坐机动船在亚马逊河上，看到了非常奇妙的景象：滚滚的流水，河面竟然有两个颜色，黑白分明，互不掺混，我们称它为双色巧克力，原来它们是从不同的源头为同一目标在此地交汇的。南美之行使我们增长了很多见识，令人难忘。

中美洲见闻　2003年10月29日，我和学华乘珊瑚公主号（Coral Princess）邮轮到中美洲巴拿马运河旅游。这是我们第六次坐邮轮。

这次我们约了香港好友王怡霖博士一同前往。他先来到温哥华，然后我们一同飞往美国休斯敦，再转机到美国海边城市罗德岱堡登轮。

我们出游的第一站是海边古城Lutum。这里满地是大大小小的石块，如同发生过地震，这可能是此城数百年的历史遗产。除此之外，没有什么特色。

11月2日，到达哥斯达黎加的Cayman。这是一座很小的海边城镇，仅有几万人，海边小屋为白色和黄色，街道很干净，在蓝色大海的映衬下，显得十分清新淡雅。

11月4日，来到哥斯达黎加的里蒙古城。我们登上小山游览，观看了当地最原始的制糖方法——两头牛拉着机子压榨甘蔗汁，甘蔗汁经由大铁锅熬煮后倒进木质的模子，一会儿甘蔗汁就制成了各式糖块，大家可以品尝及购买。我们在山坡上闲逛，还参观了小教堂。这里住宅都是花园式的，绿草如茵，美如图画。

11月5日，到达巴拿马港口。一早，所有乘客都来到甲板

第六次乘邮轮到巴拿马运河(2003.11)

我二人获奖后与船长合影(2003.11)

上，观看我们这艘9万吨大邮轮进港转行的过程。港口里面有两个大水槽，每个水槽可排放两艘大邮轮。我们的邮轮和另一艘货轮被同时关进一个大水槽内，然后关上水闸门，再放海水流入，将船慢慢浮起升高。大约1个小时后，水满了，与另一端的海面持平（两边水位相差近百尺），邮轮便开出港口，进入大西洋。我和学华在自己房间的露台上，叫了早餐及香槟酒，一边用餐一边观看这奇妙的万吨巨轮的升降过程。

这天晚上，船长还设宴款待邮轮会员，并举行了抽奖游戏。忽听主持人叫“Mrs. Helen San”，我们两个吃了一惊，后来才明白原来是学华中了奖，请她上台领奖。她高兴地上台领奖品——一瓶香槟酒，大家鼓掌祝贺，我们当场与船长先生留影为念。

11月7日，到了牙买加的奥乔里约，游览了但士河瀑布。但士河瀑布全长180米，分成一段一段的。这里有个观光节目叫攀登瀑布——游客手牵手连成一线，随着导游一层一层逆流而上，任由湍急的河水冲击。据说瀑布的水质为矿泉水，有滋润皮肤的作用。瀑布边设有阶梯，不参加攀登瀑布的人可沿阶梯而上，在瀑布顶眺望美丽风景。瀑布附近海岸有餐厅，可以边欣赏牙买加的歌舞，边享用晚餐，同时大饱眼福与口福。

再游地中海　2004年9月10日，我和学华乘水晶邮轮宁静号（Crystal Cruises Serenity）去地中海东部旅游。这是我们第七次坐邮轮，也是第二次游地中海。

这次由意大利首都罗马登轮，游览了意大利、希腊、土耳其等国的许多风景名胜。

再游地中海(2004.9)

13日，我们到达意大利小城陶尔米那——西西里岛上的一座古城。街道两侧，每座小楼都精美无比，楼顶、屋檐、窗棂、门楣……都特别雅致。房屋都是顺山势而建，每过一座小楼，便看到一列石阶通向高处或者低处，高高低低，错落有致。

从陶尔米那坐车一小时到达埃特纳火山。埃特纳火山是欧洲最大、最高、最活跃的火山，也是世界最著名的火山之一。火山口高有万尺，游客只能在6千尺的半山驻足观望。埃特纳火山2002年曾喷发过，山上都是烧焦的黑色，有两个火山口，长年冒着白烟，不知什么时候会再爆发。我们观看了火山爆发时的影像，只见红火满天，山石滚涌，声势震天，非常壮观骇人。

在邮轮上，学华过了个生日。这天一早，房间里的电视上播出“Mrs. Helen San Happy Birthday”字幕，服务生将鲜花、水果和菲菲、杰克送来的香槟酒等生日礼物送到房内。晚餐时，我们选择了意大利餐厅，乐手歌手和几位招待员围着我们的餐台，为学华演唱了《祝你生日快乐》歌。学华在烛光下切蛋糕许愿，然后我们喝了红酒，相互道贺。这是我第一次在船上给太太过生日，非常高兴而且难忘。

17日，到达希腊的圣托里尼岛。这里曾发生多次火山爆发，有许多黑色、红色、白色的火山岩。岛上有13个村落，约10万人口，一色雪白的小石房子，远远望去像终年不化的积雪覆盖在山头。这里大大小小的天主教堂特别多，教堂蓝色的拱型圆顶和顶上的十字架在阳光下沉静而安详。

我想给太太买件生日礼物，便拉她去逛街。岛上小街窄巷，弯弯曲曲，一眼望不到尽头。走到一个珠宝店，店主非常热情地把我们拉进店里看首饰。我看中了一套首饰，包括项链、手镯及戒指，都镶着钻石和绿宝石，店主要价4.6万美元。我和他讨价还价约一小时，店主落价到2万美元，我还觉得贵，又还价1.6万美元，店主还在犹豫，太太拉着我就走。她说："再不走，店主就要卖给我们了。差价这么大，恐怕会上当买到假货。"

到了吃午饭的时间，我们居然找到一家中华面馆，吃了碗汤面。中国人真是又多又精明，在世界任何一个地方都有华人经商生存。饭后，我们坐吊缆车下山，回到船上。

18日，到达希腊罗得岛罗得市。罗得岛位于地中海和爱琴海交界处，罗德市位于岛的最北端，是岛上最大的城市和港口。这里没有大高楼，多数是平房或低层楼。此城非常繁华，名品店、打折店云集。主要景点是一座古老城堡，至今保存得很好，有完整的城墙和护城河。进城堡不要门票，里面相当大，有好多条卖旅游纪念品以及金银首饰的街，街道均用厚石块排列铺成，游客很多，生意也很忙。

19日，到达希腊的米克诺斯岛。岛上的建筑也偏好白色，通体雪白的小屋，让人宛如置身梦幻中一般。据说他们每年3、4月份都要粉刷一遍，所以总是很清新。我们参观了该岛的标志性建筑——圣母升天教堂。这是一座纯白色的教堂，白得如此纯净，让你不忍心给它加上任何一抹色彩，当你面对它的时候，觉得灵魂似乎也得到了净化。

我们还参观了考古博物馆。博物馆是一栋具有百年历史的古式建筑，只有三间屋子大，内部展示了本岛及附近岛屿挖掘出的古代文物，有土罐、土瓶、兵器等等。因为馆舍不大，一眼就看全了，我就跟朋友讲英文："One eye see all。"

我们还游了那里的小胡同，小胡同四通八达，狭窄细长，弯弯曲曲，如同八卦阵一样。这里的人非常勤劳，商店营业的时间由早10时到晚10时。

南美洲巡礼　2005年2月，正值中国春节之际，我和学华乘水晶邮轮，途经合恩角(Cape Horn)绕游南极洲。这是我们第八次坐邮轮。这次是与亲戚谭景才、万翠华夫妇结伴同游，双方约好在阿根廷会面。

2月8日大年三十，我和学华由温哥华飞到美国的达拉斯，在这里转机飞阿根廷。在达拉斯下了飞机，要等候两小时登机，我们就在机场内东看看西看看，也不着急，慢悠悠地走到登机口坐下，早早地等着呼叫班号上机。这时窗外恰好有一架飞机在运行离开闸口，我就把机票给工作人员看，问他："我们何时可登机？"他指着将要起飞的班机说："你们的班机已经启动，上不去了，坐下一班吧。"啊，有没有搞错啊？我竟然眼睁睁看着我们这班机一飞冲天，真是哭笑不得。原来达拉斯与温哥华有两小时的时差，我们不知道，没有及时对表改时间，这里工作人员又不呼叫班号登机，全靠自己看牌子，当时我又急又气，没办法只能再多等几个小时，乘下一班机了。

因为要等几个小时，我们索性租车到城区游览。达拉斯是美国得克萨斯州的第二大城市，是全美重要的航空中心，也是美国南部重要的石油城。这个城市有许多十分气派的建筑，特别繁华。我们到了市中心，观看了肯尼迪总统纪念碑。1963年11月22日，美国总统肯尼迪在达拉斯为争取连任做准备活动时遇刺身亡。他遇刺的地点后来被建成纪念广场，并竖立了纪念碑。

下午6：30，我们登上班机，一直飞了9小时，第二天清晨到达阿根廷首都布宜诺斯。阿根廷物产富饶，经济发达，布宜诺斯是阿根廷最大的城市，也是阿根廷政治经济文化中心。布宜诺斯街道宽阔，高楼林立，草坪花坛点缀其间，是一座非常美丽清洁的现代化城市。有趣的是，不论高层楼房还是低层楼房，窗口都封有铁条，据说是为了防偷盗，这在其他国家很少见。吃饭时，我们找到一家中国饭馆，老板是广东人。我们和谭先生夫妇要了三菜一大碗面条汤，共186元，我付了200元，价钱够贵但很难吃，应该是“改良”了的中国菜吧。

上午，我们乘车到市区，参观世界著名的阿根廷国家公墓。公墓位于繁华闹市，外面围着一圈高墙，墙外四周有许多顶级品牌店、酒吧、咖啡店、高级住宅；墙内像一个浓缩的街区，街巷纵横交错，沿街排列着各式各样的墓室。墓室都是三五米高的大理石建筑，都由其所有者自行设计、布局和装饰，仿佛一座座小宫殿，精美而庄严。大部分墓室配有精美的大理石或青铜雕塑，不少雕塑出自欧洲名家之手，这是阿根廷国家公墓最突出的特色。这座公墓占地4万多平方米，在这里安息着大约7千位阿根廷社会历代精英，其中仅阿根廷的正副总统就有20余位。有的墓室前，有游人献上的鲜花，有的一两束，有的三五朵，虽然不多，但却让人觉得墓主的不平凡——生前让人爱戴，死后让人缅怀。

下午2点，我们登轮休息，第二天一早起航。这次我们住9077房，是高层房，以前是8层或7层。

第一站到了乌拉圭的首都蒙得维的亚市。这个城市只有138万人，却占了全国人口的一半。全市分新城和旧城两部分，新城大厦林立，街道宽阔，旧城住宅一般，街道狭窄，但同样都是花木繁茂，清新整洁。乌拉圭是一个传统农牧业国家，工业不发达，以农牧产品加工业为主，经济主要依赖出口，人民收入每月只有七八十美元。

我在企鹅岛留影(2005.2)

2月11日，到达阿根廷的马德林港。马德林距企鹅岛有100多公里，我们为看企鹅去了两次。这一次，我和谭先生夫妇同去。我们先坐大巴士，后又改乘吉普车，三位游客和一位司机一车，在一望无际的大草原上奔驰。这里的草原青草繁盛，貌似平坦，其实草下坑坑洼洼，吉普车行驶在上面如同海浪中的小船，一路颠簸，惊险刺激。出发之前，学华闻知这“海浪草原”后，怕晕车呕吐，就留在船上等候，没有跟我们同来。

行驶了3个多小时，终于到达海边的目的地。这里企鹅遍地，可能有数万只。企鹅很可爱，很漂亮，学华说它们像穿着燕尾服，都是绅士派。游客与它们零距离接触，它们也不怕，也不咬人。头颈有一圈红羽毛的是头目，它往哪里走，其它企鹅也跟着它往哪里走。它们靠海生活，以小鱼、小虾为食。地上有很多小洞，那就是企鹅为自己建造的家。

2月13日，到达阿根廷南端的福克兰群岛的斯坦利港。历史上这是英阿争议的领土，1896年已是英属地。这里不太冷，气温在10℃左右，风很大，晚上的大风浪把6万多吨邮轮的船头抬起

来很多次，乘客们都胆战心惊，不敢入睡。

下午7点，到达合恩角。合恩角是南美洲火地群岛南端的陡岬，通过这里的经线是大西洋和太平洋的分界。这时正值南半球的夏季，合恩角白天长达近20个小时，23时太阳才落入海面，第二天四五点就又升起来了。邮轮由东向西绕着合恩角缓缓航行，我们尽情欣赏着这里的奇丽风光。开始看到右侧有大大小小的山峰，过了一会儿再看，周围都是山峰，水平如镜，邮轮就像在大湖中航行，又过了一会儿，邮轮驶出山圈又进入另一个大湖之中。一早一晚在船房内看日出日落的风景，看辽阔无边的大海，看奇形怪状的海岬……这是乘邮轮游的一大乐趣。

2月15日，到达阿根廷火地岛的首府乌斯怀亚市。这是世界上最南端的城市，它离南极半岛只有1千公里，是进入南极的门户，是名副其实的天涯海角。小城依山面海，别致美丽。大家下邮轮，乘小船，去小岛看企鹅和海豹。海豹圆碌碌，光溜溜的，一会儿游入水中，一会儿又爬上岸来，大大小小的有许多只，懒洋洋地聚集在一起享受着温暖的阳光。

2月16日，到达智利的麦哲伦省首府蓬塔阿雷纳斯市。它位于南美大陆南端，麦哲伦海峡西岸。巴拿马运河开通前，这里曾是沟通太平洋和大西洋的必经之路，1914年，巴拿马运河通航以后，所有船只就不再绕经此地了，使此市经济损失很大。蓬塔阿雷纳斯市有人口约12万，多数是捷克人。这里养殖业很发达，也是出产石油的地方，所以很富裕。

2月17日，早起看窗外海景和雪山美景。海上风浪很大，学华晕船，深受其苦，中午晚上均未到餐厅正式用餐，只取回面包及牛奶饮用。

2月18日，邮轮驶入太平洋。海上风浪仍然很大，船大幅摇摆，学华仍不舒服，吃不下饭，看了医生吃了药，我也有点晕，不过还能坚持。中午，邮轮航行到一处冰山雪地，停了1小时让游客拍摄留影。这时海中有四条鲸鱼时隐时现——与难得一见的鲸鱼相遇，被视为整个旅程的幸运，游客纷纷为之欢呼雀跃。邮轮继续前行，蓝天、白云、冰山、大海交相辉映，景色太美了，真是令人恋恋不舍。

2月20日，到达智利的蒙特港市。蒙特港市位于智利狭长大陆的南端，海运业是它的支柱产业。小街道，破木屋，海边有很多卖纪念品的小摊位。这个城市有15万人，可能经济不太发达。

2月21日，整装行李，中午下船回家，结束了这次长达半月的愉快旅程。乘邮轮旅游最辛苦的是候机和转机，在船上是最安乐舒适的。谭先生最会享受人生，到2009年，他夫妇俩坐邮轮旅游已多达18次了。

旅游归来后的一天，太太看CCTV-4《探索·发现》节目，恰好看到主持人正在介绍合恩角的有关情况：在数十年前，有一艘邮轮航行到合恩角深海地区，突然遇到大风浪，整个沉入海底。美国派飞机去搜寻，不幸飞机也坠入海中。合恩角风暴异常，海水冰冷，历史上曾有500多艘船只在那里沉没，2万余人葬身海底，合恩角被人称为“海上坟场”。这次航行，我们乘坐的邮轮就在那里的海边城市停留了半日避风，船长在广播中告知全体乘客，前面有大风浪，下午才能开船。现在想起来还后怕，真够危险的！

新加坡——迪拜之行 2008年4月7日，我和学华去澳洲雪梨市参加孙女景珊（绍曾之幼女）的大学毕业典礼。她的父母姐兄都到了。在这里，我们顺便看望了陈亲家、连信弟、玉满妹等，他们都生活得很好。

4月15日，我们赴港一周，视察公司业务，一切OK。

4月23日，我们到新加坡三日游。新加坡是东南亚的一个城市国家，在城市保洁方面效果显著，举世闻名，因此又有“花园城市”的美称。新加坡华人众多，华语普及，人也和气。

4月25日，我们在新加坡登上水晶交响乐号（Crystal Symphony）豪华邮轮，入住8210房，前往阿联酋迪拜旅游。这是我们第九次坐邮轮。

在大海上航行了3天，4月27日，到达普吉岛。普吉岛是泰国主要的旅游胜地，风光迷人。

5月1日，到达科钦市。5月3日，到达莫尔穆冈市。5月4日，到达孟买市。它们都是阿拉伯海东岸的印度港口城市。三市都有很多大寺庙，洁白干净。无论男女老幼，进庙都要脱鞋，还要裹上头巾，否则会被坚决地拒之门外。

印度人口众多，贫富悬殊，城市中有不少贫民窟，乞丐随处可见。在孟买一下旅游车，就有一二十个穷苦妇人领着抱着孩子围上来跟你要钱，小孩们说着“Money、Money，Dollar、Dollar”，伸着双手，流露着乞求的目光。导游提醒游客不要接近她们，更不要给她们钱，如果你给了其中一人，马上就会招来更多的人，无数双手伸过来，拉着你的胳膊，抱着你的腿，让你无法脱身。

孟买是印度最具现代化气息的城市，然而在这里却有一个极其原始的露天“千人洗衣场”，而且它竟然成了孟买的一道奇特风景。游客们站在高处向下看：洗衣场在一条大河沟里，有数百个用水泥建造的大洗衣池，可供上千人同时洗衣，河的两岸是一排排破旧不堪的贫民窟。洗衣池有长长的两排，交叉排列通向远方。洗好的衣物就晾在洗衣池附近拴的绳子上，或者干脆就铺在房顶上，这里一排，那里一片，各式各样，五颜六色。有十几排男人，赤裸上身，正站在洗衣池的水中洗衣服、洗酒店床单和大桌布等。他们用双手握住浸湿的衣物的一端，高高抡起，再用力重重甩到石板上，抡起甩下，上上落落，循环往复，啪啪的声响此起彼伏。如果不是亲眼所见，你绝对想不出那种热火朝天的场面。池子里的水不多也不干净，他们也不搓洗，怎能把衣物洗干净？真不明白。整个洗衣场给人的感觉就是脏乱、喧嚣。

参观印度洗衣场(2008.5)

第九次乘邮轮到迪拜入住七星级阿拉伯塔酒店留影(2008.5)

这个露天洗衣场已经有100多年历史，而今生意依然兴隆。究其原因，对于大多数孟买家庭而言，洗衣机仍是不必要的奢侈品，人们还是习惯将衣物送到洗衣店，而洗衣店老板又乐于把收集来的衣物送到收费很低的洗衣场去。听说由于信誉好服务好，洗衣场还受到不少饭店、医院的青睐。

5月7日，到达马斯喀特市。马斯喀特是阿曼首都，位于阿拉伯海西北部阿曼湾南岸。

5月9日，到达阿联酋的迪拜市。

阿联酋北濒波斯湾，盛产石油，是世界上最富有的国家之一。迪拜是阿联酋第二大城市，是海湾地区中心。源源不断的石油和重要的贸易港口地位，为迪拜带来巨大财富，迪拜拥有世界上第一家七星级酒店、全球最大的购物中心、世界最大的室内滑

我在迪拜总统套房内留影(2008.5)

雪场和世界最高的大厦。

迪拜的七星级酒店，建在海滨的一个人工岛上，外观像一张鼓满了风的帆，共56层，高321米，人们形象地称它为帆船酒店。帆船酒店极其豪华，举世无双，来到迪拜不住一次多少有点遗憾，我和学华就预先定了一间标准房，每日2千美元，想体会一下什么是超级的享受。

中午下船时，我想叫酒店的车来码头迎接，酒店回复：要等半小时才有车，用英国劳斯莱斯，需付车费300美元。如叫直升机接至酒店屋顶就更贵了。船上的人说，其实到码头叫的士30美元就够了，于是我们还是乘的士到酒店。

当时气温很高，一下的士就感到热气逼人，就像烤着火炉一般。在酒店大门口，我们被拦住，说不是本店住客一律不可入内，我们拿出订房单据，经确认后才准许进了酒店大堂。接待员说，要到3点以后才有房，请我们耐心等待。一会儿，走来一位中国小姐接待我们，说国语，太好了！问她贵姓，她递给我一张名片，我一看，原来是客房部经理孔丽丽小姐。她说她是山东济南市人，属孔府家族。我说在香港我有个好友叫孔德墉先生，也是孔家后代；我是香港冀鲁旅港同乡会副会长，几年前曾带团去过曲阜庙，吃过孔庙菜……我们越说越亲近，说了许多亲情话。她让我们再等一会儿，她去找经理商量一下。不一会儿她回来了，没想到竟将我们预定的标准房升级到了509总统套房。

孔小姐带我们到了509，一开房门我和太太都大吃一惊。只见房间分上下两层，有金色楼梯，内部设施不是金色就是红色，古典与现代结合，富丽堂皇。往里走是极其宽大的大厅，落地大玻璃窗面朝无敌海景。楼上有左右两个卧室，主人房和客房，都装饰得华美无比。总统套房有5千多平方尺，平时入住一晚1.6万美元，相当于10多万人民币。由于我们明天一早5点就退房去机场，不会耽误下一位贵宾入住，孔小姐叫我们安心住下。我们做梦也

在迪拜观看表演(2008.5)

没想过住总统套房啊，太奢侈了，我们非常感谢她的安排照顾。

中午1点了，想去吃自助餐，简单些吧。走进餐厅，见有中餐、日餐、西餐等，仅中餐就有很多风味，竟然还有天津狗不理包子，而且由天津厨师主理。学华向广东厨师要了一份汤河粉、三样点心，我叫了两盘小菜、一杯青岛啤酒。吃饭的人不多，另一桌是一对西方夫妇，一会儿又进来5位中国商务游客，不认识，也没打招呼。吃完饭一结账，每人165美元，再加小费共360美元，太贵了，太离谱了，真刺人！

下午，我们坐车去市区游览。迪拜市不太大，有很多高楼大厦，都是在沙漠上建造起来的。在市中心的商业区，有一座在建高楼拔地而起，直插云霄，这就是传闻中的世界第一高楼——迪拜塔。我们去的时候已经建到600多米，2010年1月已经竣工，高达828米，有160层。

我们去逛了全球最大的购物中心——迪拜购物中心（Dubai Mall），它被誉为最豪华的购物天堂，每天都有众多来自世界各地的游客在这里购物，娱乐，游玩，用餐……

我们还去看了看华人居住生活的区域。住宅区里五六层的低楼一大片，附近有一个华人商场。商场外观好像北京国家大剧院那样的大扁球形，但要大数倍；里面有三层，商铺很多，几乎清一色是华商经营，中国货琳琅满目。在大门口遇见几位东北人，经交谈得知，他们在这里经商，生活得很好。他们为经商而来，申请方便，不用付任何税，这是一个免税的国家。

这里天气太热，平时40—45℃，男人都穿大白袍，女人则是黑袍，还要盖头纱。街道两旁，花草树木不多，因为当地的饮用水都是海水淡化而来的，种养成本很高，据说每棵树的栽培成本超过1千美元，每平方米草坪的养活成本每年高达3千美元。

晚上，我们到世界著名的海底餐厅用餐，餐厅就在帆船酒店内，下午预订，晚9点才有位。快9点了，服务员来房间接我们，我穿着便装，问他："可以吗？"他很礼貌地对我说："对不起，穿西装打领带会比较好。"太太已经是一身盛装打扮，我只好换上正装。他引领我们走过灯光明亮的通道，登上一艘微型潜水艇。艇内有6个座位，我们一共有4位。一会儿驾驶员来了，是位中国小姐，她坐上驾驶位，把双道门都关上，开始行驶。艇身咕隆咕隆作响一路下降，艇前的仪表盘显示着当前的深度。不一会儿就下降到200尺深的海底，仓门打开，我们走进餐厅。

这餐厅是个大球形，周围全是玻璃幕墙，透过玻璃可以看到大大小小的各色鱼儿在水草之间游来游去，很有新鲜感。但被告知不可以拍照，不免有些遗憾。里面客人还真不少，客人的餐台沿围墙摆设，左右各有一圈，中间是过道。服务员先给我酒牌，介绍最好的西餐，没有中餐。学华点的是鳕鱼扒、汤及色拉生菜，我因过敏多年没吃过龙虾，这次破戒点了龙虾，还有红酒、法国洋葱汤、三文鱼头盘、蔬菜沙律，最后还点了甜点芝士蛋糕、朱古力雪糕。最令我难忘的是那只大龙虾，真香真嫩真美，好像一生也没吃到过如此鲜美的龙虾。用餐时有乐手到餐桌前演奏助兴，我们点了中国歌曲《茉莉花》。在优美的乐曲中，我们一边吃饭一边观看玻璃墙外的海底风光，犹如身在蓝色海底与鱼儿们共享丰盛的晚宴。这个夜晚真是十分浪漫，令人陶醉。海底大餐吃了一个半小时，买单每人500美元！

坐潜艇返回大厅后，我们到酒店顶楼观看全海景。前下左方有一座像一棵棕榈树一样的人工岛，这就是闻名于世的棕榈岛。

这棵“棕榈树”是由一些错落有致、大大小小的岛屿组成的，向海中延伸几公里，每个小岛上都建有十几幢高级住宅。那里住的可能都是亿万富翁，因为必须要有汽车、游艇或私人飞机才能解决出行问题，不是一般人能入住的。

黄金是阿联酋的一大特产，大约比其他国家便宜一、二成。在离境上飞机前，我最后“冲刺”，给太太买了一只金手镯留作纪念。

5月12日上午11点半，我们由迪拜乘阿拉伯的飞机飞往首都北京，结束了这次难忘的新加坡——迪拜之行。

回北京看奥运　2008年8月8日，第29届奥运会在北京隆重开幕，这是一个盼望已久的伟大的喜庆的日子。8月3日，我获知加拿大将不转播比赛实况，临时果断决定：次日即飞赴北京，观看祖国主办的这届奥运会。

在鸟巢观看北京奥运比赛时留影(2008.9)

北京的酒店房租比平时贵了二三倍，即便如此，我们常住的北京饭店也早已全部被奥运会包下了，外人已无法入住。内弟学江夫妇得知此情，说住房没问题，便腾出自己的住房让给我们，他们则搬到女儿家——他们的女儿结婚后回加国多伦多市工作了。

奥运会开幕式的入场券早已售完，我们无法入场，只好在家中看电视直播。学江家有两台大电视，分别安置在客厅和卧室，两台电视播放不同的比赛项目。北京的八月天很热，我是全短打——穿着短裤背心，到客厅看一会儿，再到卧室看一会儿，一天从早到晚，忙得不亦乐乎。

我想从头到尾把奥运会都录下来，因此一边看电视一边还要操作录像机。录像机要一小时换一次光盘，太费神了，第二天我和学华就去百老汇电脑商场，在SONY专卖店购买了一台最新的SONY硬盘录像机，可连续录20多个小时。有了新录像机就方便多了，一台在客厅录，另一台在卧室录。卧室的电视是安置在墙上的，我就用三角架把录像机架在床上录。从各省市传递火炬开始，我们都录下来了，共录了200多张光盘。

虽没能到现场观看比赛，但在家中看电视直播更清楚，也别有一番乐趣。每当五星红旗升起，高唱国歌的时候，我和学华都激动得热泪盈眶，我们为运动健儿骄傲，为祖国骄傲。北京奥运会中国共获得金牌51枚，银牌21枚，铜牌28枚，奖牌总数为100枚，位居金牌榜第一，奖牌总数第二。在百年奥运史上，中国是第一个荣登金牌榜首位的亚洲国家、发展中国家。中国为奥林匹克运动做出了杰出的贡献，书写了崭新的一页。北京奥运会，真是太棒了，让全世界都刮目相看！中国运动员，真是太争气了，让所有华人都引以为荣！

在刘翔比赛的前几天，我托学江弟设法给买两张门票，想到现场看刘翔赛跑，网上有人要价6千元一张票，学华说在家看电视看得更清楚更舒服，没舍得买，省下了。这场比赛，刘翔脚伤复发，疼痛难忍，只跑了几步就退下来了，实在遗憾，全国人民都为他感到惋惜。祝福他早日恢复健康，重回赛场，为国争光。

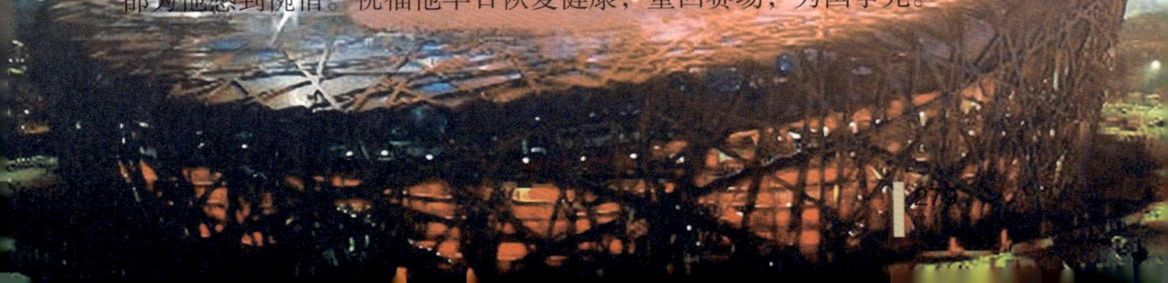

过了两周，残奥会开幕。等到最后两天，入场券已可到中国银行买，我和学华就去王府井中国银行排队买票，想请学江、学浩、学沄、学玲、学采等兄弟姐妹一起观看比赛。好容易挨到我们了，售票小姐在电脑中只找到8张票，当我计算人数时，就剩下2张了。这时售票小姐按着机键不放，问要不要。我们赶紧说，2张也要。结果只买到2张，所有赛场的票都卖完了。为了大家聚会，一起感受奥运现场气氛，我们只好买了到鸟巢场外参观的票送给他们。

我们走进向往已久的鸟巢，爬上三楼又走了半圈才找到位置。鸟巢体育场高大雄伟，气势辉煌，巨大的祥云火炬，在60多米高的鸟巢穹顶上燃烧着熊熊烈焰。可容纳近10万人的看台上座无虚席，群情振奋，欢呼声、喝彩声、掌声、歌声，一浪接一浪在鸟巢里回荡，所有人都沉浸在这欢腾的海洋之中。

在这壮阔的场景里，最引人注目的无疑是那些残疾人运动员，虽然他们身体残疾，历经磨难，但在赛场上的每一个人都在顽强拼搏，都在竭尽全力地为自己的国家争光。且不说他们能不能拿到奖牌，单就这种精神就让我们万分钦佩。残奥会上，中国又成为荣获金牌最多的国家。

散场后，我们与各位兄弟姐妹在奥运村集合，游览奥林匹克公园，参观水立方、玲珑塔、盘古大厦等奥运标志性建筑。我还买了福娃、奥运金币等纪念品，我要永远珍藏这美好的回忆。

下午天很热，这里的游客依然熙熙攘攘，而且兴致丝毫未减，走累了就买瓶水喝，饿了就在大道边的餐厅买份快餐吃。盒饭25元一份，有宫保鸡丁的，有红烧牛肉的，有素菜的，我们每人吃了一份。值得一提的是这种盒饭很特别：打开饭盒，里面有一小包东西，售货员教大家将其放在盒的底部，然后拉动一条线，盖上盖等两三分钟，饭盒内就开了锅，冒出烫手热气，再等几分钟即可享用热气腾腾的美味佳肴了。据说这是专供奥运会的自热盒饭。大家对这项新奇的发明赞不绝口，觉得这盒饭的味道也很好。这是我第一次见到这样的新产品。

真开心！我参与了举世闻名的北京奥运会，实现了我的梦想。

到上海看世博 2010年5月1日，上海世界博览会开幕了。这是第41届世界博览会，也是第一次由中国举办的世界博览会。会期从2010年5月1日到10月31日，共184天。我和学华幸运地得到2天4张极其宝贵的入场券，于是，2010年10月5日由香港到上海看世博。

参观上海世博会时在中国馆前留影(2010.5)

10月6日上午10点，我们怀着非常喜悦的心情进入世博园。世博园分布在南浦大桥和卢浦大桥之间的黄浦江两岸，面积很大，据说占地5.28平方公里。这次世博会的参展规模也很大，共有190个国家、56个国际组织参展。展区分了A、B、C、D、E五个片区，中国馆在A片区。

我们首先参观了中国馆。中国馆的外形像一顶古代的冠帽，又像繁体的“華”字，整体色彩都是经典的中国红，华贵而气派。我们首先在这里拍照留念。此时园内已是人山人海，大家排成“之”字型长队，正在有序进场。我因为年纪的原因被照顾，

志愿者小朋友领我们经绿色通道很快入场。中国馆分“东方足迹”、“寻觅之旅”、“低碳行动”三个展区，给我印象最深的是“东方足迹”展区内的《清明上河图》。

《清明上河图》是中国十大传世名画之一，生动描绘了宋代都城汴京的繁华景象。这里的《清明上河图》是仿制品，把原作放大了20多倍，长约130米，高约6米，更为奇妙的是，它是一幅动态的画。通过现代科技的演绎，这幅画变得栩栩如生，画中人物姿态各异，有悠闲地坐在酒馆里和好友聊天饮酒的；有站在船上吟诗作对的；有骑在马上看风景的……在城墙前，有一条护城河，河水缓缓流过，当夜幕降临时，城里家家户户点上蜡烛或灯笼，温馨的灯光衬托出一种安静祥和的氛围。太美妙了！游客们驻足观赏，叹为观止，纷纷拿出相机拍照留念。

我们还参观了各省市展馆。这类展馆有几十个，各有特色，一个比一个精彩。我们一个也不想错过，出了这个省进入那个省，真像是参加了一次全国旅游。园区太大，为节省时间，我们常常乘巴士或电瓶车去另一区。

不知不觉夜幕降临，园区内各场馆的霓虹灯竞相开启，争奇斗艳，“夜光杯”闪烁着不断变化的炫丽七彩图案，世博园没有了白天的滚滚人潮和喧嚣，梦幻般的美丽园景使人流连忘返。我们不顾疲劳，忙着拍照，十分兴奋。

学华一路搀着我慢步行走，实在太累了，然而，我们还是坚持在最后一刻登上了夜景游览专线小轮，在水上欣赏大型音乐喷泉表演，同时也歇歇脚。喷泉随着中西交响乐曲在水中翩翩起舞，探照灯彩灯把天空映照得如同白昼，水面上五光十色，璀璨夺目，夜上海，不夜城，令人陶醉，令人难忘。尽管我们马不停蹄，一口气看到晚上9点，一天也没看了几个馆。

10月7日，我们参观了其他国家的展馆。因为有护照可优先入场，我们也看了加拿大馆。

看世博是足不出“沪”即可博览世界，一本世博护照是不可或缺的。世博护照不是真正的护照，只是一件纪念品，我们买了两本，每参观一个展馆，展馆就给盖个章留念。展馆太多了，我们一路走马观花，一路盖章留念，两天共盖了36个国家馆的章，走了近3万步——我腰间带有计步器，第一天走了1.5万多步，第二天走了1.4万多步。我们每天一定要看到最后闭园，累得走不动了才肯停步回酒店。

过了狮门桥，左边山上就是我家。

耄耋之年，在太太学华陪同下，我亲自参观了上海世博会，甚感幸运和满足，同时又有一点点遗憾，因为还有很多精彩的展馆没能看到。

我上海亲人很多，几个堂兄弟姐妹大都在上海。这次仅联系到连信弟夫妇，见了一面，略谈家常，其他人都无空拜访，抱歉。

以前我曾游览过不少内地名胜，三亚、桂林、三峡、苏州、杭州、黄山、庐山以及冀鲁很多地方都给我留下了深刻印象。定居加国后，我和学华每年外出旅游一两次，地球上有名的大城市大约游了半数以上。旅游中有很多耳闻目睹的趣闻趣事，倘若全部与大家分享，那真要单写一本《佐民游记》才行。

现在海外只有非洲没去过，内地还有很多著名景点都值得一游，如果有机会，我都想去看一看。有学华照顾着我，只要身体健康，两腿还能走得动，我一定要实现这个心愿。

第七章

难以割舍的乡情

一 漫漫回乡路

少小离家老大回　我从1972年开始回内地参加广交会，也跟河北省畜产公司做过生意，但是，那时正处在文化大革命时期，内地形势很紧张，还在搞阶级斗争，我家成分高，是被批斗的对象，我没敢想过回乡。

在粉碎“四人帮”后，1977年广州春交会举行之际，河北省侨办的王元主任、衡水地区侨办的谭主任等多位领导特地来到广州，会见参加广交会的香港冀鲁旅港同乡会会长和会员们。这些家乡领导亲切地与我们进行了座谈，详细介绍了国内形势和家乡情况，热诚邀请我们回乡看看。这次座谈激起我强烈的思乡之情、回乡之念，我回到香港和玉霞一说，她也颇有同感，大力支持我回老家看一看。

这年初夏，在一个阳光灿烂的日子，我踏上了回乡之路。

我由香港抵达北京，再转车回乡。衡水侨办康文芳主任得知我的行程，专门到北京来接我。平生第一次受到这样隆重的接待，我激动得不得了。到了衡水，我拜见了郭洪深专员等地区行署领导，然后由康主任陪同赶往枣强。

我们乘坐的轿车行驶在衡水到枣强的公路上，我一路不停地透过车窗向外张望：一个个绿树掩映的村庄一晃而过，一片片绿中泛黄的麦田连绵不断，时而遇到的马车伴着“得得得得”的欢快节奏来去匆匆……这一派乡村景象都似曾相识。到了枣强县界，我叫司机把车停下来，要下车站一站，走一走。当站到家乡土地上的那一刻，我情不自禁地流下了热泪。蓦然回首，我九岁离乡，转眼间与家乡阔别了已近40年，现在终于回来了。回到生我养我的地方，我按捺不住内心的激动，走到路边，抓起一把家乡的土闻了闻，泥土的清香沁我心肺。我用手帕小心翼翼地把它包起来，放到衣兜里——我要将这把家乡土带回香港，放在枕头下，聊以慰藉思乡之情。

到了枣强县城，县里的几位主要领导热情地招待了我，随后赵殿水副县长陪我去了大营。在大营，常金善厂长带我参观了大营皮毛厂。那时大营皮毛厂是一片小平房，厂内设备简陋，缝皮机陈旧，工作台不平，灯光不够亮，他们做的也都是低档的兔皮、羊皮褥子或皮袄。我一边参观一边想：今后有机会一定要助家乡皮毛业一臂之力。

来到后马庄，我拜祭了祖坟，然后去看望我家的老宅院。我家的老宅院里住着我的一个本家兄弟一家，原来的砖房子没了，变成了土房子，院墙也变成了土院墙。这里就是我出生的地方，这里曾经是我儿时的乐园，走进院子，一切都那么熟悉，童年的记忆立即浮现在眼前，仿佛时光又回到从前。老宅院历经几十年风雨沧桑，已经破旧不堪，我也见不到一位亲人的身影，触景生情，黯然神伤，泪水又一次浸湿了我的双眼。离开的时候，我在家门口的墙上抓了一块泥皮放在手帕里，我也要把它带回香港。

我在村子里转了转，仍能依稀分辨出当年的大街小巷，但是，除了几个儿时伙伴，其他乡亲我都不认识谁是谁了。得知我这个离家几十年的游子回来了，许多乡亲前来看我，围着我问长问短拉家常，纷纷邀请我去他们家做客，特别亲热。一别几十年，村里变化很大，但乡亲们仍然很贫穷，他们穿着破旧衣服，住着破旧房子，还在吃高粱面、玉米面窝窝头。看到乡亲们生活这样苦，心里很不是滋味，我暗自发誓一定要常回来看看，为乡亲做点事，帮他们过上好日子。

晚上我被安排住在大营皮毛厂内，常主任早已给我准备了一个小房间，新被褥、新床单很干净很好。吃饭的时候，赵县长、乡领导、常主任等几位乡亲陪着我喝酒，非常热闹。赵县长是酒仙，还与我斗开了酒，他喝六杯，我喝一杯，结果我都有些醉了，他却没醉，真是好酒量。

第一次回乡，我在大营住了四五天，领导们、乡亲们陪着我这里转转，那里看看，陪着我说话聊天，陪着我喝酒吃饭，让我感到像回到自己家里一样温暖。乡亲们是那么亲热、那么淳朴、那么真诚，他们深深地打动了我，让我加深了对家乡的感情，激发了对家乡的热爱。几天后，我人回到了香港，可是我这颗心已经永远地留在了我的家乡——这个让我魂牵梦绕的地方。

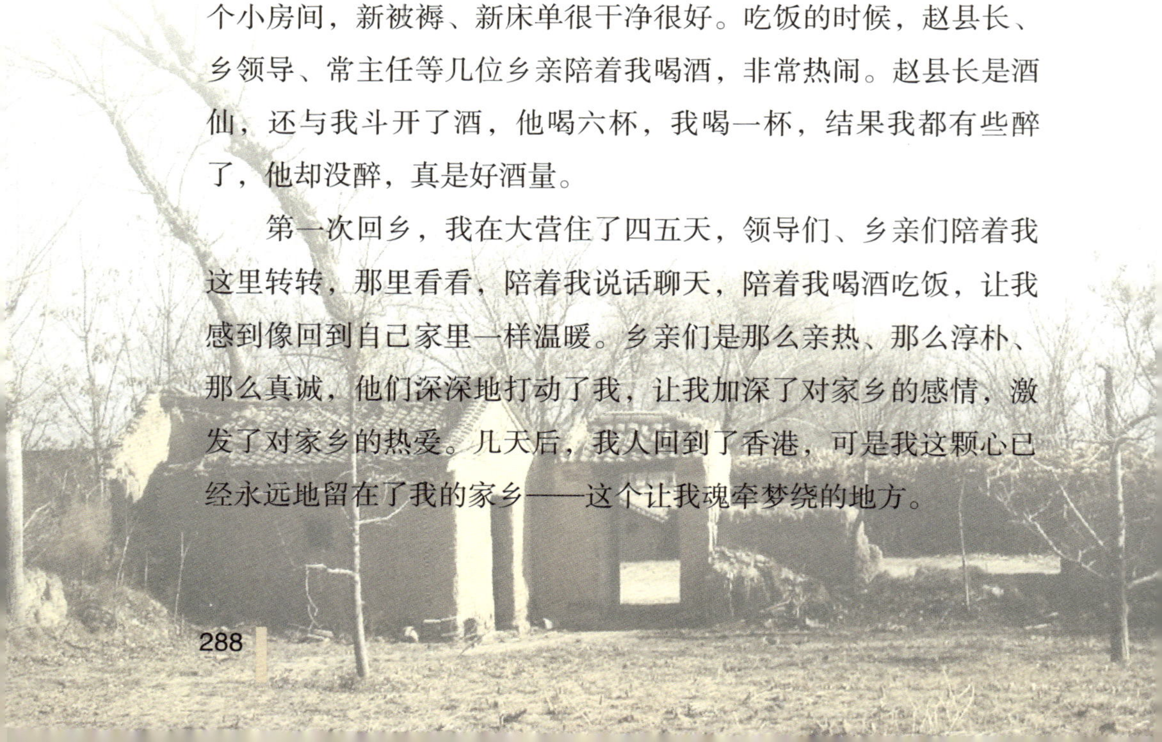

热土难离 自从第一次回乡，我就一发而不可收，每年都回乡一两次甚至更多，至今已经30多年了。以前玉霞有时跟我一起回乡，她生前大概回乡有10多次，后来我每次回乡都由学华相伴而行。

以前第一站都是到衡水，在衡水住上一两天，拜访拜访地区领导，领导们每一次都会热情接待我。1986年，我任冀鲁旅港同乡会副理事长时，带领18位同乡会的老乡回乡参观，地区侨办领导还特意陪我们去深州吃蜜桃。深州蜜桃个大多汁甘甜，东汉以来就被列为朝廷贡品。吃桃时，我兴之所至，挥毫题了八个大字：北国之桃，深州最佳。后来回乡就不在衡水停留了，一是因为坐火车能直达枣强了，二是因为没什么大事，怕去了给领导添麻烦。

以前回乡，我一般是住在大营皮毛厂里，因为我常回去，常主任就在厂里专门给我安排了一间屋子，后来就住县城的枣强宾馆了。前些年，不管我在县城，还是去大营，都是赵县长陪着我。他很亲切，很热情，很和善，没有一点儿官架子。

有一次，我们在大营喝酒。酒后主食上的是一盘炒饼。其实这时我已经吃饱了，赵县长仍然一个劲儿地让我：“尝尝吧，尝尝吧，这可是‘四掌柜炒饼’，大营风味名吃啊。”我从小就爱吃炒饼，闻着那香喷喷的味道，实在禁不住诱惑，想夹一点儿尝尝即可，可是边吃边聊不知不觉就把一盘子都尝光了。不料到了半夜忽然感到胸口不适，胃胀难受，赶紧请来大营医院的何育红大夫。何大夫推拿了好一会儿，才没事了。究竟大营有没有“四掌柜炒饼”这个风味名吃我不知道，但是那次我的确是因为吃炒饼撑着了，太好笑了。

后来我结识的家乡领导越来越多，有县里的，有乡里的，有村里的，每次回乡，我只要有时间就愿意和大家见个面，吃顿饭，拉拉家常，关系特别融洽。

有一次，家乡领导设宴款待我，席间我给领导们敬酒，并提议：我喝1杯，被敬者喝3杯。他们共有9人，都很不情愿地同意了，我也认为我占了便宜，结果敬完酒才明白：我喝了9杯，他们每人才喝了3杯。酒已下肚，无法反悔，大家哈哈大笑。现在人老了不能多喝，为了健康，有时只能以水代酒了。

我回乡不只是单纯地回去看看，更主要的是想为家乡做点事，从1977年开始回乡至今，几乎每年都为家乡办一件事。我做的项目都不大，跟人家那些大财团的捐献差得没边儿，但是积少成多，30多年下来也捐献了上千万元。我在家乡也有点商业投资，有赔的，有赚的，赚的钱从没想过要拿回香港来，而是取之于家乡，用之于家乡。我回乡住店吃饭都是自己出钱，有时住县宾馆，宾馆不要我房钱，我非给不可，我不愿意占国家的便宜，占便宜心里不舒服。在香港的河北乡亲有比我发财的，也有不如我的，其中也有捐助家乡的，但是像我这样一做就是几十年的，可能不多。

有人问我："你30多年坚持不懈地捐助家乡，图的是什么？"说心里话我什么都不图，就是想做点对家乡有益的事。我是个很念旧的人，对家乡怀有深厚的感情，虽然在家乡只生活了短短的几年，但是那点点滴滴的童年记忆却深深地铭刻在心里；虽然每次回乡都来去匆匆像一个过客，但是那零零碎碎的家乡印象却常常萦绕在脑海里。无论我走到世界的哪个地方，都习惯地把那里与我的家乡做对照，或者说还没我们大营好呢，或者说我们大营要这样就好了，“大营”总挂在嘴边上。回首人生历程，我在大营生活了7年，北京3年，上海12年，香港46年，至今在温哥华也已有15年，其中只有大营最让我留恋，因为那里是我祖先生活的地方，那里是我出生的地方，我的根在那里。

我自幼就爱帮助人，念书时常借小钱给同学，在港经商时常帮贫苦朋友解决生活困难，现在我有能力捐助家乡，造福父老乡亲，感到非常高兴和自豪，我要在这条回乡路上一直走下去。

二 绵绵寸草情

不以善小而不为 1977年第一次回乡时，村里的生产条件很落后，还处在牛耕马拉的时代，我就对村长说：“你们需要什么？我给你们买台拖拉机怎样？”他说：“好啊，咱村正需要这个。”回香港后，我开始打听如何向家乡捐赠拖拉机，向有关部门提交捐赠申请，可是申请了两次都没获准，到了1978年国家政策放开了才被批准。当时买拖拉机国家限购，我只买了两台，是天津制造的大拖拉机，每台3万多元。

这年我和玉霞一块回乡，就把拖拉机运到家乡，一台给了我的老家后马庄村，另一台给了玉霞的老家李崔浒村。那时农村的拖拉机很少，我们这俩村原来也没有，乡亲们听说村里有了新拖拉机纷纷前来观看，喜悦之情溢于言表，当然我和玉霞也十分开心。

这本来是个好事，没想到后来我却因此得罪了一个人。

第二年，我出席北京皮毛交易会，住在北京饭店，我村的那位村长和三位乡亲来看我。

村长认真地对我说："你送拖拉机给我们添麻烦了。"

我不解地问："添什么麻烦了？"

"添开销了。有了拖拉机就得买油，我们哪来钱买油啊……"

"难道送拖拉机还要负责供油钱吗？"我哈哈大笑。

不久，大营镇领导得知要油钱的事就把那位村长撤了，那位村长从此就不理我不见我了。

对要油钱的事，我当时觉得很好笑，甚至还有点不满，随着对家乡的不断了解才逐渐明白：这也许是他们无奈的选择，因为当年村里的确很困难。

后来回乡时，我就注意观察和了解乡情，每年都有针对性地为家乡做点事。

那时村外有电，村里没电，村里没力量拉线，有电进不了村，晚上家家户户还是点油灯，我就掏钱拉电线，把电线铺到各家门口，然后各自往屋里接，谁接谁花钱，让我们这俩村的乡亲们都用上了电灯。

70年代，家乡种地还是靠天吃饭，赶上雨水好的时候，乡亲们就能多收点粮食，赶上干旱年，孩子多的人家连高粱面的窝窝头都吃不上，只有过年的时候才舍得吃点白面，包顿饺子。为改善生产条件，我和玉霞捐款约20万元为后马庄和李崔浒各打了一眼深井。

1999年，我捐款10万元又为后马庄打了一眼深井。乡亲们要在井旁立个碑，刻上我的名字，我执意不肯，他们后来刻了一首

在为后马庄打的第三眼深井前留影(2000)

乡亲们在井旁立了石碑(2000)

诗：“佐农胜干旱，民心倍安然。十方聚祥瑞，万载涌清泉。”句首藏“佐民十万”四个字以作纪念。

2000年，我和学华捐款9万元为后马庄打了第三眼深井，乡亲们在井旁也立了一个碑，上面刻着：“饮水思源——孙佐民、张学华夫妇捐献。”

2011年，我村花9万元又打了一眼深井，我出了4万元，其余5万元是乡亲们凑起来的，每人100元。其实我不是不能出全款，只是想带头让大家都参与进来，都出一份力来做公益事，为自己也为大家，这样比我自己做更有意义。

家乡常常是三年两旱，村里有了深井，乡亲们很受益，即使遇到干旱年也不怕了，也能有个好收成。

村里有了深井后，我捐款3万元把水接到村子里。以前乡亲们吃水还是像我小时候那样，去村边的一口水井里打水，赶上干旱年，井里没多少水，打上来的都是浑浆浆的泥汤子，极不卫生。1981年至1983年，我三次给家乡运回毛皮下脚料1.4万多磅，加工后的收入全用于改水，让乡亲们都喝上了干净清亮的深井水。

那时通往村里的路都是土路，村里的街道也是坑坑洼洼的，一到下雨天，道路泥泞，出入非常不便。1979年，我捐款2万元，铺设了金子公社（原为李崔浒村所属的公社，后来并入大营镇）到大营公社的柏油路。1996年，捐款1万元整修了村中的大街及排水道。2005年，捐款18万元给后马庄修水泥路。2007、2008年，共捐款14万元给李崔浒也修了水泥路。2011年，为方便后马庄、前马庄等附近几个村的孩子们到设在前马庄的联合小学上学，我捐款13万元给前马庄修水泥路（我的捐款约占总投资的一半）。

大营医院是公立医院，也是大营唯一的一所医院。当时的院长何育红大夫，医术高明，闻名遐迩，乡亲们生了病都想找他看。我的姑姑、玉霞的舅舅一直生活在乡下，都请何大夫看过病。我曾去过大营医院，看到医院条件非常简陋，破房子里什么设备也没有，病床都是铺的木板条子，乱七八糟的。我问何院长出诊怎么去，他告诉我说骑自行车，我说如果离得远，有急病也来不及啊，他说没办法，乡下条件就是这样。看到这种状况，我就出钱给医院修建了十几间病房，买了25张病床、一台德国制造的显微镜和一辆摩托车，改善了一下医疗条件。

为了方便家乡领导开展工作，1984年，我向枣强县政府捐赠了一台价值2万元的复印机，向衡水侨办和大营皮毛厂各捐了一辆日产面包车，总价约30万元。衡水侨办还特意在车上写上“衡水侨办侨务办公车 孙佐民捐赠”的字样。

后来有人说大营皮毛厂的那辆车是给我兔皮褥子换来的，我听到后非常生气。那时郭庚茂刚到枣强任县长，赵殿水已经调任县人大副主任，我郑重地对他们说：“外面有人说我送给家乡的汽车是皮毛厂拿皮子换的，磕碜人！我来家乡几次了，你们查查看，除了从厂子里坐坐沾了几根兔毛走，我有没有拿过厂里的一针一线，有没有利用领导关系或通过请客送礼索取好处？我不是那种不正当的商人。”当然清者自清，谣言终会止于智者。

我为家乡做的事有大有小，事情无论大小，只要乡亲们需要，有利于家乡，我就去做，而且乐此不疲。

为振兴大营皮草业贡献力量 授人以鱼，不如授人以渔。我深知，要真正让乡亲们过上好日子，就必须帮助家乡做好皮草业。

1979年，大营皮毛厂仍然稳占大营皮草业的龙头地位。它占地上百亩，有工人600多名，有为其做加工的摊点上百家，年出口毛皮褥子近5万条，生产毛皮服装3千多件，总产值超过1千万元。

尽管大营皮毛厂规模很大，但是生产条件、工艺水平和产品档次却很落后。那时香港的皮草工厂已经实现机械化，而大营皮毛厂还使用着在香港早已不见的陈旧设备，还是手工缝制。我想买点兔皮褥子做衣服，结果用刀子割开一个线头，那线就都松开了，如用机器缝就结实得多，机器缝每一针都是锁住的。

为了帮助大营皮毛厂改进缝制工艺，我把香港皮草厂50台旧缝皮机运回来捐给它（缝皮机用的时间长了，针脚一粗，我厂就不用了），第二年，又投资20万元从英国购进20台新的缝皮机送给它。还有钉皮机用的钉子，我也给大营皮毛厂寄过不知道多少盒，原来他们用大粗钉子钉皮，钉眼很大。为了提高大营皮毛厂产品档次，1983年，我从香港皮草厂选派了两位高级毛皮技师登门传授貂皮串刀工艺，后来又出资特邀大营皮毛厂的两位技术员去香港学习硝染技术，还帮助大营皮毛厂增设了两个高档服装车间，使大营从此有了狐狸皮、水貂皮等高档毛皮服装。

20世纪80年代初，沐浴着改革开放的春风，家乡人民萌发了强烈的发展意愿，大营皮毛厂进入快速发展时期。为了帮助大营皮毛厂扩大生产规模，1983年，我与大营皮毛厂合办了国内第一家蓝狐饲养厂；1984年，与日本霓虹贸易株式会社、大营皮毛厂合办了河北省第一家三资企业——中国联合毛皮企业有限公司；1993年，又与大营皮毛厂合办了河北港联毛皮有限公司。

中联是办得最成功的，它的成功之处不仅仅是给股东们创造了丰厚利润，更重要的是它为家乡培养了一大批掌握现代先进毛皮技术的人才。中联的工人都是来自家乡的年轻人，他们在这里工作几年，掌握了技术，就纷纷返回家乡自己创业。他们来一批走一批，走一批又来一批，20几年间，大约有几百位家乡青年通过这条道路跻身皮草业，其中许多人成了大营皮草业的中坚力量，同时，他们又通过自己开办的公司或技校培养了更多毛皮技术人才。有人说，中联是一个毛皮技师培训学校、中联催生了一次营皮生产技术革新的浪潮，这种说法并不是没有道理，中联的确对大营皮草业产生了重大而深远的影响。

20世纪90年代初，大营的皮毛专业户如雨后春笋般涌现出来，大大小小的皮毛厂家有上千家，从业人员近万人，但是，大家的思想还不够解放，私心大，欠团结，缺乏合作和交流。这种状况必须改变，否则，大营皮草业难有起色。这时我便想到了成立大营毛皮业协会。

我对毛皮业协会的作用深有体会，它可以团结同业，促进交流，加强合作，形成合力，能产生一加一大于二的规模效应。如果你自己背着包，背着几件衣服到国外去推销，行家们不一定看你的货，你一家一户没人注意你；如果你组团去，有规模，有声势，情况就不一样了。在香港，政府贸易发展局、香港毛皮业协会经常组团到外国举办展销会，每次都有几十位皮草厂商参加，大家共同出钱包住两三层酒店，借助团体的力量各做各的生意，效果非常好。单枪匹马地做生意是做不大的，店多才能成市。就大营皮草业发展情况来看，成立毛皮业协会很有必要。

1992年11月，我倡议成立大营毛皮业协会，家乡领导和一些皮毛厂商积极响应。1993年11月25日，大营12家皮毛厂商发起成立了大营经济特区皮毛厂商联合会。大家推举我任商会名誉会长，我捐献了1万元作为开办经费。商会会长由大营镇农工商联合社副社长、大营皮毛行业管理委员会主任顾荣州兼任。到1995年，商会会员发展到86个，有外商合资、独资企业，有国内私营企业，也有国营、集体企业。商会两年间多次承办各种大型商务活动，成功举办了两届“中国比干裘皮节”（每年农历9月初8—

大营皮毛厂商联合会成立大会。右二苏兰芳副县长，左一顾荣洲先生，左二刘子会先生(1993)

13），为加强本地皮毛厂商的联系，扩大与国内外客商的业务合作，发挥了重要的桥梁作用。

进入21世纪，大营皮草业突飞猛进，皮毛经营摊点每年增加上千家，从业人员每年增加5千余人。面对新形势，2002年10月，在县、镇两级领导的关心支持下，大营皮毛厂商又成立了一个新的更强大的商会组织——大营皮毛业协会。

协会聘请原国际皮草协会主席韩信先生为名誉顾问，我为顾问，我儿绍曾、大营镇党委书记刘景城、枣强县另一皮毛重镇新屯乡党委书记母林宝等为名誉主席，枣强县竞佳裘皮服装厂经理张文良为会长。会员单位涉及皮草、金融、外贸出口、通讯等多个行业。协会实力雄厚，人才荟萃，业务遍及世界各地。

协会成立以来，以发展本地本行业及为同业寻求共同利益为根本宗旨，坚持为皮草行业发展服务、为会员单位服务的工作方针，为促进皮草行业的繁荣做出了很大贡献。

我爱大营，也爱皮草，在大营毛皮业协会这个平台上，积极献策出力，与家乡领导、家乡同业共同推动大营皮草业不断向前发展。

十几年前，许多从中联返乡的工友都自己开了工厂，我回大营时想看看他们生意做得怎么样，没想到他们都是大门紧闭，敲门也不敢开。

我招呼“开门”，他们从楼上伸出头来一看，说：“哦，是老板来了。”这才赶紧下楼开门迎接。

我进去一看，二楼上不少工人在做活儿。我疑惑不解地问：“为什么关起门来做生意呢？”

“怕收税的。”他们说，“今天这个来收税，明天那个来要钱，来了坐着又吃又喝，拿点钱走了，说不准什么时候又来要什么税，没完没了，所以只好关着门做生意。”

我觉得这里出现了很大问题，商户怕收税都关门偷着做生意，必将影响大营皮草业发展。我和学华一直讨论这个问题，认为事关重大，于是没有通知任何人，在乘车离开大营时，请司机直接送我们去久有耳闻的辛集市进行调研。

辛集距大营100多公里，隶属石家庄市，皮革业规模庞大，实力雄厚，十分繁荣，是著名的皮革业中心。辛集与大营有许多相似之处，我们想看看人家是怎么做的。去了一看，人家就开门做生意。经多方了解得知，辛集市政府实行一口税政策，商户按规定缴纳定额税款后，决不允许乱收税。

我们如获至宝，不虚此行，回来就向有关部门建议：在大营实行一口税，进一步调动广大皮草厂商的积极性，促进大营皮草业快速发展。这个建议得到当时县领导的重视，此后省里有关部门还专门派人来港，就一口税事宜听取我的意见。

为了改进大营的硝染工艺，提高营皮质量，1996年3月，我在大营投资300万元创办了一家具有国际一流水平的毛皮硝染厂——宝利毛皮（河北）硝染有限公司，把先进的硝染技术传播到家乡。几年后，由于种种原因——其中包括污水无法有效处理——我便把大营宝利厂永久关停了。

皮毛在加工过程中要经过浸泡、鞣制、染色等用水工序，生产过程中会产生大量污水。据河北省环境科学研究院2002年11月的测定，大营镇日排放污水5千至6千吨。污水中含有大量有毒有害物质，而且危害时间很长，据说经过50年也不会自然消失。以前，这些污水基本上未经任何处理就直接排放，致使镇区内的河渠水体变黑，腥臭熏天，天长地久连地下水都会受到污染，这必将直接影响到父老乡亲的生活和健康。

我们惠州的宝利硝染厂每天也会产生大量污水，而我厂污水全部经过处理，达到了国家有关标准，流出来的水清澈干净，不危害周边的农田庄稼，不会污染人们的饮水。

针对环境污染问题，我向各级领导坦诚直言："我们不能只看眼前利益，不顾子孙后代，我们要快速发展，更要可持续发展。硝染厂没有污水处理系统的，坚决不能开业，有污水处理系统而达不到污水排放标准的，坚决不能开业。"

我是个心直口快的人，像这样的意见或建议，大大小小的提了不知多少条，家乡领导很重视我的看法，几乎条条都有回音，大营皮草业也因此一步一步地向前发展。

为了让大营皮草业与时俱进，加强与国内外同业的交流与合作，我牵线搭桥，出谋划策，不遗余力。

我经常把皮草专家请到大营来传经送宝，答疑解惑。1996年8月，在绍曾的诚恳邀请下，国际皮草协会的26名专家不顾山高水远，舟车劳顿，来到大营讲了两天课。要知道，这些专家以前都是到世界知名大城市活动，别说去乡镇，就连小城市都从来不去。能请他们来到自己的家乡，是多么难得啊，我为此兴奋不已。

我经常鼓励大营皮草厂商走出去，哪里皮草业旺，就到哪里去，到那里考察学习，到那里开拓市场。要学人之长，看一样就学一样，学一样就会一样，即使只看个大概，看看流行什么款式，什么颜色，对自己的事业也大有益处。只有这样才能不落后，跟得上。我还给他们提供一些实用的专业资讯，甚至提醒他们出国应注意的一些事项，如头发要剪一剪、皮带怎么个系法、穿什么衬衫、钥匙链不要挂在皮带上等等，可以说是无微不至。

近10年，大营毛皮业协会组团参加过香港国际毛皮时装展览会、加拿大蒙特利尔国际毛皮服装展览会、德国法兰克福皮草交易会、意大利米兰毛皮展会、俄罗斯国际皮草展等展览会，也多次参加国内的皮草交易会和行业会议。这些国际、国内交流让大营的皮草厂家开拓了眼界，更新了思想，也让他们更快地融入了国际皮草大市场。

大营也有个皮草交易会，叫“中国·大营国际皮草交易会”，起源于每年农历4月和10月的大营镇传统庙会。

1984年，为发展商品经济，枣强县政府在每年春秋两季庙会的基础上开始举办大营物资交流会。尽管在物资交流会上皮草唱主角，但是这个主题并不十分鲜明。

那时香港毛皮业协会每年都举办香港国际毛皮时装展览会，而且举办得相当成功。我和绍曾都担任过香港毛皮业协会会长，都见证了这个展会的成长历程。于是我们就向家乡领导建议：在大营也办一个毛皮展会，打造一个响亮的品牌，吸引世界各地客商前来采购或推销。这个建议得到家乡领导和皮草厂商的一致赞同。

1992年，县委、县政府决定，以秋季物资交流会为基础，举办“大营秋季皮毛交易会”。首届皮毛交易会于1992年11月4日—9日举行，为期6天。这届皮毛会规模大，品种全，交易摊点有4600多个，交易额达6320万元，可谓旗开得胜，马到成功。从第四届（1995年11月12日—17日）开始，皮毛会定名为“中国·大营国际皮草交易会”。截至2011年，中国·大营国际皮草交易会已经举办了20届，取得了巨大成功。

在大营国际皮草交易会会场留影(2004.10)

2011年10月28日上午，中国·大营第二十届国际皮草交易会在大营镇文化休闲广场隆重开幕。

这一届大会由河北省人民政府、中国轻工业联合会、中国皮革协会主办，中国贸促会河北分会、衡水市人民政府、枣强县人民政府、河北太和集团、河北保定隆基泰和实业有限公司、中国建筑第六工程局有限公司承办，国际皮草协会、香港毛皮业协会、中国畜产品流通协会、河北省商务厅协办。

大会以“造福百姓，锦绣未来”为主题，国内外众多知名皮草企业荟萃，参展商品有裘皮服装、纺织围巾、毛领帽条、皮张、褥子、皮毛工艺品等，涵盖了裘皮产品的所有种类，吸引了来自俄罗斯、韩国、日本、丹麦、芬兰、新西兰等十几个国家的500多位外国客商和来自北京、山东、浙江、广东、四川、黑龙江等20多个省市的5千多名国内客商参会。

大会会期5天，展会期间，举行了皮草业发展论坛、项目签约、采购之旅等一系列活动。据报道，本届大会期间共达成产品销售意向3千多个，价值25亿元[1]。

像这样一届又一届的皮草盛会，有力地带动了大营皮草业的发展。

移居加国前，我年年参会，后来因为路途遥远，来往不便，有时就请假缺席了，但是，无论我身在哪里，心里总是牵挂着，无论我参会与否，都会预先提些建议或意见供有关部门参考，我的心愿就是把这个皮草会越办越好。

绍曾随我回乡第一次参会是1994年，此后便逢会必到。他接管了我的公司，忙得很，每次参会都是来去匆匆。他一般头天晚上到，第二天上午参加开幕式，观看皮草时装表演，参观大营皮毛园区及交易会展厅，下午出席皮草发展论坛，与家乡领导、同业共谋皮草业发展之计，晚上就返回了，日程安排得很紧。

起初几年，我公司每次都会精心挑选二三十件高级皮草服装

---

[1] 冯山志，李金刚，《中国·大营第二十届国际皮草交易会举行》，2011年10月28日，http://www.he.xinhuanet.com/zhuanti/2009gk/2011-10/28/content_24017664.htm。

带回来，并非来卖货，在大营也卖不出去，而是为了参加时装表演，给大营同业做示范引导，给皮草交易会撑门面。那时大营的皮草服装无论颜色、款式、还是质量，都达不到国际水平，而我香港皮草公司的美雪牌早已跻身世界顶级皮草品牌之列。

绍曾担任过国际皮草协会副主席、香港毛皮业协会会长，在国际皮草业很有号召力，他每次参会都会邀上几位大皮草商来大营参观考察，向他们推介大营皮草。最多的一次是1998年，他请来了欧洲皮草商会的18位贵宾，都是欧洲著名的皮草商。在请来的客人中，有一位非常尊贵的客人，他从1993年就开始参加大营皮草会，此后年年都与绍曾一块准时参会，从未间断过；他每次都在开幕式上发表热情洋溢的贺词，每次都在皮草业发展论坛上积极建言献策，力挺大营皮草；他是丹麦人却对大营情有独钟，他的义举在我的家乡传为佳话，他就是原国际皮草协会主席、我

与应邀参加大营国际皮草会的十八位欧洲皮草商会贵宾在枣强宾馆前合影(1998)

们最亲密的好友——韩信先生。

鉴于韩信先生为大营皮草业做出的特殊贡献，经我建议，2007年10月29日，第16届大营皮草会召开之际，枣强县政府在县宾馆举行授勋仪式，授予韩信先生“枣强县荣誉市民”称号，并给他颁发了证书。当他从县长邢少英手中接过证书后，参加授勋仪式的县委、县人大、县政府、县政协的主要领导一齐与他紧紧地握手祝贺。那一刻，这位在国际皮草业纵横驰骋了几十年的高大男人眼里噙满了激动的泪花，他哽咽着说，他非常荣幸成为枣强县荣誉市民，非常感谢枣强人民的这份厚爱，他将为枣强继续贡献自己的力量，希望枣强的明天会更美好。

韩信先生在大营接受访问时，我为他做翻译(2007.10)

众人划桨开大船。在多方合力推动下，现在大营皮草业已经具备了雄厚的产业基础，正走进跨越发展的新时代：2006年4月，7万平方米的中国大营国际皮草交易中心开业；2010年10月，3.1万平方米的中国大营国际裘皮城开业；2011年10月28日，总投资68亿元、总占地180万平方米的中国大营国际裘皮新城项目正式开工奠基……大营镇正在构筑一个全球最大的皮草贸易平台，家乡崛起指日可待。

捐建乡村小学　“黑屋子，土台子，里面坐着泥孩子”，这是20世纪80年代初我村小学里的一幕场景。乡下的孩子和城里的孩子都是国家的未来，人民的希望，然而，他们的学习环境却迥然不同。这种状况深深地触动了我，我决心先为家乡的孩子们改变一下学习环境，使他们能在一个像样的教室里上课。

我做的第一件事是修缮校舍。我捐款把后马庄和李崔浒俩村的小学都修了修，这俩学校的教室太破旧了。完工后，我去看了看，不理想，仍未解决根本问题。1989年，我捐款2.5万元，在后马庄新建了一所有8间教室的向阳小学，并购置了一批教学仪器和体育器材。

大营高小

1998年，我把大营宝利厂从承包方收回，第二年，把中段的厂房捐给大营高小作为校舍，并捐款2.5万元把校舍修葺一新。2000年，我又捐款2万元，为该校购置了体育器材以及电脑、打印机等设备。

在大营高小校园内立此碑(1999)

20世纪80年代，国家大力推行一对夫妇只生一个孩子的计划生育政策，人口出生率不断下降，家乡各村小学的学生越来越少。2000年，后马庄及其附近的前马庄、南姚庄、黄路、普路屯，每个村小学只有几十名学生，加在一起也就300多人。由于办学规模普遍偏小，教育资源难以充分利用，学生无法受到全面教育，教学效果也不好。这就导致教育主管部门不愿意投资，好老师不愿意来，学生纷纷转到县城或附近的大学校，乡村小学前景堪忧。

能不能把这几个村小学集中到一块，我捐资搞一个联合小学呢？回乡时，我跟家乡领导一谈，他们一致赞同。县领导说，国家正在加大投入力度，积极推进合校并点，优化教育资源配置，推进教育均衡发展，您的想法很符合当前政策。经过探讨，

马庄联合小学

回乡时到学校看望同学们(2004)

马庄联合小学教学楼

赠送向阳小学同学们学习用品(2004)

与同学们一起听课(2004)

我心里有了底，就着手谋划建校事宜。

经多次协商，我决定投资20万元新建一座两层的教学楼，把五个村小学合并到一块。在选址问题上，后马庄的村民认为我捐了20万，学校应建在我们村，而其它村的村民认为哪个村居中就应建在哪个村，各村意见不一，相持不下。我得知此情给各村领导写了一封信，明确指出：我捐建的学校不一定要建在我村，要以方便所有孩子上学为原则，选一个居中的地方为好。一锤定音，教学楼落户位置居中的前马庄。

2001年9月，新校落成，教学楼盖得很好，很漂亮，五个村的孩子们全部搬进宽敞明亮的新教室，个个兴高采烈，喜笑颜开。这个新建的小学叫马庄联合小学。马庄联合小学总投资约25万元，除了我捐的20万，各村也出了点力，每村捐了1万元。

2002年，我捐款8千元给马庄联合小学的每个孩子购买了新书包、手套和帽子，给教师购置了办公用品；2003年，捐款1万元给该校配置了滑梯、转椅、秋千、单双杠、排球网等体育器材；2005年，捐款3万元给该校购置了电视、课桌、书架和图书，并对校园环境进行绿化美化；2006年，捐款8千元给该校购置了电脑、打印机等现代化办公设备。

后来，国家要求中小学开设信息技术课程，让孩子们从小学就学习电脑和网络技术，而那时国家下拨的经费还不多，家乡很多中小学还没有电脑室，大部分孩子还是电脑盲。为了让家乡的孩子们早日学好信息技术，跟上时代发展，2006年，我捐款10万元给枣强中学购置了30台电脑；2007年，捐款15万元购置了电脑及电脑桌椅45台套，赠送马庄联合小学17台套、大营高小15台套、石村小学13台套；2009年，捐款2.6万元又给马庄联合小学、石村小学添置了电脑及电脑桌椅各4台套。如今，家乡的孩子们对电脑和网络已经不再陌生，很多孩子甚至能运用自如，这对他们全面发展是非常有益的。

为枣强中学捐建的电脑室（2007）

现在，国家富强了，下拨的教育经费充足了，家乡中小学的面貌发生了天翻地覆的变化，整体办学条件得到极大改善，教育教学质量显著提高，基本实现了教育现代化。

设立教育基金会和奖学金 1989年爱妻玉霞去世以后，香港毛皮业协会的同仁曾想捐点钱成立个“李玉霞基金会”来纪念她，我认为这样有所不妥，就婉言谢绝了，因为玉霞生前并没

李玉霞教育基金会成立大会(1990.12)

有在香港皮草界出过头，也没有在协会里做过事。这个基金会虽然没有成立，但是同仁们的这片心意却给了我很大启发，我决定以她的名字在家乡设立一个教育基金会，支持家乡教育事业。我把这个决定向家乡领导一汇报，他们都非常欢迎。1990年12月，我专程回乡，捐资10万元在枣强县成立了“李玉霞教育基金会”。县政府为此还给我颁发了证书和牌匾，牌匾上书“捐资育才，造福桑梓”八个大字。

基金会将基金存入银行，以所得利息为奖金每年对优秀师生进行一次表彰奖励，激励教师精心育人，激励学生立志成才。如利息不够，由我补足，如有余额，转入下年本金。

1991年8月26日，基金会首次颁奖大会在枣强隆重举行。省地县有关领导出席了这次大会。我出席大会并为当年衡水地区高考文、理科状元和枣强县高考、中考、初考前3名等18名同学颁发了荣誉证、奖品和奖金。

颁奖大会一年一次，从未间断，基金会也在不断地进行自我完善。

一是基金数额增加了。在第二次颁奖会上，我儿绍曾向基金会捐赠5万元，使基金达到15万元。

二是组织机构健全了。现在基金会由我和绍曾任名誉会长，副市长杨新丽、市教育局局长李金池、市外旅侨办主任张成海、常务副县长李佩池、副县长吴新玲等任名誉顾问，县外事办主任常洪胜任会长。基金会下设理事会，县教育局局长李连申任理事长，县侨办、大营镇、李崔浒、后马庄等有关单位领导和我的几位亲属任副理事长。过去每次颁奖大会，我业务再忙也要回乡主持，如今我年事已高，绍曾接替了这项重要工作。

三是奖励范围扩大了。现在的奖励对象包括枣强县考入大学的文、理科前五名的高中优秀毕业生，考入枣强中学的前五名的初中优秀毕业生以及他们的班主任；原大营镇、金子乡初中升高中第一名，小学升初中第一名；李崔浒、后马庄初中升高中第一名，小学升初中第一名以及所有考入大学的学生；衡水市考入大学的文、理科前三名的高中优秀毕业生，升入中国科技大学少年班的学生。每年受奖人数由最初的18人，增加到五六十人。

四是奖金数额提高了。2004年，各等次奖金向上普调100元，分别达到1000、800、600、500、400、300。

五是把颁奖时间由每年8月下旬提到8月中旬，避开开学时间，确保获奖学生都能参加颁奖会。

六是成立了“枣强同学联谊会”。获得基金会奖励的学生，大多考进全国重点大学，其中不少考进清华、北大、南开、复旦等著名大学。为了让这些从枣强走出去的优秀学子加强联系，互相照应，将来无论为官也好，经商也好，不要忘了家乡，多为家乡做贡献，1996年，我和内弟方雨共同策划，在北京成立了“枣强同学联谊会”。当时，我出了1万元活动经费，委托在北京工作的冀国瑞、回世勇两位同学组织。联谊会成立时，各行各业、各个学校的枣强同学差不多都到了。

开始的几年，联谊会每年都组织几次活动，我和太太学华、内弟方雨、儿子绍曾都参加过，效果很不错。联谊会还办了一个内部刊物——《同行》，当时就读中国人民大学新闻系的一位女生吴艳荣采访过我，并在这个小刊物上发表了一篇关于我的文章。吴小姐现在是《河北日报》的一位优秀记者。后来，因为大家都很忙，联谊会解散了。

1999年，为了帮助家乡优秀寒门学子完成大学学业，学华以我的名字在衡水市设立了“孙佐民奖学金”，每年出资2万元，资助5名当年考上第一批重点大学而又因家境贫困无力就读的衡水学生。如其中有特困生，入学后仍不能完成4至5年学业，所在学校又不能给予资助者，可再次申请资助。该奖学金2004年移至枣强县，每年资助5名以优异成绩升入大学的枣强贫困学生，每名学生4千元。从2007年开始，该奖学金每年资助以优异成绩升入大学的枣强县贫困学生4名，衡水市贫困生4名，每名学生5千元。从2004年开始，每年8月份孙佐民奖学金与李玉霞教育基金会同时举行颁奖大会。

2010年8月18日上午，李玉霞教育基金会第二十次颁奖大会暨孙佐民奖学金第十二次颁奖大会在枣强县宾馆举行。绍曾与副市长李洪林、市外侨办主任张成海、市外侨办副主任王志宏，县领导王亚杰、李佩池、刘景成、吴新玲、张泽民等出席了颁奖大会，学生，教师代表、获奖师生、基金会理事会全体成员共200余人参加了大会。颁奖大会由县委常委、常务副县长李佩池主持。

我与绍曾为获奖同学颁奖(2007.8)

会上，绍曾代表我向多年来一直关心和支持基金会发展的各位领导、各位朋友表示感谢，并向获得本次基金会奖励和孙佐民奖学金的老师们、同学们表示祝贺。我希望获奖同学在步入新的学校后，一定要学知识，拓眼界，长才干，图发展，学成归来后投身到建设家乡、繁荣家乡的伟大事业中来，为祖国和人民做出贡献。本次获奖的共52名师生，获奖学生代表、枣强中学学生代表分别作了表态发言，县长王亚杰、副市长李洪林发表了讲话。

王县长在讲话中说："李玉霞教育基金会和孙佐民奖学金自成立以来，坚持弘扬中华民族尊师重教的优良传统，表彰先进教师，奖励优秀学生，对推动枣强教育的发展做出了贡献，为弘扬尊师重教的良好社会风气做出了表率，对促进枣强经济和社会发展发挥了重要作用。

"我这里有几个数字，12、20和600。12，是孙佐民奖学金已经连续颁发了12次，累计发放助学金35万元，为72名贫困大学生雪中送炭，帮助他们踏入大学校园；20，是李玉霞教育基金会已经连续颁奖20次，20年来，孙先生一家一直心系家乡，为枣强教育事业慷慨解囊，累计发放奖学金70多万元，奖励师生1千余人；600，孙佐民先生为枣强教育，为家乡发展多次捐款、捐物、捐建学校等累计达600多万元。几个简单的数字并不能真正体现出孙先生的功绩，还有其他一些无法用金钱来衡量的善举，直接或间接地对家乡经济、教育、文化等方面的发展发挥了巨大的推动作用。”

能得到家乡领导这样的高度关注和评价，我倍感欣慰，深受鼓舞，我要把基金会和奖学金继续办下去，如我不在了，我太太学华、我儿绍曾也会继续下去。

除了李玉霞教育基金会和孙佐民奖学金，1993年3月，我还和河北省政协香港委员沈炳枢、樊敏光等人，在石家庄成立了一个教育基金会——河北省海外同胞教育基金会，现在仍运行良好。

为了支持我省医疗卫生事业，1994年9月，我在河北医学院设立了孙佐民奖励金。1995年5月，河北医学院与河北中医学院、石家庄医学高等专科学校合并组建为河北医科大学，该奖励金随之改为“河北医科大学孙佐民奖励金”。该奖励金于每年9月10日教师节前对优秀师生进行奖励。第一年我捐款1万元，奖励了15名优秀教师和10名优秀学员（其中有3名博士生），此后，我每年捐款1.4万元，奖励优秀师生30名左右。该奖励金存续5年，1998年终止。

1995年7月，我向河北省青少年发展基金会汇去了第一笔捐款3.6万元，开始支持希望工程，资助贫困学龄儿童上学。该基金会为我安排了450名受助孩子，每个孩子每学年80元，我连续资助了5年。基金会给我寄来了受助孩子的名册及详细情况，这些孩子还纷纷给我写了感谢信。

我和学华出席河北医科大学孙佐民奖励金颁奖仪式(1996)

我为家乡教育事业所做的事情屈指可数，所起的作用也只是杯水车薪，但是家乡人民却记在心里，没有忘记我。2004年9月，我被河北省政府授予捐资助学先进个人称号，2006年9月，又被衡水市委、市政府授予捐资助教先进个人称号。我捐资助学源于真挚的爱乡之情，绝非为了名利，但是对家乡给予的荣誉仍然非常珍惜。我要继续为家乡教育事业做贡献，让家乡更加美好，让国家更加富强——这是我一生的心愿。

捐建李玉霞图书馆 1991年，枣强县委、县政府为满足全县广大群众的文化需求，决定创建一座现代化图书馆。建馆资金预计达60万元，县财政无力全部承担，面临很大困难。这年5月，我得知这个情况后立即捐款20万元予以支持。县领导理解我对爱妻玉霞的怀念和深情，知道她生前十分关心家乡建设，也希望我今后继续支持图书馆，于是在征得我同意后，决定新建图书馆以玉霞的名字命名，全称为“河北省枣强县李玉霞图书馆”。这是当时河北省唯一以个人名字命名的公共图书馆。这个决定让我深感荣幸，倍受鼓舞。

馆址定在县城中心，新华街与建设路交叉路口东北角，东邻

李玉霞图书馆外景

县委、县政府，北接县政协、县人大。这是县委书记郭庚茂、县长张玉平等县领导和我一起选定的。

图书馆由县建设局工程师贺平设计并组织施工，1991年11月动工，1992年8月竣工。

图书馆占地面积2320平方米，建筑面积1386平方米，广场绿地面积1046平方米。建筑主体为仿古式、砖混结构的三层楼体，群体布局为开放型、公园式的组合结构，古朴典雅的风格之中融入了众多现代时尚元素，整体上透出一种和谐之美。（1994年7月，经文化部图书司评选，李玉霞图书馆入编《中国图书馆建筑集锦》。）

1992年8月28日上午，在鼓乐和鞭炮声中，李玉霞图书馆落成典礼隆重举行。衡水地区行署专员张庆和等地县领导参加了落成典礼，我和内弟李方雨等亲属见证了这令人激动的时刻。

河北省政协、统战部、侨办、文化厅、图书馆，衡水地委、行署、政协工委、侨办、文化局，枣强县委、政府、人大、政协、侨办、文教局等上百家政府部门或单位赠送贺匾。有的还题词致贺，副省长顾二熊题词："喜庆李玉霞图书馆落成，捐书以示祝贺"；省政协副主席徐纯性题词："苦读 勤思 建业"；省文化厅的贺词是："功高德馨"；县政协的贺词是："佐县兴教，佐乡致富，佐妻建馆，仙境传笑语；民食为天，民衣似地，民育如源，人间赞孙公。"……其中不乏赞美我的言辞，盛名之下，其实难副，我把这看作是家乡人民对我的爱护和鞭策，存之于心，践之以行。

顾二熊、徐纯性、刘庆国（地委书记）等省地领导和许多当地干部群众，纷纷向图书馆捐赠图书。当天我捐赠了1万元新书，并表示今后每年捐赠1万元新书，其实后来的捐赠远远超出了预期。

李玉霞图书馆是县财政全额拨款事业单位，隶属县文教局，实行理事会领导下的馆长负责制。图书馆理事会由县、局有关领导和我的有关亲属组成，我为顾问。馆长每半年向理事会汇报一次工作，理事会通过审议图书馆工作报告和计划、协商解决有关重大问题、不定期到馆巡视等方式，加强监管，促进图书馆健康发展。

图书馆虽然不是我个人的产业，但是我一直以办好图书馆为己任，对图书馆深爱不二。

我与图书馆始终保持着密切联系。首任馆长叫裴东起，我们的联系方式以传真为主，每月都有传真往来。1999年11月，因工作需要，他调到县文教局工作。第二任即现任馆长叫屈林生，我们的联系方式以电邮为主，每年来往电邮上百封。我每次回乡他都跟随左右，我的档案资料交他整理保管，他是我与家乡联系最多的人之一。我乐于与两位馆长探讨图书馆工作。要求他们一切都要按章办事，公正处理，要把服务放在第一位，藏书是为了利用；要量入为出，妥善保管押金。鼓励他们只要管理得好我就会永远支持下去，管理得越好，我的支持也会越大。希望他们要向领导多请示，多汇报；不要满足，要努力进步，争取更高的荣誉。

只要图书馆有困难，我都主动帮助解决。开馆之初，勤杂事务多，全馆仅5位工作人员，不堪重负。我得知后立即出资配备了一位工勤人员，解决了燃眉之急。直到1998年，我才不再负担这笔费用。

只要有利于图书馆的建议，我都尽力采纳。2000年初，屈馆长建议：进入21世纪，应实现全面电脑管理及丰富藏书，以保持图书馆的生机与活力。”我完全赞同他的观点，从2000年起，由每年捐赠1万元新书提高到2万元，2006年又提高到每年4万元；2001—2002年，支持绍曾向图书馆捐赠了3台电脑、1台打印机。2003年6月，图书馆实现了自动化管理，从此步入一个新的发展阶段。

我积极出谋划策，事无巨细。图书馆地处十字路口一角，馆舍前为公园式布局，常常有机动车为避开红绿灯而在院内穿行，危害读者安全，损坏院内设施，我建议并出资在入口安装栏杆，亲自设计草图，既阻止了机动车，又能让自行车通行。近几年，向图书馆捐书的热心人士越来越多，我建议在大厅内设立“爱心捐赠芳名录”牌匾，让他们的芳名广为流传，让他们的精神发扬广大。为减少图书损坏，我建议在每本书上加盖“请爱惜图书”

章。我还提醒要注意检查图书内容，如发现有涉及反动或黄色文情的，要向上呈报。总之，我想要图书馆不断改进，不断完善。

建馆时，馆员都是外行，为满足工作需要，他们先后都到河北省图书馆接受专业培训，边干边学，专业水平迅速提高，现在都已经成为十分称职的馆员，他们工作勤勤恳恳，管理井井有条，年年都为图书馆争得荣誉。每年春节前我都给馆员们发点年终奖，鼓励他们再接再厉，努力创新，使图书馆工作更上一层楼。有时中秋节或端午节，我会让馆长代我请大家到饭店聚餐欢庆。每年增添新书时，为让读者早日看上新书，馆员们都会集中整理几天，非常辛苦劳累，有时完工后我也请大家在一起吃顿饭表示慰问。馆长总会及时发电邮汇报详情，并附照片给我看，让我有身临其境之感。看到馆员们一起工作，一起吃饭，其乐融融，好像一家兄弟姐妹，我非常开心。

我对图书馆的感情深厚，坚持年年捐赠，而且一再加倍，我的儿女们也紧紧跟随。绍曾每年回乡两次，一次是主持教育基金会颁奖大会，一次是参加皮草交易会。他回乡不管有多忙，也都会去看望图书馆，了解情况，指导工作，为图书馆排忧解难。绍德、绍九也多次到图书馆，他们都爱妈妈，也爱图书馆。从1992年开馆到2011年，我和我的儿女们累计捐款约80万元，用于购买图书、添置设备、举办英语班、维修馆舍等。

我的许多亲友也纷纷响应，加入到这支奉献爱心的队伍中来，其中有内弟李方雨、张学江、张学沄，八弟连让，三妹秀荣，外甥程广林等，有香港毛皮业协会原主席谢思娜，中联公司、恒利公司的老工友等。

建馆以来，向图书馆捐赠图书或设备的还有国家图书馆、省文化厅办公室、景范教育基金会等单位，有香港汉荣书局有限公司董事长石景宜、北京天昊书苑图书有限公司总经理刘宝恒等热心社会公益事业的企业家和多位图书作者。

张学江、张学沄先生向图书馆捐赠图书仪式(2004.10)

为响应文化下乡的号召，李玉霞图书馆曾多次开展“送书下乡”活动。

枣强县委县政府回赠锦旗给张学江、张学沄先生(2004.10)

后来图书馆设立“李玉霞图书馆大营服务部”，我非常赞同。立即决定收回我出租的沿街商铺一间，提供给他们无偿使用，予以支持。这间商铺与大营大有影剧院相连，对面是火车站广场，附近有大有商场、大营国际皮草交易中心、大营国际裘皮城，地处大营镇城区文化、经贸、生活中心，位置十分优越。

服务部现由我大营办事处马金芳先生夫妇管理。接受图书馆监管，图书由图书馆调拨并定期更换，管理制度按图书馆的有关规定执行。

服务部管理规范，服务热情，读者不断增多，但图书数量有限，难以满足借阅需求。2004年4月，中联公司、恒利公司的老工友等大营同仁得知这个情况后，纷纷捐款为服务部增添新书，短短数日就有41位慷慨解囊，捐款达2.64万元。这是对服务部的有力支持，也是对我的关爱和响应，我非常高兴他们与我并肩携手，共同造福大营乡亲。5月27日，我请屈馆长代我在大营举行答谢宴会，请马先生代我致答谢辞，赠送纪念品，并为捐助者特制“爱心捐助芳名录”牌匾一面，悬挂在服务部里，以弘扬各位同仁的爱乡之举。

截至2011年底，服务部的图书已近万册，读者300多名，年外借1万多册次，也实行天天开馆、开架借阅和自动化管理，在丰富乡亲文化生活、传播先进皮草技术方面发挥了很大作用。李玉霞图书馆在衡水市开创了县级馆设立乡镇分馆的先河，这在全省也寥寥无几。

时光飞逝，图书馆即将迎来建馆20周年。20年来，在各级领导的亲切关怀下，在社会各界的热情支持下，在全体馆员的共同努力下，图书馆取得了令人瞩目的成绩：1994、1999、2005、2009年，四次被评为“国家三级图书馆”；1995、2002、2006、2007年，四次被评为河北省文化工作先进集体；连续多年被评为衡水市文化工作先进单位。如今，李玉霞图书馆已经成为全市乃至全省公共文化服务领域中的一朵奇葩。相信有大家的共同努力，图书馆一定会越办越好！

给乡亲们盖个戏园子 1993年的大营皮毛会是11月23日—28日举行的，我参加了这届大会。

这年冬天冷得早，从11月中旬到皮毛会期间的半个月里，北风频吹，雨雪连绵。尽管如此，皮毛会的热闹气氛却丝毫没减——市场里人头攒动，大街上彩旗招展，来自附近省市的歌舞团、戏剧团、杂技团等八九个文艺团体汇聚火车站广场，在各自搭建的大帐篷里一场接一场地表演着精彩节目，欢庆的锣鼓声、开业的鞭炮声此起彼伏，接连不断。乡亲们全都沉浸在这一派欢乐的节日气氛里。

会上有个山东的戏班子，演的吕剧，有《李二嫂改嫁》、《卷席筒》、《墙头记》等，很受欢迎。这天几位乡亲拉着我去看了一场。

这个戏班子在大营商场前边空地上，用彩条塑料苫布搭了个大棚，大棚里支了个大台子，演员就在台上表演。台下看戏的自备座位，有的自带凳子，有的在两摞砖头上搭块木条板，有的干脆就在后边站着。

我们进去的时候里面的人已经不少了，很多乡亲都认识我，纷纷和我握手，打招呼。在靠近戏台的地方，有几位坐在木条板上的乡亲一看我来了，都站起来热情地给我让了个座。坐下不一会儿就开戏了，戏确实很好看，只是天气有点冷，坐得也不舒服，木条板搭得低，站起来的时候特别费劲。看看这简易的戏棚子，再看看兴致勃勃的乡亲们，我忽然萌生了一个念头：我要给乡亲们盖个戏园子。

戏唱完了，我登上戏台，对乡亲们说：“今天，和大家伙儿一块看戏很高兴，将来我盖个戏园子，咱们舒舒服服地坐在戏园子里看戏，好不好？”我话音一落，乡亲们齐声叫好，热烈鼓掌。

既然许诺了乡亲们，我就一定要做到。1994年，我在大营镇城区买了六亩土地，开建大有楼。大有楼包括大有商场和大有影剧院两部分。我特聘县城建局的工程师贺平负责设计并施工。之所以起名叫大有，是为了纪念我的父辈们因创建大有地毯公司而兴业发家的光辉历史。

大有楼奠基仪式(1994.8)

1994年8月30日，大有楼奠基，我与县政协主席孙连仲、副县长孙忠杰等领导出席奠基仪式。

我与省政协原主席尹哲（右一）、县委书记孙志人（左一）为大有影剧院落成剪彩（1995.11）

1994年11月11日，我与大营镇政府签订合资共建大有影剧院协议，我出资80万元，镇政府出资40万元。

1995年11月11日，大有影剧院落成，我与省政协原主席尹哲、县委书记孙志人等领导出席落成仪式。影剧院建得非常气派，内部设有大舞台和800个座席。院名是我请省政协原副主席徐纯性题写的。

影剧院落成之际，我邀请北京京剧团演了六场大戏暖场助兴。北京京剧团阵容强大，名角荟萃，梅葆玖、梅葆玥、张学津、王蓉蓉等著名京剧艺术家，上演了《四郎探母》、《赵氏孤儿》、《秦香莲》、《凤还巢》等名剧。这几天影剧院内座无虚席，连走道都站满了人，精彩的表演赢得阵阵掌声、喝彩声。乡亲们高兴地说，在乡下从没有看过这么精彩的演出。看着乡亲们欢欢喜喜地坐在这个新戏园子里看戏，我心里真比吃蜜还甜。

现在，大有影剧院已经成为大营文化活动中心和大型会务中心，一年一度的皮草会时装模特表演就在这里举行。

大有商场是与大有影剧院同时竣工的。大有商场租给张会臻先生经营服装。张先生正直诚

我的“老黄忠”剧照(1995.11)

大有影剧院外观

大有商场外观

实，勤奋刻苦，又有生意头脑，多年来，商场一直经营得很好。我特别喜欢像张先生这样的年轻人。为了帮助他扩大商场规模，2007年，我投资200万元对大有商场进行大规模扩建和装修，并收回出租的其它门店，全部由他租用。在张先生的精心打造下，如今的大有商场已经成为大营镇一家颇具规模的百货大楼了。

捐建民华慈爱敬老院 2006年8月，我和学华回乡主持李玉霞教育基金会第十六届暨孙佐民奖学金第八次颁奖大会。在回国前，我二人就常谈论今年为大营再做个什么项目，并达成了几个初步意向。

到枣强后，学华私下里向县侨办主任常洪胜了解情况，得知大营还没有正规的老人院。她跟我一说，我决定立刻去看看现在老人们住的地方。常主任向大营镇领导请示，镇书记和镇长都不知道这里的老人院在哪里——他们都刚到任——于是，马上找来分管这方面工作的同志陪同我们去参观。

衡水市及县领导出席民华慈爱敬老院奠基仪式(2006.10)

老人院在村西边，是一座有三四间破旧砖房的小院，院里住着七八位七八十岁的孤寡老人，有的瘫痪卧床，不能自理，屋里又黑又脏又臭。这样的环境怎么住啊？别说让老人们安享晚年，就是他们的身体健康也难以保证啊！看着这些无依无靠的老人的生存状况，我和学华都难过得落了泪。属大营镇管辖的老人院还有两个，我们都去看了看，情况大同小异。我们决定帮一帮这些年老的乡亲，可一时又不知道从哪里下手。

看望原老人院的孤寡老人(2006)

这次回乡时碰巧有一位外地硝皮商要租用我大营的宝利厂，晚上我们就去宝利厂看了看。到那儿一看，我忽然心生一念：不租了，捐赠给家乡的那些鳏寡孤独做敬老院吧。我把这个想法跟学华一说，她很赞成，我在家乡的所有善举，都会得到她大力支持。那时我大营的代表人马金芳先生与那位硝皮商已经谈得差不多了，每年租金5万元，宝利厂的租赁期还有40年，估计至少也可收入200万。我们拿定了主意，就中止了租赁洽商。

第二天，我们向县、镇领导申请：我们出资将宝利厂改建成一座公益敬老院，捐给大营镇。发展乡村养老事业，利乡利民，县长同意，镇书记、镇长支持，

很快我们便与镇政府签了合约。宝利厂土地作价100万元，我们再投入65万元，等于我们捐资165万元为大营镇建一座标准的敬老院，镇政府负责配备内部设施和管理。我们给敬老院起了个名叫“民华慈爱敬老院”。

衡水市及县领导出席民华慈爱敬老院落成开业典礼(2007.10)

为了让孤寡老人早日迁入新居，我们立即着手筹建：在北京特别向中国老龄协会负责人咨询了国家关于兴建敬老院的规定和标准，并得到很多文字资料；请专业技术人员进行精心设计；委派马金芳先生全权负责施工建设。

2006年10月26日，宝利厂全部拆除，敬老院奠基开工。

2007年10月26日，民华慈爱敬老院落成开业典礼隆重举行。我和学华再次回到家乡，与县委书记邢少英、县长王亚杰、常务副县长李佩池、大营镇党委书记母林宝等县镇领导一同参加了典礼。28位孤寡老人穿上新衣服，高高兴兴地搬进了新居。

举行典礼之前，我们参观了敬老院。

敬老院是一座方方正正的大四合院，占地面积2600平方米，建筑面积1600平方米。院门朝东，在古朴典雅的铁艺大门上方门楼上，镶嵌着七个钛金大字——民华慈爱敬老院，笔体也出自徐纯性主席之手。平整宽阔的院子里栽种了许多花草树木，一眼望去，郁郁葱葱，生机盎然。院子的一角安放着几件健身器械，四五位老人正在那里做运动。院子四周连建了40间标准房屋，房前有走廊贯通，走廊里有几处安放着座椅，几位老人或站或坐，聚在一起聊天，晒太阳。走廊外侧有不锈钢栏杆，进出口有的是台阶，有的是无障碍通道。周遭的大红廊柱和廊檐上挂着的大红灯笼非常协调，营造出一派热烈的喜庆气氛。整个大院给人一种传统、大气、简约、和谐的感觉。

我和学华每次回乡都要探望敬老院的亲人们(2009.8)

一看我们来了，许多老人纷纷迎过来，对我们说了很多感谢话。有的说，做梦也没想到能住进这么好的房子里；有的说，是你们夫妇俩给了我们今天的幸福生活；有的说，感谢共产党，感谢孙老板；甚至有位70多的老太太激动得举起胳膊高呼：“孙老板万岁！孙太太万岁！”这话我可真不敢当。我和他们一样激动，我非常理解今昔对比的巨大反差带给他们的这种感受。

有两位老太太拉着我和学华的手，走进她们的寝室，指给我们看新床铺、新被褥、新桌椅……各种生活用品应有尽有，各室一样都是一套儿新。我对她们说：“今后这里就是你们的家，希望你们在这里要听管理员的话，相互帮助，安心生活。这里也是我们的家，你们都是我故乡的亲人，我会继续照顾你们的。”她们哭了，我和学华也激动得流下了眼泪。

这天上午，我出钱请了个锣鼓队来助兴。这个锣鼓队是枣强县肖张镇的，有20来人。他们身着统一的黄色民族服装，敲打起来个个神情专注，手舞足蹈，鼓点交错起伏，铿锵有力。我走过去看，看着看着就不由自主地下了手，也抄起大鼓槌跟着敲了起来。在欢快的锣鼓声里，他们还上演了一出叫《二鬼摔跤》的民间喜剧小品，引得人们纷纷围观，哈哈大笑。下午敬老院还请了个戏班子，给老人们唱了一下午戏。

这天中午，我和学华亲自到镇上的家电商场给敬老院选购了一台34寸的彩电，一直忙活到1点多才吃上午饭。

敬老院开业不久，我们又捐赠了冰箱、碗橱、轮椅、拐杖、助行器等设备。2008年，捐赠了几件适合老年人使用的健身器材，安装在院中，以便老人们活动活动腰腿。2009年，给每位老人添置了一身新衣服、一件棉大衣，并花了近万元购置了3台气血循环机。2010年冬，给每位老人买了新裤子、两双棉鞋、两双棉袜。每逢端午、中秋或春节，我们都会送去1千元，让他们改善一下伙食，吃粽子、吃月饼或拿利市封图个吉利。无论哪个老人生日，我们都会送上一个生日蛋糕表示祝贺和问候。涉及敬老院的这些事，都由马金芳先生代为办理。

自从建了敬老院，我们在家乡就又多了一份牵挂，经常打电话或发电邮了解那里的情况。每次回乡，敬老院是必到之地，再忙我们也要去看看这些孤寡老人，看看他们有什么困难，需要什么帮助，我们能做些什么。我们要尽力照顾他们，让他们也感到社会的温暖、人生的幸福。

敬老院成立以来，得到各级领导和社会各界的热情关怀和大力支持。在大家共同努力下，敬老院每年都被县民政局评为先进敬老院，2009年被省民政厅评为“河北省一星级五保供养中心”。这在整个衡水市也是凤毛麟角。

举办公益英语培训班 “走出大营，面向世界，再创营皮新辉煌！”

这是1994年11月9日第三届大营皮毛交易会开幕式上打出的最醒目的标语。这届皮毛交易会叫作“’94对外经济技术洽谈会暨‘大营皮毛交易会’”（第二年改称“中国·大营国际皮草交易会”），从此，营皮加快了融入国际皮草业的步伐。

为积极配合家乡的开放带动战略，我和绍曾开始力邀外国客商来参加皮草会。在陪同他们活动时，我们常常既当讲解员，又当翻译，忙得不可开交，同时也深深体会到，要走出国门，加强合作，加快发展，不掌握英语是绝对不行的。

为培养家乡英语专业人才，1995年11月，绍曾向李玉霞图书馆捐赠1千美元，用于购置学习英语的图书、录音带、录像带。1997年2月，他又全额资助举办“李玉霞图书馆英语培训班”。

英语班采用《许国璋电视英语》为教材，特聘衡水师专英语系主任张瑞民教授为主讲教师，实行自学与面授相结合的学习方式。学员每星期日在图书馆集中学习一天。图书馆馆长负责日常管理。我们都很关心英语班，经常了解有关情况，提出过许多具体建议。

英语班历时3年，举办了两期。第一期从1997年2月到1998年1月，学员是来自本县行政、事业、企业单位的青年，共48名。

第二期从1998年8月—2000年6月，学员是来自党政机关的青年干部，共95名，是由县委、县政府统一组织安排的。经过培训，他们初步掌握了英语这一重要的交流工具，满足了各自岗位对外开放的需要。后来因招生不足，英语班停办。

我和学华看望民华公益少儿英语兴趣班的同学们(2009.7)

进入21世纪，中国加快了融入世界的脚步，英语的重要性日益凸显，年轻人无论将来从事什么工作，学点英语都是有益的。我希望把英语班继续办下去，为家乡的年轻人提供学习英语的机会。2006年12月我再次提出重办英语班的愿望，并明确了办班的方向：面向少年儿童，这对孩子们升学和发展有帮助，又能拓展图书馆的服务内容。我和学华决定全力支持开办少儿英语兴趣班。

我们和屈馆长很快研究制订了一个非常周详的开办方案，并得到县教文体局批准。这个英语班由我和学华全额资助，叫“民华公益少儿英语兴趣班”（简称民华英语班），利用节假日教授《剑桥少儿英语》。民华英语班设预备、一、二、三级4个教学班，每班招收30名少儿读者，学完一级教材为一届，两年可办三届。开办方案还从课程安排、上课时间、教师招聘、教师工资、教学要求、教室安排、教学用品、经费来源、经费管理、班务管理等十几个方面，一一作了明确规划。

经过多方屡次协商，精心筹备，2007年3月10日，第一届民华英语班顺利开学。从那时一直到2011年8月，民华英语班成功举办了6届，培训少儿读者累计近700人次。

民华英语班由屈馆长负责管理。每届结业后，他都会向我们汇报该届的教学工作情况，下届开始前，向我们提出申办报告，平时经常给我们发送简报或课堂教学照片。从招生简章的编写，到每届学生第一课内容的设计，从教师岗前培训，到学生结业表彰，从教室每一面墙壁的布置，到制定学生日常管理制度，许多管理事务他都亲力亲为，工作极其认真。

我与民华英语班的同学用英文对话(2007.8)

回乡时，只要赶上孩子们上课，我们都会到教室里看看，了解他们的学习情况，和他们用英语对对话，看看他们写的作业，坐在他们中间一块儿听听老师讲课，给他们讲讲自己学习英语的体会。孩子们懂礼貌，也不拘束，2007年10月27日那次，他们还拿着自己的书本，纷纷让我签名。记得我给其中一个孩子的签名是："中文重要，英文同样重要，为人一定要有知识才能有伟大前程。"我和学华、绍曾夫妇、韩信先生等都给孩子们题过词，这是我们对孩子们的鼓励和希望。

民华英语班办得很成功，满足了少儿读者学习英语的需求，培养了他们学习英语的兴趣，提高了他们运用英语的能力，赢得了良好的社会声誉。只要有孩子来学，我们就一定把民华英语班办下去。

设立“民华杯” 1955年在香港，我和十多位华北老乡组建了一支足球队，叫“华北队”。我们都20多岁，都有自己的正式职业，只是业余玩玩，锻炼身体。在工业区铁路旁有一小型足球场，每周日早上6：30到7：30，在这里玩一小时。大家分两队，一队7人。我踢前锋右翼，跑得很快，右脚善踢，左腿不灵活也没力，球技并不好。大家玩了有十几年，到70年代人员少了，散队了，才停止。

本地如有高级足球赛，我一定去看，有时在开赛前三四小时就去球场排队买票。当时球场小，座位不足万个，后来才有大球场，能容纳3万多人。当年的强队有南华、愉园、东方、九巴、精工，都由大财团投资，招收著名球员。我移民温哥华后经常看电视播放的足球赛，有直播的，有重播的，每天都有，很精彩。如果中国能进入世界杯决赛，我一定去加油助威，我盼望着中国足球早日走向世界，也希望有机会能在家乡推动足球运动的开展。

2007年8月18日，在举国喜迎2008年北京奥运会之际，李玉霞教育基金会第十七届暨孙佐民奖学金第九次颁奖大会在枣强宾馆隆重举行。我和学华、我儿绍曾回乡出席这次颁奖大会。大会结束后，在与市县领导、枣强中学校长、获奖师生代表举行的座谈会上，我说，想为枣强中学做点什么，可否搞个足球赛或者其它体育赛事，鼓励青年学生热爱体育运动，激励教师努力培养出象刘翔和姚明一样的运动员，参加未来的奥运会，为家乡争光，为祖国争光。此提议得到枣强中学的积极响应。

经协商，针对枣强中学一年一届的体育节（田径运动会）设立一个奖杯，命名为“民华杯”。枣强中学尚未开展足球运动，而体育节办得十分隆重，因此，针对体育节设立奖杯，激励面更

我和华北老乡组织的足球队叫“华北队”(1955)

在第四届"民华杯"田径运动会上,我为获奖同学颁奖(2010.10)

大，影响力更强，而且更符合实际。“民华杯”从2007年枣强中学第八届体育节开始设立，这届体育节更名为：枣强中学第八届体育节暨第一届“民华杯”田径运动会。我和学华每届捐助2万元，计划举办五届。

第一、二、三届我们都没能参加，委托屈林生馆长、马金芳先生出席了开幕式。

2010年10月22日，第四届“民华杯”田径运动会开幕式在枣强中学运动场举行，我和学华由北京回乡出席。参加开幕式的师生有7千多人。

上午8点，开幕式正式开始。仪仗队、彩旗队、鲜花队依次入场，各班向运动会献礼的节目精彩纷呈，《感恩的心》、《放飞希望》、《祖国您好》、《健美操》、《棍术》、《街舞》等节目博得了阵阵掌声。

开幕式结束，比赛立即

开始。运动会设100米、200米、400米、800米、1500米、3000米、110米栏、4×100米接力、跳高、跳远、三级跳远、铅球、标枪等单项比赛项目，设拔河、篮球罚篮、排球、跳绳、50米接力跑、引体向上、仰卧起坐等集体项目。我和学华观看了比赛，并颁发了运动会第一枚奖牌。

运动会组织周密，气氛热烈，比赛精彩；同学们朝气蓬勃，奋发向上，志存高远，给我们留下了美好印象，我们愿尽力支持运动会继续办下去。

赈灾助残献爱心 为了发展残疾人福利事业，改善残疾人生存状况，1992年3月，我向山东省残疾人福利基金会捐赠了3万元。

1996年8月，衡水市连降暴雨，滹沱河南堤决口，致使88万亩农田变成一片汪洋，110多个村庄变成“孤岛”，15万间房屋倒塌毁坏，受灾人口16万人，直接经济损失40多亿元。8月29日，我在石家庄参加省政协会时得知此情，立即拿出1万元支援家乡灾区生产自救。

1998年1月10日11时52分，河北省张北县、尚义县交界处发生6.2级地震，灾区伤亡1万多人，倒塌房屋17万多间，约有 5 万人失去家园。时值数九寒冬，坝上寒气刺骨，正常气温都在零下20℃以下，尽管当地政府迅速调集大批被褥、棉衣、棉鞋，并及时分发到灾民手中，但是当天仍有许多灾民在麦秸垛或露天里挨过了一个漫漫寒夜。我得知此情，马上把我港联公司库存的300多件狗皮长短大衣全部捐献出来，交给河北省政府运去张家口，以解灾区燃眉之急。

2008年5月12日，我和学华由阿联酋迪拜飞往北京，在飞机上听说国内发生了地震，但不知详情。我们住入北京饭店906房，一看电视才知道四川省汶川县、北川县发生了8级强震，伤亡巨大，损失惨重，许多人被埋在废墟里，中央政府正在举全国之力组织实施紧急救援。我们整天看着电视掉泪，国之大难，实在令人揪心。

过了两天，国家号召捐助灾区奉献爱心，我们积极响应，立即去银行向中国红十字会捐了2万元。此后，我们在枣强县民政局以我们夫妇二人的名义捐了2万元，以李玉霞图书馆的名义捐了2万元，还通知宝利皮革（博罗)有限公司捐5万元、香港皮革有限公司捐5万元，回到温哥华后又捐了2千加元。国难当头，每一个中国人都应该献出一份爱心，献出一份力量，为汶川加油，为四川加油，为中国加油！

2009年8月3日，我和学华在北京收看了北京电视台《真情耀中华》栏目播出的《轮椅上的英雄少年——陆建积》——2003年5月，广西宾阳县木构村年仅12岁的陆建积同学因救一个一岁半的幼儿，被一根突然坠落的300多公斤重的枯树枝击中腰部，导致高位截瘫。在危险来临的瞬间，他奋不顾身，救了那个小孩，而自己却因这沉重的一击，命运被彻底改变。他和常年给予他爱心帮助的同学们的事迹深深地打动了我们，我们决定帮一帮这位可敬的英雄少年。

第二天，我们通过电视台、红十字会，找到陆建积同学的联系电话，与他通了话。他是一位乐观、要强、努力向上的孩子，我们鼓励他要学做张海迪，以顽强的毅力战胜伤病，永不向命运屈服，做一个对社会有益的人。随后，在学采姐、学江弟帮助下，我们选购了一辆佛山牌电动轮椅（8600元）和一台联想G430 14寸笔记本电脑（4500元）寄给他。至今我们还与他保持着联系，如果他有困难，我们还会继续给予帮助。

荣譽證書

孙佐民先生:

为表彰您在河北改革开放事业中的突出贡献，特授予"河北改革开放三十年港澳台海外人士特别贡献奖"。

中共河北省委统战部
河北海外联谊会
2008年10月

2008年荣获"河北改革开放30年港澳台海外人士特别贡献奖"

2010年8月7日，甘肃舟曲发生特大泥石流灾害，我和学华在温哥华看到电视报道后心情十分沉重。为了表达对灾区同胞的一点心意，我二人立即开车去中国驻温哥华总领馆捐款，当时总领馆还未开展此项工作，便介绍我们去中国银行，在中国银行，我们给中国红十字会汇了5千元加币，捐给舟曲灾区人民。

移民加国十几年来，我们每年都有多次社会捐赠，捐赠对象有中侨会、中华文化中心、图书馆、红十字会、医院、癌症中心、残疾人协会等等，捐的钱数不多，每年有两三千元加币。这是我们作为华人对所在国家的一点心意。

我只是一个普普通通的商人，财力有限，但对身处困境的人常常会伸出援手。我和太太学华有一个共同的心愿：尽力献出我们的一点爱，给有需要的人们一些帮助和温暖。

第八章 我的亲人们

一　我的兄弟姐妹

我兄弟姐妹七个，三个姐姐，两个妹妹，一个弟弟，其中有个姐姐不幸夭折了，其他仍然健在，如今都是白发老人了。

大姐玉荣，习称翠姐，比我大10岁。我在北平读书的时候，她就出嫁了，大姐夫张益三是大营镇戴家营人。大姐夫很聪明，很有经商头脑和经验，他最先在北平半壁街皮毛行工作，后来改做地毯生意，把地毯从北平运往上海经销。他们有6个孩子，三男三女，次子张世武在我恒利毛皮（深圳）有限公司工作多年，现任经理。他们一直居住在北京，子女常绕膝前，生活安定幸福，真是令人羡慕。

二姐立荣，习称改姐，比我大两岁。她精明能干，解放前经常跟随父亲跑单帮做生意，是父亲的好帮手；解放后一直在天津地毯三厂工作，片剪凸花，编织地毯。二姐夫贺全福是新屯乡贺家屯人。他先前在天津万昌地毯公司工作，后来也一直在天津地毯三厂工作，担任会计。他们有二男三女，都生活在天津，现在全家四代同堂，其乐融融，很幸福。我和学华每年回京都去看望他们，二姐夫身体不太好，二姐仍然很精神，很健康，很健谈。

前排右起：大姐玉荣，我亲姨，二姐立荣；
后排右起：大妹秀荣，弟连让，二妹秀珍。

大妹即秀荣，习称三妹或焕妹，比我小3岁。她在父母身边的时间最长。1950年，她由北京到上海，照顾父亲、继母和妹妹、八弟。1961年，她由澳门偷渡来到香港投奔我，开始跟着她嫂做事。1963年，我朋友陈先生把他安徽同乡程书荣介绍给三妹，书荣是国民党军人的后代，他俩很有缘分，一说就成了。他们有二男二女，生活不富裕。我成立皮草厂以后，三妹就一直在厂里工作，先是做裁缝的手工活，后来又到茶水部工作，有了较好的收入，生活才慢慢好起来。她和她嫂共事20几年，姊妹俩感情深厚。三妹为人正直，认死理，爱助人，是个老实人。三妹夫妇现随长女定居美国洛杉矶市。

小妹秀珍，习称五妹，比我小7岁。她读过医学，会接生。在北京时，她嫁给了河南的傅友义，友义在中国石化集团洛阳石油化工工程公司工作，是位工程师。婚后不久，五妹也来到洛阳，在这家公司做厂医。他们在这家公司退休后来到深圳，又在我恒利公司上了几年班，之后返回洛阳，全家团聚。他们有二男一女，现在祖孙三代，生活美满。

弟弟连让，又名惠民，习称八弟，1943年生于北平，比我小14岁。八弟很聪明，会说话，又最小，小时候全家人都特别喜爱他。那时他体弱多病，母亲经常给他熬中药，药苦，他不喝，母亲或姐姐就捏着他的鼻子使他张开嘴，给他灌药。每次灌药时，他总盯着捏他鼻子的那只手，久而久之，两只眼睛竟成了对眼，很长一段时间都恢复不过来，让人看了又想笑又心疼。

1949年母亲辞世时，八弟只有7岁，母亲最放心不下他，叫我们一定要好好照顾他。后来父亲续娶了继母，八弟就跟父亲和继母生活。1965年，父亲、继母相继去世后，八弟又跟大姐一家生活在一起，住在北京木厂胡同。他读完中学，就到指甲剪厂工作了。在文化大革命中，他是一位思想先进的革命小将，曾经叫了辆货车把家里仅有的一点皮毛大衣片、地毯等贵重财物全部拉走，主动捐了出去。

1972年，八弟来信说想来香港生活，那时我的生意已经稳定，就同意了。他申请来港与亲人团聚，两个月才被批准。八弟来港那天，我与表叔宋鸣皋去深圳罗湖口岸接他，等了约1小时，终于见到他。8年没见了，一见面我们兄弟二人就紧紧地拥抱在一起，高兴得落了泪。

在罗湖到九龙的火车上，八弟跟我说："哥，咱父最疼爱我，我要做二老板。"他知道我开店开工厂了。

我说："行！要慢慢来，你要先学徒，学好本事再说。"

到港之初，八弟仍然保持着在国内时的那种革命思想。他脚穿布鞋，身着工作服，一副革命青年的打扮，到港都1个月了，给他买了皮鞋也不穿，买了衬衫也不换。他言必称"毛主席教导我们说……"我对他说："这个不用你教，我忙着做生意，没空学，到时候我比你还先进。现在最要紧是你要学英语，学工作，学怎么赚钱生活。”他嫂给他请了个英文老师，他不肯学，我逼他学，他就去找他嫂。他嫂说：“你不愿意学习就帮着做生意，管管工厂货仓吧。”那时绍曾、绍德都在外国读书，孩子来信有时都用英文写，他看不懂，还批评我们：“中国人为什么要学英语呢？为什么叫孩子学英语不念中文呢？”这让我们哭笑不得。

八弟来港那年，公司生意兴旺，圣诞节这天，我拿出20多万来奖励工友，发奖大会一片欢声笑语，热闹非凡。发完奖，去吃饭的时候，我忽然发现八弟不见了，去找他，见他躺在写字间的长凳上闭着眼生气呢。

我问他：“怎么了？”

他反问：“干嘛把钱都给人家？”

“没有工友，我一人怎么生产？怎么赚钱？”

“那也不能给这么多啊!”

“今年赚了100多万，这都是工友合作劳动的成果，我拿出20万给工友过年，还多吗？”

他不吱声了。他第一次看见发这么多奖金，有点舍不得，后来他就不管了。

我和玉霞结婚的时候，八弟才两岁，都说老嫂比母，玉霞对八弟的关心和照顾，就如同对自己的孩子一样，尤其是为他的婚事，玉霞可没少操心。有一次，玉霞在工厂看到一个女工很不错，也是北方人，就托人给他介绍。当时女方犹豫不定，玉霞就跟八弟说：“我看这个女的不错，你追追看怎么样？”不料没几天，他把那个女工开除了，还指责人家是癞蛤蟆想吃天鹅肉。还有一次相亲，玉霞叫他给女方倒茶，他一点也不配合，竟说：

“我不会！”给八弟成个家是我们的一大心事，玉霞每年都张罗着给他介绍一两位女朋友，可是，不是他看不中人家，就是人家相不中他，有时我们都看着挺好的，他就是不愿意。这样相了有十几回，也没有结果。

八弟在工厂工作了近5年，管过货仓，管过人事，绍曾1976年从澳洲一回来就当了经理，他不满意，闹情绪，在迁厂的时候，甩手不干了。我劝他，他不听，我只好给他另找工作。我托人把他介绍到德信行新创立的精艺皮草厂工作，这是华润公司属下的工厂。他在那里工作了一两年，又辞职不干了。

这期间他认识了一位姓黄的女同事，想自己开皮草厂。他好不容易自己找了个女友，我只盼他们早成夫妻，就给他出资20万元现金租了个厂房，另为他担保从银行贷了50万元作为启动资金，还给他提供部分设备和订单，帮他开了个“北方皮草厂”。他的工厂有3千多方尺，请了10多位工友，给我厂做皮草加工生产，有时我也派我厂工友去给他帮忙。

他爱摆谱，本来没多少生意，还请了一位会计师、一位替他拿公事包的助手。

他有的想法很不成熟。有一次，去北京畜产小交会上采购皮褥子，他跟口岸讲：“我和我哥哥做生意不一样，我专买别人不要的货，我要放一两年再卖。”还有一次，他嫂问他生意如何，他回答说：“做生意要先赔后赚。”他嫂很生气，说：“你有多少钱赔啊？”那时玉霞还不知道，他开厂是我资助的。

他跟黄小姐也没处好。有一次，他带着黄小姐去日本找生意，黄小姐跟随他去见客户，他每天都查问黄小姐：与客人都说了些什么。黄小姐实话实说了，他不信，非诈人家再说一次。黄小姐回香港后就辞职不干了，他们的关系也就没了下文。

经营不到3年，八弟的厂子就支持不住了。银行经理找我去谈话，说："北方皮草厂近几个月账户亏欠额已达70多万元，我们要停止与他往来了。"我还没来得及处理呢，这位经理见了我太太，让太太转告我这个担保人早日归还欠款。这时玉霞才知道我资助八弟的事，她责怪我不该一下子给这么多。没办法，我只好叫八弟再回我厂，这次安排他在茶水部工作。本来三妹在茶水部卖茶点，她做的三明治——把一个鸡蛋炸好后，夹在两片面包之间——很受欢迎。八弟接手做了，他把一个鸡蛋打烂，摊开炸了，分开用做两个三明治，而且咖啡也冲淡了。工人给他提意见，说再这样做就没人吃了，他只好改了。

玉霞去世后，台湾的老乡张才（大营人）给八弟介绍了一位台湾女友，叫陈淑娟，双方一见，都很满意对方。他们在香港成婚，我送了50万元礼金，同时，我许诺日后如有困难，我还可接济50万元，至今他们没来取第二笔资金。婚后二人感情不错，第二年生了一个儿子，叫孙绍泓。他们一家生活在台湾高雄市，八弟在一家大酒楼工作。2006年8月，八弟跟随我回乡，因感念他嫂，为李玉霞图书馆捐赠了一台价值2千元的激光打印机。

多年来，我与三妹、八弟接触得多，与大姐、二姐、五妹联系得少，为了事业，我忽略了姊妹们，对他们关心照顾得很少。在玉霞离去的日子里，我深切地体会到亲情的可贵，亲人的重要。虽然兄弟姐妹在各地生活得还可以，但是，我还是想在有生之年为他们尽一点心意。1990年，我赠送大姐、二姐、三妹、五妹和八弟各20万元，同时，赠送内弟方雨及内妹玉翠、玉满各20万元。1997年，我移民加拿大时，还是挂念亲人们今后的生活，于是又每人赠送了20万元。当时北京的楼价飙升，我特意多给了内弟方雨20万元，鼓励他购新楼居住，换换环境。我多次劝说，他都不动心，至今仍住在西城区太平街的一栋旧楼里，而楼价已经翻了几番。我希望他们都能安享晚年，幸福快乐。

2002年，北京木厂胡同的老房子拆迁，政府补偿了拆迁费134万元。北京木厂胡同的老房子和上海沪西的老宅院都属父辈四兄弟共有，三叔北京的股与我们上海的股早就交换了，因此我们这一股分得拆迁费的一半，即67万元。因小弟长期在父亲身边照顾父亲，经我提议，大家同意，拆迁费的一半给了小弟，另一半我们姊妹五人平分了。按我的经济条件，我本不该要，只因为是祖业，我想分一份留做纪念。

我们孙氏一门四支，人丁兴旺，多逾百人，为谋发展，如今散居各地，日久天长，彼此已渐疏远。为了便于我孙家人加强联系，增进了解，巩固亲情，我想编印一本通讯录，可为此筹划了一年多也未能完成。2009年3月，在上海，我与根荣姐（四叔的长女）谈起了这件事，她非常赞成，并让她的长子钱屿协助我。这位外甥是上海博物馆副研究员、中国古币研究专家。在他的全力协助下，2009年5月20日，《孙氏宗亲录》出版，我的心愿终于完成了。我们在上海印了100册，现已分发给各位亲人留念。

二 我的儿女

我和玉霞生育了二男一女，和学华没再要孩子。

长子绍曾1950年9月30日出生在北京木厂胡同58号的四合院

里。他出生时我在上海经管大有公司，三个多月后又被派到香港接管大中公司，因此，直到1951年底玉霞抱着他来港，我才第一次见到他。他的名字是二叔起的，“绍，继也”，“曾”同“增”，“绍曾”有期望我们孙家人财不断增加之意。

1955年，绍曾入德信天主教学校幼稚园。幼稚园离家有两站地，他平时都由他妈接送。我管教很严，放学后及周末假日，不准许他出街玩耍。他懂事，听话，念书用心，很少让大人操心。

1966年，绍曾上初中三年级，他很多同学纷纷去外国读书了。这天，我一位亲戚姚叔的儿子也要去英国了，我们全家到机

全家合影(1989于香港)
前排：外孙女秋玲
中排左起：孙女景珊，孙儿景谦，孙女景霖，外孙秋浩，我，孙女景欣，外孙女秋华，孙儿景坤、景汉。
后排左起：女儿绍德，女婿伯伟，大媳志好，大儿绍曾，二媳仪芳，二儿绍九。

场送行。姚叔的儿子与绍曾同岁，绍曾非常羡慕，就问他妈妈：“什么时候我也可以出国读书呢？”姚叔听了，对我和玉霞说：“你们如果要送绍曾出国念书，我可以借给你们一笔钱。”姚叔的古玩生意做得比我们大，比我们强，他的善意让我们无比感动，但是，我们还是拒绝了。我们不愿欠人这么大的情，不愿让孩子将来知恩报恩一辈子，我们要努力工作，赚更多钱，靠自己的能力供孩子去留学。

第二年，我们手里比较宽裕了，决定送绍曾到澳洲雪梨读书。在雪梨读书每年需要1万多澳元，我们还能负担得起，而且那里有我一位好友朱先生是上海人，他夫妇人很好，能给照顾着点，我和玉霞比较放心。那年绍曾17岁，正读高一，在去澳洲的头天晚上，他去和同学们聚会话别。到半夜12点了，他还没回家，我很生气，冲玉霞发火说：“明早还要上飞机，这么晚了还在外面玩，等他回来告诉他不去外国了。”我气得要把机票撕掉，玉霞眼疾手快，一下抢了过去。正在这时，绍曾到家了。我大声训斥他，让他跪下，拿起扫把要打他，玉霞心疼孩子，拦住了我。我对他说：“到澳洲要努力念书，用功念，念不好，不要回家来！”

绍曾真争气，一去3年没回家，考取了著名的澳洲雪梨大学。

1974年，在绍曾大学毕业之前，我和玉霞去看了他一次。这时他已经有了女友，叫陈志好，在雪梨大学学牙医，家也在雪梨，两个人交往很长时间了。绍曾把志好介绍给我们认识，我们又到她家里拜见了她的父母。志好兄弟姐妹八个，是一个大家庭。他们是广东潮州人，多年前由香港移民澳洲。志好给我们的印象很好。有一次，我们和志好到公共汽车站接放学回来的绍曾。等了半个多小时，还不见他回来，我有点不耐烦了，而志好却一点也不烦，她说："他经常要我在这里等半小时以上，我都习惯了。"我和玉霞听了很感动，后来对绍曾说："这个女孩很好，很有耐心，你一定要珍惜。"

绍曾读的是工业工程管理专业，成绩很好，大学毕业后又接着读硕士，他还想在外国公司工作两年，取得一些贸易经验后再回港。这本来是个很好的规划，可是仅过了一年多，我就不得不催他回港了，因为这时我的皮草厂迅速扩大，业务激增，我一个人实在是忙不过来。1976年，绍曾中断学业携志好一同回到香港。他一回港就进厂协助我工作，他特聪明，学的又是管理，不久就能熟练指挥了。他进厂后，不但减轻了我的工作量，而且生意也越来越好了。

绍曾和志好回港前在雪梨市大会堂举行了结婚仪式，回港后，我又为他们举办了一次隆重的婚礼，宴请亲朋好友。大儿媳在香港公立医院参加了工作，她勤奋敬业，医术精湛，后来晋升为香港政府高级牙医主任。她2008年退了休。

1987年10月，玉霞意外摔伤成植物人，我每天去医院陪她，想方设法给她医治，没心思做生意了，就把我在么地道46号三楼的贸易部立即退租，结束了办公，管理公司的重担一下子落到绍曾的肩上。在那个危难之际，绍曾使出了浑身解数，化解了公司面临的危机，保持了业务正常运转，还使公司有了新的发展，表现出了非凡的领导才能。在香港，乃至国际皮草界，绍曾应称得上是一位年轻有为的后起之秀，1987年，他当选香港毛皮业协会理事长，1989年，当选国际皮草协会理事，后又当选国际皮草协会副会长。1997年，我和学华移民加拿大，公司就完全交给了他，交给他我很放心。

1993年，我带绍曾回乡，这是他第一次回到祖籍。我带他祭拜了祖坟，看望了乡下的亲友，考察了大营皮草市场，我想让他认识家乡，热爱家乡，支持家乡。从此以后，不管多忙，他每年都会回乡：主持基金会发奖大会、参加皮草会、祭拜祖先……十几年来，他与家乡有了深厚感情，也为家乡做了许多事情。

绍曾是我的最佳接班人。他不但继承和发展了我的事业、我的经营理念，而且还继承了我的爱国爱乡精神，我为有这样的儿子感到无比欣慰。

大儿和大儿媳有三个孩子，一男二女。

大孙女叫景霖，1978年7月在香港出生。她深得奶奶喜爱。当时家中已略富裕，儿子儿媳单请了个女佣帮着照顾她。景霖5岁入幼稚园，16岁初中毕业后，被送到澳洲雪梨外婆家，在那里上高中，高中毕业后考入雪梨大学攻读会计专业。她人很漂亮，学习也非常好，2000年，以优异成绩大学毕业。景霖毕业后在澳洲工作了两年，又在香港其他公司工作了两年，直到2005年，绍曾才让女儿进了自家公司，协助自己管理业务。景霖像他爸爸一样精明能干，后来被提升为香港皮草厂有限公司副总经理。

2008年12月21日，景霖嫁与澳洲雪梨青年陈维国。孙女婿在香港某大投资公司任职，也在雪梨大学毕业，与景霖相识多年。他们的结婚庆典在香港最著名的四季大酒店举行，我和太太学华专程从温哥华飞去香港祝贺。

景霖的婚礼安排得非常隆重，豪华，我从未见过如此气派的婚礼。当天我们宴请了亲朋好友；第二天宴请了香港同事及同业；第三天去深圳，在凯宾斯基酒店宴请了家乡领导，国内亲友、同事及同业。在这个大喜日子里，多年没见的亲人们终于又团聚在一起。三妹秀荣夫妇、五妹秀珍夫妇、八弟全家、女儿绍德全家、小儿子绍九全家都来了。全家亲情依依，其乐融融，实在难得。

三天后，绍曾全家又飞到澳洲雪梨摆设喜宴，那里的亲朋好友也很多。

绍曾的儿子叫景谦，生于1985年9月。他毕业于英国伦敦大学，学的是经济专业。他毕业时，我和学华飞去伦敦参加了他的毕业典礼。他为人忠厚，很善言辞，大学毕业后回到香港，在英商的怡和洋行工作。绍曾想让他在外面磨练两三年，然后再入厂接班。这是培养下代人的好方法。

绍曾的小女儿叫景珊，生于1986年10月。她2008年毕业于雪梨大学经济会计专业，我和学华也去参加了她的毕业典礼。大学毕业后，她在澳洲工作了两年，然后回港。她现在香港某会计师事务楼做审计师，经常到内地审查上市公司的情况，工作很努力。

爱女绍德，1953年9月生于香港。她在九龙天主教圣玛利女校一直读到初中三年级，然后与山东好友王太太的女儿王薇薇一起去了英国读高中，我们两家托旅居英国的山东好友京菜大王杨子康先生、朱永深先生两家给予照顾。绍德高中毕业后没有考上大学，就回香港参加了工作。

女儿在我公司做秘书，帮我打理出口业务——主要是日本生意。我的办公室在我皮草店的楼上（三楼），很大，有2千多方尺，里面挂着各式各样的皮草服装样品。有的客户不去工厂，就在这里看样订货，有的要到工厂看看，我就陪着去，从皮草店到工厂开车要走半小时的路程。如果我外出办事，女儿就代我在办公室处理业务，如果店里忙不过来，她就跑到楼下帮着销售，楼上楼下兼顾着。女儿老实本分，温和善良，她没有继承妈妈的经商天分，不是个事业型的女性，但绝对可以做个居家的贤妻良母。

女儿在英国读书时，结识了一位山东籍青年姜伯伟。他与父亲姜鸿惭在英国经营着一家中式餐馆，名叫鸿兴楼京菜馆，生意很红火，在当地很有名气。我去英国的时候，经杨子康先生介绍，见过伯伟，也见过他爸爸妈妈，因为是同乡，孩子们又互相认识几年了，我对他们交往没什么意见。但是，玉霞不同意，把最疼爱的女儿远嫁英国，她舍不得。女儿回到香港不久，伯伟也追到了香港，并向绍德求婚。我和玉霞见他高大英俊，和善忠厚，对女儿又如此痴情，就同意了他们的婚事。女儿的婚礼是在英国举行的，玉霞去参加了女儿的婚礼，我当时人在北京，忙于生意，没能去。1985年，因生意关系，绍德一家迁到了美国华盛顿市，仍旧开设京菜馆。

女儿和女婿有三个孩子，一男二女，都很优秀。大外孙女叫姜秋华，生于1980年11月。她毕业于美国华盛顿大学，学的是医学神经专科，现为心理医生。小外孙女叫姜秋玲，生于1987年7月。外孙叫姜秋浩，生于1988年10月。秋玲和秋浩也都毕业于华盛顿大学。

不幸的是，爱婿伯伟因患重病，医治无效，于2008年1月12日英年早逝。我没有去参加他的葬礼，白发人送黑发人的心痛是让人难以承受的。

2008年8月8日，大外孙女在美国华盛顿市结婚，大外孙婿是她的一位美籍同学，叫Joseph Jacob Allen。在香港的绍曾夫妇、在温哥华的绍九夫妇、在洛杉矶的三妹秀珍夫妇都去参加了他们的婚礼。我和学华没有去，我怕年纪大了，去了触景生情，思念故人，伤心难过，影响孩子们的心情。后来在景霖的婚礼上，我和学华见到了大外孙女、大外孙婿，向他们表示了歉意和新婚的祝福。大外孙婿是一位潇洒英俊的美国青年，与大外孙女十分般配。

次子绍九1956年3月出生，因生于九龙而得名。他的名字也是二叔起的，好记好写又顺口，而且在中国传统文化中，“九”是个吉数，寓有长长久久之意。

小儿子小时很顽皮，贪玩，不爱读书，考试成绩总不理想。为把他培养成才，他妈妈操碎了心，几乎每年都托人给他找学校。他15岁初中毕业，然后就去了英国读高中。高中毕业后，他没有升入大学，我介绍他到英国皮草公司学徒，想让他学些皮毛知识，以便将来帮我管理公司业务。

两年后，小儿子回到香港。他先在厂内协助哥哥管理厂务，后又到门市部负责销售。他不认同我和绍曾的经营理念、管理方法，大约3年后，他不愿意在自家公司了，想自己创业。我不想强迫孩子服从我的意志，我支持他自主发展。

在创业之路上，小儿子作了很多探索和努力。他做过卡通纸箱生意，开过婚纱展销会，但都只有三两年时间。1993年，他想移民加拿大创业，我也同意了，给他在温哥华买了一套大住宅及两大间公司房，在美国三藩市买了一套住宅。他在温哥华开了个旅行社，经营了几年也关闭了。

2007年，小儿子又回到香港接管门市部，经营得也不是很好。其实他是一个真正的皮草行家，他在英国打工的时候，天天摸各种皮草，他比我和绍曾懂得还多，只可惜他做事没长性，没派上用场。

小儿子从英国回来后，玉霞就张罗着给他介绍女朋友，可是相看了好多个，他都不满意。后来，他自己找了一位漂亮女友，叫冯仪芳。他们结婚后生有二子一女：长子景坤，生于1984年5月，毕业于加拿大UBC大学，现在加拿大汇丰银行工作；次子景汉，生于1986年9月，毕业后回了香港，在某电脑公司工作。女儿景欣，生于1988年8月，也毕业于加拿大UBC大学，现在回到香港继续深造。

前排右起：大儿绍曾，外孙秋浩，外孙婿Joseph Allen，孙儿景坤、景汉。
后排右起：外孙女秋玲、秋华，大儿媳志好，大妹夫书荣，大妹秀荣，孙女景欣，我，孙女景霖，孙婿维国，学华，二妹秀珍，二妹夫友义，连让弟，孙儿景谦，女儿绍德，二儿绍九，二儿媳仪芳，孙女景珊 。（2008）

在大孙女的婚礼上，我的九个孙辈孩子都到齐了，看到他们我特别开心。他们都已长大成人，并且大都毕业或就读于世界著名大学，个个一表人才，年轻有为。他们拥有当今世界最先进的科学知识和管理理念，蕴藏着蓬勃向上的生命活力和无穷的创造才能，代表着未来和希望，我相信，我孙氏家业将来在他们手中一定会更加兴旺发达。

我的三个儿女自幼都由他们的妈妈照管，我整天忙于做生意，很少陪伴他们，因此，也许在他们的记忆里，似乎只有母爱，没有或者仅有一点点父爱。我回首往事的时候，这样的遗憾也常常袭上心头，每当此时，我就不禁扪心自问：如果那时贪图天伦之乐，能在香港立足吗？如果那时不去全力打拼，能有今天丰衣足食的幸福生活吗？一想到这些，我又释然了。“鱼与熊掌不可兼得。”我的选择是无奈的，我想也是正确的。我此生对得起儿孙们，无怨无悔！

三 我资助出国留学的晚辈们

为了实现更加远大的人生理想，许多孩子都希望出国留学，但是，高昂的学费往往又让那些家境并不富有的人望而却步。十几年来，我资助了十多位这样的晚辈实现了他们的梦想。

第1位是内弟方雨的长子李微。1985年，我送他到美国三藩市留学，起初住在我的好友柏如琢夫人家中，不久找到工作搬出，半工半读。毕业后，他选择留在美国，先是给人打工，后来自己创业，发展得很好。他结婚后生有两个孩子，现有自己的公司和住宅，算是小小发达了。

借穿学士袍过瘾——我是“家里蹲大学园子屋里系”毕业生，哈哈 (2005.8)

第2位是连智弟的幼子绍敏。1985年，我资助他去澳洲雪梨留学，半工半读。他没继续读大学，在澳洲一家机器制造工厂参加了工作，至今从未换过工作，很有耐心。他工作多年，有一定积蓄，购买了住宅，已结婚生子，生活安定。

第3位是连信弟的长女孙婕。1986年，我资助她到澳洲读书。她毕业后在雪梨找到工作，并与一位叫顾文海的上海青年结婚。他们婚后自己创业，我又资助了3万元。他们起初一起种菜园卖菜，非常勤奋努力，后来转行开了一个清洁公司，承包大厂办公室业务，经营得很不错。他们自己购买了住宅，2009年将连信弟夫妇移民到雪梨团聚。

第4位是连营兄的长子绍庄。他在上海取得了硕士学位，结了婚，妻子是位大学生，他们又想一同去德国深造。时任枣强县委副书记的族弟连仲来电话，要我资助他，培养一位博士生，为家族争光，我慨然应允。1986年，我交给国家4.5万元培养教育费，然后又给绍庄汇去7千美元学费，并拜托我德国的客户给予协助和照顾。可是不久他妻子屈燕萍先去了德国，大约一年后，他妻子为他申请移民到另一个国家比利时，后来他们又申请移民到美国。他们学识高，有能力，在美国新泽西州有了稳定的工作和生活，也购置了新房子。听说他们前几年曾经回乡探亲祭祖，不知近况如何，应该很不错吧。

第5位是内妹玉翠的幼女韩玉芬。这个女孩很聪明，自己主动请求姨父姨母资助去日本留学。1987年，我们资助她到东京留学，也是半工半读。第二年，她又将在北京的丈夫接去日本读书。他们夫妻俩读书都很好，都考上了日本的正规大学，4年大学毕业后，又都在日本洋行找到了工作，专门负责到中国采购服装，很受信任和器重。他们已定居日本，生有两个孩子，可谓生活安定，事业成功。

第 6 位是五妹的次子傅宁。1987 年，我资助他去日本留学，托日本好友野口先生先给他在东京找了个日语补习学校学习，过语言关，我付了 7 千美元学费，他半工半读。两年后，他通过了日语考试，但没有继续读大学，而是选择去工作。一开始他给展会搭建会场，后来学会开大货车，搞运输。在日本，他认识了一位华侨女子，她老家是东北的，两个人情投意合，不久就结了婚，并生了个儿子。后来，不知何故二人分手，1996 年，傅宁带着儿子回国。他先到香港探望我，拿出崭新的 7 千元美钞还我，并对我资助他赴日读书，深表感激。他有此心我就很知足了，当舅的当然不会收他的钱，当初资助他，从来就没想过要他偿还，我让他把钱收起来，留作孝敬父母或将来给儿子读书用。回国后，他曾经开店经营童装，但没成功。他至今还没再娶。祝他好运。

第7位是大姐的三儿子张世欣。1987年，我资助他去澳洲雪梨读书，可惜他没有考大学深造，先是给人打工，后来就做小生意。他在雪梨认识了一个叫崔奕卿的女友，上海人，很贤惠。他们结婚后，生了两个儿子，并购置了住宅。他们后来曾接大姐夫妇去雪梨居住，只因住不惯，待了半年大姐夫妇就返回北京了。1998年，他们返回香港生活，都在我香港皮草工厂工作。2008

年，不知什么原因，夫妇俩闹离婚，10月份我去蛇口时，特地约见了小崔，劝他们为两个孩子着想夫妇和好，可惜劝解无效。11月间，小崔突发哮喘病去世，留下了两个年幼的孩子，真是人生之大不幸。

第8位是内弟方雨的幼子李燕。他在北京读完大学后，就职于银行，想再出国深造，1988年，我资助他去加拿大多伦多市读大学，除了路费及学费，另外又给了他2万加元作生活费。后来他大姑（玉霞）见他生活已安定，叫他汇回富余之款，他很听话即汇回1.2万加元。他是个肯学肯干、不怕吃苦的好青年，大学毕业后，先在西餐厅工作，后来做房地产生意。当时，我的大徒弟端木家胜已经移民加国，他的长女留学法国，学服装设计，很不错，年龄和相貌都与李燕很般配，于是1993年我做媒促成他俩结为夫妻。现在他们仍然经营房地产，有两个孩子，两座住宅，生活得很好。

第9位是内妹玉满的长子佟学军。1993年，我资助他由天津赴澳洲读书。他没继续读大学，在澳洲找了一份长期工作，我只资助了他一年的学费。他工作很努力，在澳洲结了婚，有了儿女，生活得不错，2008年，将他母亲及弟弟学勇夫妇也申请移民澳洲，全家团聚了。

第10位是内妹玉翠的儿子韩玉峰。他本来在北京元隆百货公司任业务经理，已经结婚，可他并不满足，决心辞职赴日深造，1995年，我资助他去日本读书，半工半读。因为在北京自由生活惯了，他受不了留学之苦，只待了两年，书没读完就返回了。他回京后做了我北京分公司的代理人。他爱讲派头，去东北办公坐飞机要坐头等舱，说实话，那时我和绍曾都从没坐过头等舱。绍曾认为他太浪费不知节俭，公司开支太大，就叫他另谋高职去了。

第11位是三妹的长女程丽。1996年，我资助她到美国洛杉矶市留学，半工半读。她读的是会计专业，非常努力用功，大学毕业后成为一名会计师，应聘到洛杉矶某公司任职。她在美国与一位泰国留学生Mr. Sant结婚，生有一子一女，购置了住宅，生活很幸福。前几年，她把父母接到美国定居。

第12位是内弟学江的女儿张萌。1998年，她在北京高中毕业，我资助她来加拿大多伦多读大学，一共资助了6年。她是最幸福的一个学生，不用半工半读。2008年，她回北京举行了婚礼，丈夫叫安磊，是大学同学，一个英俊的北京青年。现在他们已经在加国定居，有了自己的生意，并生了一个可爱的千金。

我和学华在参加学生毕业典礼后留影(2005.8)

第13位是内妹玉翠的长子韩玉华之子韩超。他在深圳读完大学后想去英国留学深造。他很聪明，读书一直很好，是个可造之材。2002年，我供他赴英读硕士，后又供他读博士，每年资助学费1万英磅，共资助了三年，他是花费最多的一个。他2007年获得博士学位，2008年在英国结婚生子，可喜可贺。

第14位是内妹玉翠的长女韩兰香之女吉艳红。她在北京的中学毕业3年了，不愿工作，想赴日留学。2003年，我资助她去日本读书，每年学费100万日元，供了她五年。她2008年毕业，可以自食其力了，我就不再支持了。如今她已在日本嫁人生子，开始了自己的幸福生活。

除此之外，我还协助过多位亲友的孩子出国留学，为他们出具银行担保，能够为晚辈们出国留学尽一点心力，是我一生最感快乐的事。

四 我的工友，我的兄弟

1957年，我创办了第一家公司——香港皮草公司，那时只有两位工友，后来又创办了香港皮草厂等几家公司，生产规模不断扩大，工友也随之不断增加，最多的时候达到了数百位。我公司的工友每年都有新来的，也有离开的，五十多年来，为我工作过的工友大概有数千人了吧。

工友们都靠挣工资养家糊口，很不容易，我从来没有拖欠过工资，遇到手头紧张时，就是贷款我也要保证工资按时发放。我对工友待遇优厚，不但工资比别家高，而且逢年过节还会发个大红包，我赚得多，就发得多，决不亏待工友。

工友生活上有困难，我一定尽心尽力帮助解决；工友生病住院，我一定亲自去看望；即使工友离开我公司，另谋高就，我也一定会亲自为他送行，表达我的谢意，送上我的祝福。我和离开的工友仍然保持着合作时的感情，只要一见面，他们就会亲热地与我打招呼，有的还主动向自己人介绍说："这是我以前的老板。"他们对我的敬意溢于言表。在共同工作生活中，我与一些工友建立了深厚友谊，无论我们身在何方，都没有间断联系。

孙庭椿师傅是我的第一位工友，也是我创业初期的一位合伙人。因为经营理念不同，我们只合作了两年，但是，散伙后我们仍然是好朋友，两家经常来往。后来我的皮草厂生意越来越好，发财了，他太太感慨地说："这就是命，没合作成是他没发财的命。"他们有个儿子叫宝庆，在美国。他太太去世后，儿子又不在身边，他岁数大了，在香港没人照顾，就退休回了老家跟侄子生活。

我很惦记孙师傅，回国时曾专程看过他两次。他老家是江苏省沭阳县，离徐州160余公里，是个很穷的地方。第一次去看他，我从徐州出发坐了两三个小时的汽车，一路打听，好不容易才找到他的家。他住二楼，我见到他的时候，他已经坐上了轮椅。我给他买了很多吃的、用的，还给了他点钱。他激动得拉着我的手久久不放，我们四目相对，百感交集，都流下了眼泪。见他住二楼很不方便，我便提议：我出钱买一套一楼的房子，让他搬到楼下住。为改善他的生活条件，后来我陆续给了他一些资助。

我没拜师学过毛皮工艺，没动过割皮刀，没用过缝皮机，是个外行人，我只会争取生意，推广业务。我没正式培训过工友，他们的毛皮技术都是跟厂里的毛皮师傅学的。有的学上几年，掌握了全面技术，就离职自己开公司，做老板了。学徒是为了什么？学徒就是为了学会了去做老板。工友去创业，我不但不反对，而且还会帮一把，有很多工友开的公司，地址是我帮着选的，名字是我帮着取的，如经营中遇到什么难题，我也是热心帮着解决。

有饭大家吃，一个行业是大家的，不可能一家独霸。香港有一家上海人开的大公司，想垄断经营某行业，不准工人到别家去工作，不准别家开此行业的店，如果你开了，他就在你附近开一家，一直顶到你关门。结果他是失败的，别人开店是老板亲自经营，他是派职员经营，没几年他就不得不将分店关了。这样的气

与在我公司服务25—30年以上的忠实工友们合影(2010)

量，注定是成不了大器的。

实际上，同业不是越少越好，而是越多越好，任何行业只有形成规模，才更容易发展。我鼓励有能力的工友自己去闯，也乐于帮助他们开创自己的事业，不图名，不图利，只希望他们个个能成功，将来和我一样自己做老板致富发达。

有个工友叫孔祥东，大营人，在我香港宝利硝染厂学习深造了一年，他岳父崔金亭曾任河北畜产公司的科长，跟我也有交情，我对他的印象很好。小孔后来回到大营皮毛厂，做硝皮。1998年，我的大营宝利硝染厂从承包方收回后闲置下来，厂子闲着也是闲着，租给谁也是租，于是我想到了小孔，想帮小孔创业，让他接管此厂继续经营，改用他自己的招牌。和他一谈，他也有意自己干。

他问：“你租多少钱啊？”

我说：“你给多少钱啊？”

“3万。”

“好吧，就一年3万。”

“是5年3万呀！”

“5年就5年，依着你。”

我一口答应了。当时仅厂里的全套硝染设备就值几十万元，租金可要到每年10万元，既然想帮他，也就不计较这些了。

1999年，小孔把大营宝利租过来，改名叫“凯达公司”。他一直经营得很好，几年就发了财，在大营买了地，建起了自己的厂房。2004年4月，他还主动向李玉霞图书馆大营分馆捐款1万元，用于购买新书。2006年租约到期，我收回宝利厂，拆除全部厂房，改建为敬老院。

我喜欢与人为善，也能忍让，但并不是位好好先生，如工友真犯了大错，我会坚持原则，不徇私情，严肃处理。人非圣贤，孰能无过？对犯错的工友，我都采取治病救人的态度，即使是被开除的工友，如他陷入困境，又真心悔过，我也会伸出援手。

在李显池偷开工厂事件中，有个被开除的赵师傅，上海人，擅长做兔皮，他和几位工友被李显池拉去开皮草厂，每人投了数万元，不但几年没分到利润，而且连本金也赔了进去。他们本想发财的，可万没想到上了当。

赵师傅一看前景不妙就退出了，还有三个工友也跟着退出了。他们一块来找我，请求回来工作。回来是不可能了，因为厂里有规定，被开除的工友是不能再回厂的。可是，我又真心想帮赵师傅，他人老实，又有技术，在我厂工作了好几年，有感情了。就在我左右为难的时候，有一个好友陈荣光先生（他是做保险生意的）见我生意兴旺，也想做皮草，我就将陈先生和赵师傅拉在一起，让他们合作。陈先生是外行，非拉上我不可，于是，陈先生出10万元资金，我提供机器设备及订单，赵师傅负责技术，我们三人合伙开了“大东皮草厂”（Eastern Fur Factory）。此厂主要给我厂做加工，也可独立对外承揽生意。这样其他几个被开除的工友也有了工作，生活也有了着落。

此厂开业以来虽然没有发大财，但是也有小盈利。1987年10月，玉霞病重住院，我停止了一切业务和工作。陈先生是我们的保险代理人，如果我们就玉霞的意外跌伤索赔，保险公司要赔偿几百万元，他怕找他麻烦，不久便移民加拿大了。大东厂只剩赵师傅一人管理，后来关闭了，清算、划分利润和财产不了了之。他们是我的合作伙伴和好友，我也就不执意追究了。

在我心中，工友就是我的亲人，工友就是我的兄弟。我为工友创造了工作机会，工友也为我创造了更多财富，没有工友就没有我的事业，没有工友就没有我的今天。

我公司有一批资深的老工友，其中有高级文员，也有一线工

我在颁发金牌的晚宴上讲话(2010)

我与学华为会计部主任陈燕光先生颁发金牌(2010)

铸有“忠诚服务”四字的金盾奖牌

人。他们大多工作了二三十年，最长的一位工作了40年，加入公司的时候还是不足20岁的青年，如今却已华发满头。在20世纪80年代末我公司的多事之秋，他们忠心耿耿，始终如一。在我渐渐淡出公司管理的岁月里，他们跟随我儿绍曾，恪尽职守，奋力拼搏，推动了我公司不断发展，续写了皮草界辉煌传奇。风霜雨雪，酸甜苦辣，我们一起走过了几十年，真是情同手足。

2010年3月1日，我正式退休了。在退休之前，我和太太学华数次到香港景福金行，精心设计并定制了28枚铸有“忠诚服务”字样的金盾牌，我要在退休之际，表彰老工友们。忠诚服务30年以上的，金盾牌用一两纯金打造，25年以上的，用半两纯金打造，共价值港币38万元。这天，我公司在鹿鸣春京菜馆摆了5桌酒席，款待这些老工友，我亲自将金盾牌发到他们每个人手中，并与他们一一合影留念，衷心地感谢他们——我的工友，我的兄弟！最遗憾的是，当天所有人都沉浸在欢乐的气氛中，竟忘了拍张“全家福”记录这难忘的一刻。

附录

香港制衣先驱——孙佐民

《香港服装史》主办机构

皮草生产模式的革命者，将皮草制造工业化，推动香港皮草业蓬勃发展。

六十二岁的孙佐民先生，和蔼可亲，平易近人，是香港第一代的企业家。也是第一位开创皮草工厂的先驱，他贡献出自己所有的精力，推动香港皮草业发展蓬勃，并且支持制衣业训练局开办皮草生产课程，以培训更多的人才。

孙先生出生于河北省的石家庄，一九五一年由上海到香港，

MR. MICHEAL T.M. SUN

A Legend in Hong Kong Fur Industry

Mr. Michael T. M. Sun is a sixty-two year old gentleman ith a mild and affable countenance. He is a famous entrepre- eur in Hong Kong and a pioneer in establishing fur factories. e has devoted all his energies to promote the Hong Kong fur dustry and support the Clothing Industry Authority to organize e Fur Production Training Course so as to cultivate more alified people for the industry.

Mr. Sun was born in Shi Jia Zhuang of He Bei Province. e was educated and grew up in Shanghai. He came to Hong ong in 1951 and began trading carpets. In 1953 he began to y furs from China (mainly weasel skins) and sell them to the r shops in Hong Kong. Later he also traded other fur materi- . After lots of study and practice, Mr. Sun laid the foundation r his fur business.

In the early 50's, Kui On Fur Store and Siberian Fur Store ere the only furriers in Hong Kong. Later, the number of fur tail shops increased, but they mostly aimed at tourists, the w material used was mainly Chinese weasel and kolinsky. nce mink was very rare, it only had a very small market and price was extremely high. Mr. Sun opened a retail shop on meron Road in 1957. At the same time, he established a all workshop to produce fur garments at home. He adver- ed in newspapers to attract potential customers and tourists.

In 1965, Mr. Sun began to seek material from England for rther manufacturing of mink for export. In 1968, after years hard work, Mr. Sun started a small fur factory in Tokwawan. specialized in processing muskrat bodies for English furri- s. He had eight apprentices to start the operation. In the following year, he tried to export rabbit fur clothing. As the production was simple and the sales volume was large, the profit margin was high.

Owing to the rapid development of the business, the workshop was moved into a factory building in San Po Kong in 1970. The area of the factory was about 4,500 sq. ft., and it began to produce twenty thousand pieces of rabbit fur clothing each year. The traditional production method could only yield products of very small quantity, so Mr. Sun turned to assembly line production. This gave workers better control over the working procedures, timing and the various skills involved, attracting new employees to join the firm. Mr. Sun was the first entrepreneur to use assembly line production in the Hong Kong fur industry.

This revolution also overthrew another tradition. Back before the 60's, there were no female workers in the fur industry as the fur-making skill was only passed down from father to son. After the change in production methods, how- ever, female workers appeared in the fur industry.

Moreover, Mr. Sun also began to use advanced methods from Europe and the U.S. in fur treatment and bought in advanced machines for production and cleaning and fur. Hand cutting was replaced by machine cutting, manual stapling was replaced by pneumatic stapler. The finishing work was done by sophisticated machines to maintain the luster and softness of fur. Together with the traditional Chinese production methods, the skills of fur production reached a high point. The produc- tion of high quality fur was realized, and the industry turned to the market of mink and fox skin garment.

102

从事买卖地毯的生意，一九五三年开始从国内购买皮货（主要是生和熟的黄狼皮）售给香港的皮草厂，后来增加卖黄狼皮褥大衣片。就这样，孙先生不断深入研究和学习，为他的皮草事业奠定了基础。

在五十年代初期，香港只有巨安皮草行和西伯利亚皮草行。后来皮草门市店日渐增加，但均以游客的零售生意为主，原料方面则以中国黄狼皮和克林司根皮为主，由于明克（MINK）稀有，所以销售量极少，价格也非常昂贵。一九五七年，孙先生亦在金马伦道开设门市部，每件皮草可赚三至四倍的利润，与此同时他亦在家中开设小工场加工皮褛，并在报章上刊登广告招徕顾客。一九六五年，孙先生开始争取从英国来料加工制成明克大衣片出口业务。

直至一九六八年，经过多年的努力，在土瓜湾的一层唐楼内开设一间皮草加工场，专为英国加工麝鼠皮大衣片。当时只有八位学徒开始，次年又试做兔皮服装出口业务，生产简单，销量大，利钱丰厚。

由于业务迅速发展，在一九七〇年迁入新蒲岗工业大厦，厂房占地四千五百平方尺，开始大量生产兔皮服装，年产达两万件。以往皮草服装在传统上全件起的生产模式，只能作小量的生产，为适应当时订单数量剧增的需要，孙先生便将成件起转变为分科生产，使工人在生产工序、时间、技术成品规格方面更易于掌握，有利于吸纳大批新人入行。所以，孙先生是香港首位开设皮草工厂，将成件起转变为分科大量生产的企业家。

这次的“革命”，还打破了另一个传统，原来在六十年代之前，皮草行业是没有女工的，因为制皮草技术是传子不传女的，但改变生产方式后，而女工亦乘势而起，向这个一直属于男性的行业进军。

孙先生更吸纳了欧美制做皮草先进技术，由手割串刀条改进用机割串刀条；由手订皮张和衣片改进用快速压气订皮张和衣片；原用手工清理工后工作改用先进机器清理最后工序，增添皮草光泽和软度，再结合中国传统优秀的手工艺，使皮草的技术更臻完美，至今所有各类皮草产品均已达到世界最高水平，从而转向生产高档水貂和狐皮服装发展。

一九七九年孙先生与行内热心人士八人共同创立香港毛皮厂商联合会，使行业内人士加强联系，及作业务上和知识技术上的交流。孙先生出任该会的第一届主席，当时六十七间公司加入该会。商会成立以来，每年定期举行皮草服装展销会，吸引外国买家到香港购货，对开拓海外市场发挥了重大作用，而各地的皮草行业，亦一致推崇香港毛皮厂商联合会所办的推广活动是极为有声有色的。至今已成为世界最重要的皮草生产中心。

八十年代初期香港的皮草业走向高峰，至八七年是黄金时代。但八八年开始滑落，明克（MINK）的世界总产量由四千四百万只下跌至贰千四百万只。皮草更跌价百分之五十，其中一个原因是世界各地都发起了Anti-fur运动，特别是欧洲市场的影响最大；跌价的另一个原因是皮草产量过盛，超过市场之需求，同时皮草种类减少，仅明克和狐皮，因而减弱了市场的购买力，使到皮草业的景况出现一片愁云惨雾。

到了九零年代，皮草业比较好转。孙先生在蛇口特区增设加工厂和硝皮厂，雇用了一百五十人投入生产。而明克的价格亦回升了百分之二十至三十，但因产量少，行家纷纷抢购。同时皮草的设计和款式，变化更多。在这几十年内，孙先生经历了皮草业内多方面的变化和面对不少的困难，但他都能运用精明的头脑去解决和适应过来。现在事业已交由他的大儿子孙绍曾先生负责，工厂业务，小儿子孙绍九先生负责门市部零售业务，但这位香港第一代的企业家，对香港皮草业的贡献实在功不可没。

(摘自1992年1月出版的《香港服装史》第102—104页)

拳拳游子意 浓浓故乡情

——记枣强籍旅加侨胞孙佐民

《衡水日报》记者杜静

故乡的水，故乡的云，故乡的父老乡亲……

对于一位在他乡异国漂泊闯荡了几十年的老人来说，故乡，在他心目中，是那一缕最萦绕不去的思恋，最化解不开的浓情。

今年81岁的孙佐民先生已经将所有的事业交付给子女管理，现侨居在加拿大，他是香港皮草有限公司的创史人，香港毛皮厂商联合会首届会长，香港中华厂商联合会会董，影响力在香港业界举足轻重。

孙佐民先生是枣强县大营镇后马庄村人，生于1929年。7岁时离开家乡去北平、上海念小学。12岁与同乡李崔浒村李玉霞女士订婚，16岁完婚。17岁便随叔叔去上海在自家开办的“大有地毯厂”学做生意。1951年，22岁的孙佐民去香港创业，踏入香港皮草业后，夫妇俩经过几十年不懈的努力和奋力拼搏，把最初的一个小门店，发展成为一家拥有10个公司、辐射香港和内地，并在世界许多国家和地区皮草业颇有影响的企业。

一直到1977年，饱经创业艰辛，赢得一身荣耀的孙先生在48岁时才第一次踏上了回乡的路。此后的30多年，他在这条路上奔波过多少次，恐怕连他自己也数不清了。这一片单纯、执著、浓厚的乡情，推动着他做出了一件件，一桩桩力所能及的善事、益事。从促进家乡繁荣经济，到支持家乡文化教育、福利事业方面，几十年捐资逾500万元。

1977年，第一次回家乡，见到父老乡亲们窘迫的生活状况，凭着“一定要尽自己所能帮助家乡富起来”的心愿，他开始了自己的种种义举。

开始，孙先生给后马庄及李崔浒各买一辆拖拉机，用于改善农业生产条件；送给两个村各2000磅裘皮碎料；接着又掏钱给全村百十来户人家安电灯、打井、修路、上自来水，后来发展到为乡镇医院购置病床、摩托车、医用显微镜；在大营镇后马庄村捐款2万元，兴建了有8间教室的向阳小学……

这些细心周到的帮助，着实改善了一部分乡亲的生活，但孙先生为振兴家乡皮草业所做的一切，却是真的帮着乡亲们自主性地富起来了。

现在的大营皮草闻名全国，一年一度的大营国际皮草交易会也让大营走向了国际。这其中孙佐民先生功不可没。

当他第一次回家乡参观大营皮毛厂时，发现这里竟然使用着在香港市场上早已不见的陈旧设备，当即赠出50台缝皮机，第二年又投资从英国购进20台新机器。随后又从香港派来3位技术权威，从加工技术到款式改进一一指导，使大营皮毛加工水平大大提高。为提高大营皮草服装档次，在孙先生建议下，特设了两个高档服装车间。孙先生承揽一切费用，特邀请两名技术人员去香港学硝染，从那以后大营皮毛厂有了狐狸皮、水貂皮服装。1982年出口额、产品质量在河北省占第一位，成为省外贸唯一指定的出口厂家。

1984年，孙佐民在深圳蛇口与大营皮毛厂、日本一家株式会社合作，投资200万港币，兴办了我省第一家中外合资企业——中国联合毛皮企业有限公司。在这里，有几百位青年被培训为熟练工，返回家乡再创业，如今成为大营皮毛业的中坚力量。

1983年，孙先生望着大营皮毛厂100亩空旷的场地，萌生了一个奇想：办一个珍皮动物养殖场，从养殖、屠宰、加工形成一条龙，同时也提高了产品档次。那年，孙佐民特意从挪威引进25只蓝狐，为了照顾好这批远道而来的“贵客”，已经50多岁的孙先生亲自坐飞机陪伴蓝狐，又从北京乘车运回大营，还带来两位外国专家，进行实地指导。当时每只蓝狐150美元，包括旅途及技术人员的费用，孙先生一分钱都不用家乡的，完全自己负担，他的热情之举，不知感动了多少人。从那以后，大营皮草产品说明书上又增添了一个国际流行花色品种。在两年多的时间里，大营的蓝狐饲养量就达到了100多只。

他不仅出钱出物支援家乡建设，而且以主人翁的姿态，积极参政议政，出谋划策。大营皮毛商会就是孙先生提议搞起来的，他亲自担任名誉会长，并捐款一万元作为活动经费。在他的倡导下，大营庙会办成了国际型的皮草交易盛会。

1995年11月成功举办了中国大营国际皮草交易会，成交额高达13.6亿人民币。其中有不少海外客商是孙先生亲自动员邀请到会的。从那以后，每年这个季节，大营这个小镇，便汇集了世界许多国家的商人，一改过去的小皮毛生意，使大营镇名扬海外。

为了提高大营皮毛的科技水平，让传统的大营皮毛适应世界发展变化新形势。孙先生利用自己在国际皮毛界的声望，经常请有关专家来大营传经送宝。孙先生曾经请来国际皮草协会的26名专家，到大营来讲课。这个组织以往都是到世界各地的几大城市活动，别说去乡镇，连小城市都从来不去。孙先生不仅包管讲课人的费用，而且还给每一位来听课的人准备了一套学习用具，包括笔记本、圆珠笔、资料等，一应俱全。孙先生没有一点老板的架子跑前跑后，还经常冲上前去当翻译，使大营皮毛界人士大开眼界，受益匪浅。

1983年，孙佐民第一次当选为河北省政协委员，就提了十多条建议，写了两份提案。以后每年都到会，每到会都有新建议，为振兴家乡皮毛业，他在枣强县深入调查，特意撰写了关于振兴枣强县皮毛业的提案，提出了切实可行的建议，引起政府有关部门的重视，许多建议已纳入决策之中。

孙先生还在大营投资修建大有影剧院，大有商场，不止自己为家乡繁荣经济做了许多贡献，他的孩子们也受他的影响，对故乡充满了感情。孙佐民先生的长子孙绍曾，不仅继承了父亲的事业，也继承了父亲爱国爱家乡的优良传统，近些年来常常回来参加皮毛会，进行商务活动。

“我到过世界许多国家，也有不少中外朋友，但是，只有到了老家，才有热土难离的感觉。”孙佐民先生这句话，饱含着对故乡的眷恋与热爱。

孙先生从1977年开始尽己所能帮助故乡至今，不仅关注着家乡的经济繁荣，对于家乡的文化、教育、慈善事业也投入了大量的心血，他投资建图书馆、建学校、设立教育基金会、建敬老院……所有的投入，无不源于这颗赤子之心。

1989年，孙佐民的妻子李玉霞女士不幸病逝。李玉霞祖籍也在枣强，是一位善良、宽厚、坚毅、勤俭的女性。她生前曾对丈夫说："我知道不识字的痛苦，应多赞助学校教育方面，可惜我们不是大财团，尽心尽力吧。"

为了缅怀同甘共苦45年的妻子，孙佐民在1990年捐款15万元设立了枣强县李玉霞教育基金会，分别奖励每年高考、中考、小学升初中考试中成绩优异的学生。到今年，李玉霞教育基金会的颁奖大会已连续举行了十九次，累计发放奖学金68万元。而他几乎年年都亲自回来为学生颁奖。

1992年，孙佐民捐资20万元，与枣强县政府合资创建了占地2320平方米、建筑面积1386平方米的李玉霞图书馆，当年捐款3万元购书，以后每年向图书馆捐款1万元购买新书。每年5月份与10月份，都是孙先生为图书馆增置新书的时间，至今从未间断。逐年增加的购书费至今已增加到每年4万元。

现在李玉霞图书馆是枣强群众文化生活的重要部分。馆内藏书达6万余册，电子图书2万余册，其中孙佐民捐赠的新书就有46636册。书籍种类丰富，从文学艺术到哲学宗教，从农业科学到政治法律共22类图书。此外还专门设置了少儿阅览室，上架图书8000余册。

同样是在李玉霞图书馆，孙先生还出资购买了书架桌椅、电脑设备，修缮馆舍，举办了民华公益少儿英语兴趣学校……图书馆曾三次被评为国家级三级公共图书馆。

1995年，孙先生捐资80万元，与大营镇合资兴建了一座能容纳800人的影剧院。

孙佐民与京剧大师张君秋之女张学华女士结合后，他这种热爱家乡，并为家乡投资兴业的善举得到了张女士的积极支持，成为两个人共同的事业追求。

1999年，他捐资10万元在衡水设立“孙佐民奖学金”，每年奖励5名优秀贫困学生每人4000元，连续5年。2004年，孙佐民捐资10万元，在枣强设立“孙佐民奖学金”，每年奖励5名优秀贫困学生每人4000元。2007年，孙佐民面向全市重新设立“孙佐民奖学金”，每年奖励8名高考成绩优秀的贫困学生，每人5000元。至今已共投入30多万元。

除去设立教育基金、奖学金，孙佐民为马庄联合小学投资20万,建起了教学楼，完善了教学设施。周边五个自然村的190多名学生、还有幼儿园里120个小朋友每天在这里读书玩耍。2007年，孙先生为小学捐赠了电脑，3至6年级的孩子们从此就和城里孩子一样上起了微机课。

据说，这所联合小学完全可以建在孙先生所在马庄村村后，可他却说，要考虑就得考虑周边的孩子们到哪里上学更方便，所以校址才选在了前马庄。

而位于大营镇的大营高小，位置正好坐落在孙佐民先生原来的宝利毛皮硝染厂。这个工厂是孙先生为了给家乡发展皮毛业树样板，做示范，投资 300 万所创办。完成工厂的示范作用后，他索性出资 2 万多元，将工厂的一部分改装成为教室，捐给了大营高小。

大营高小的邻居——原宝利毛皮硝染厂的另一部分则被孙先生彻底改造成为一个敬老院。在孙佐民先生与妻子张学华女士的名字中各取一字，起名为“民华慈爱敬老院”。

2007 年 10 月 26 日，“民华慈爱敬老院”正式接收院民，当天孙先生高兴地拿起鼓槌,与前来庆贺的锣鼓队一起尽情地敲起鼓来。

现在，有28位老人住在敬老院，在宽敞舒适的房子中，愉快地过着晚年生活。孙先生知道每一位老人的生日，在他们生日的当天，会委托大营的老乡送来蛋糕。他常常向院长问起老人的情况，想起该给老人们添置点什么，就委托别人送过来，大到彩电、按摩器，小到助步器、拐杖、图书、字画、春节的新衣，他都会细心嘱咐。

这是一位平易近人的老乡。与孙先生接触多次的李玉霞图书馆馆长屈林生说："孙先生和蔼可亲，平易近人，幽默开朗，思维敏捷，广东话说的好，英文也好，常在大营皮草会上充当翻译。每次他回来，无论走到哪里都是笑声一片。"

这是一位怀着浓厚乡情的华侨。孙先生说："这些年来为家乡做的事、做的捐献都是一点点芝麻小事，算不上贡献，更谈不上善事。再说我是中国人一分子，有点富余钱为家乡做点事，也是应当的。我做好事助人帮人，并不是要对方向我表示感谢，从没想过。颁奖会上学生们向我说感谢二字，我心已安矣。"

这是一位重情重义、坦坦荡荡的老人。有人问孙先生："您这巨额捐助家乡背后的思想与理念是什么？"他说："什么理念、思想和企图也没有，凭良心讲，什么企图也没有，更不是为公司扬名、增加生意，只是感觉内心和精神上快乐高兴。如今我的生意和家产我都与三个儿女划分清了，儿女都分得丰富财产，他们儿孙们能平安生活百年没问题，我也留下了足够我夫妇二人的老年生活费。钱乃身外之物，太多了也带不走，只要安乐生活就知足了。主要是自己留个好名声，为孙氏宗亲扬名。"

(摘自《衡水日报》2009年10月14日 第一版)

在香港毛皮业协会创会30周年庆典上的贺辞

孙佐民

（2010年1月23日）

尊敬的各位来宾、各位同业、各位朋友、黄友辉会长：

多年没见面，我先祝贺各位万事胜意、新年进步！今天香港毛皮业协会隆重举行创立30周年纪念活动，我感到很兴奋和激动！得到黄友辉会长、各位副会长和各位理事盛情邀请，送赠机票予我和太太由温哥华回港参加今晚的盛会，我感到非常自豪和荣幸，在此表示衷心的谢意。

今晚的盛会使我回想起30年前我会成立的情况，当日万万不敢想象会有今天的盛况。商会有今日的辉煌成绩，全赖多年来的会长和副会长领导有方，使会员团结一心、群策群力、大公无私，专心为我会的发展共进退。在同业们的刻苦努力下，我们没有受到欧美各国保护动物协会和反皮草运动的影响。同业们仍正常营运和推动行业发展，主要是我们有伟大和富强的祖国作为后盾，令皮草业的业务在全国的城市蒸蒸日上。

香港毛皮业协会于1979年11月成立。当时香港的皮草业正在蓬勃发展，同业们都陆续开设大大小小的工厂，但技术工人短缺，在港的上海毛皮匠技工不足百人。由于当年的皮草师傅只收男学徒，我曾向南京和上海的皮草师傅建议培训女技工，起初他们反对，经磋商后终于同意培训女工，以解所需。同时，我亦向政府工业局申请支持皮草新工业，培训工人。结果政府开办了皮草工艺技术学校，解决了劳工短缺的问题。

1979年香港已有近百家皮草公司，设有零售门市和大小工厂。还记得当年在某酒会上，世家皮草的韩信先生来港推动皮草同业赴丹麦、芬兰拍卖会采购皮草原材料。他目睹香港皮草业迅速发展，遂建议香港成立一所商会，让同业同心协力发展皮草事业，遇上问题时亦可向政府争取权益和交涉。几位认同的同业马上号召60余间皮草门市零售店、大小工厂和硝染厂聚会商讨。当年大家在乐宫大酒楼举行会议，我获57票，高票当选为首届会长——这是我意想不到的事；同时选出6位理事及订出大会宗旨和会章。大家还集资约6万余元，在漆咸道租用一个不足百尺的小房间，成为商会第一个会址。

商会是属于同业大家的，一切会务是依靠大家的智慧和才干，共同献计献策而完成的。本会成立时，会章订下会长任期一年，不得连任；3年后因会务繁忙，改为每两年换届一次，至今没变。我会能30年坚守此宗旨，实属难能可贵，希望各位同业永远遵守此会章，使各会员都有平等机会为商会服务。

我会顺利走过30年，至今会员超过150间，在目前世界同业中可算是最强大、最成功的皮草商会，这是值得我们感到自豪和骄傲的。此外，我们在2月底举行的一年一度的国际毛皮时装展览会，亦一年比一年强大、一年比一年成功，实在可喜可贺。

同业们，我们还须努力加强合作，使皮草业更进步、更兴盛。据说内地大城市都在组织商会和举办展览，大家都在竞争，这应是一件好事，因为有竞争才有进步。我们需要与他们加强联系和合作，共同为皮草业创造新纪元。我相信不久的将来，欧美的毛皮拍卖公司亦会到我国的主要大城市举行拍卖会。

新年将至，最后我在此谨祝各位新年快乐、恭喜发财、身体健康、阖府幸福！

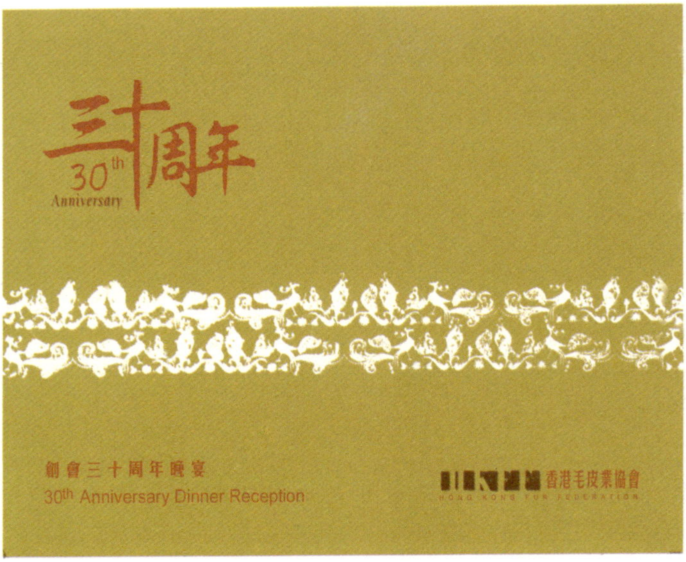

《世界最大皮草业协会的发展之路》

接受俄罗斯《皮草拍卖》杂志访问

2010年，香港毛皮协会迎来了它的创会30周年。人们非常好奇，香港作为一个亚热带城市，又没有自己的皮毛资源，它是怎样成为世界最大的高级皮草服装出口地的呢？在香港毛皮协会创会会长孙佐民先生的帮助下，这篇文章将回答这个问题，并告诉您这个处于国际领先地位的皮草中心的、最先进的毛皮协会的历史。

香港皮草业始于上世纪50年代，当时一些经验丰富的皮草商人从中国内地来香港设立了作坊和零售店。孙佐民先生就是其中之一。他们的优秀工艺与制品为香港皮草业奠定坚实的基础并促使它迅速扩大。初期，他们只向日益富裕的国内市场零售皮草。

1969年，孙先生在香港成立了第一家皮草厂。那时的皮草厂就设在一栋住宅楼的两层楼里，约有十个工人，其制品主要出口至英美。

70年代，一位欧洲皮张经销商西里尔·摩肯先生为香港的厂家引进了CMT（来料加工）贸易方式，即加工缝制由欧洲公司提供的成品毛皮料。第一家介绍这种贸易方式的皮草商就是西里尔·摩肯公司，他提供优质的貂皮和麝鼠皮，由香港的皮毛厂加工缝制为服装。不久，其它海外皮张经销商也纷至沓来，这就推动了香港皮草业的迅猛发展，加工厂一下子从10家增加到100家。原因是香港的人工低廉而工艺精湛。香港的厂家开始是生产不同的皮褥子，逐渐发展为加工缝制不带里子的衣片。生产周期一般为2—3个月。那时孙先生每月为欧洲提供200—300件衣片。有趣的是，当时只有男人才可以在皮草厂打工，而孙先生决定打破惯例雇佣女工，这给他带来了实实在在的收获。自从建厂数十年以来，孙先生雇佣过许多工人，至今其中约30人已经拥有了自己的皮草生意。

70年代开始举办的广交会对于香港的皮草制造商意义重大。几乎所有国内的皮草公司都来这里展销他们的产品。1975年，香港厂家开始从国内采购兔皮褥子，进一步加快了香港皮草业的生产步伐。那个时期，孙先生的公司每月为美国和德国生产2—3万件兔皮外套。

当时的国际皮草贸易协会主席、SAGA北欧世家皮草的会长包韩信先生注意到了香港皮草业的生产潜力和市场。他建议香港的皮草商成立自己的协会，鼓励他们参加芬兰和丹麦的拍卖会寻求原料。经过业内人士的商讨，香港毛皮业协会于1979年成立了，大家捐献了港币6万元作为开办费，会员包括67家厂商店商。开始是每年选举产生新的主席，后来改为两年一选。目前，每位经选举产生的主席只任两年，以便更多会员得到担任主席的机会。初期，协会的办公室很小，还不到200平方英尺。办公人员虽不多却开始筹办皮草贸易活动了。1982年，尽管资源有限，在香港贸易促进会的帮助下，协会成功举办了国际皮草时装展销会。如今，协会不断发展壮大，已经拥有150个会员，均为香港主要皮草商的代表。

在对话结束的时候，我们请孙先生谈谈香港毛皮协会之所以能够成为世界上最成功的皮革组织之一的原因。

总的来说，香港人非常勤奋，他们有良好的信誉与优良的工艺。几乎所有皮草厂开办时资金都不多。他们很会做生意又善于学习新技术，在发展的途中不断克服困难。我们的会员主张薄利多销的理念，不赌博。另一个重要因素是所有公司都是家族生意。各公司之间联系紧密而且富有合作精神。

（译自《皮草拍卖》杂志第26期 2010年3—4月刊）

（张学采译）

后记

我有幸与孙佐民先生结为夫妇，那是1995年8月8日。用他的话说17年来我们从未分开过。在形影不离的生活中，我随他去他的出生地枣强大营后马庄，去孙氏家族墓地祭拜历代祖先，去他儿时在北京的住家西八角胡同和北方小学，去上海同孚路大有地毯公司旧址，去九龙汉口道57号2楼大中地毯公司的旧址……旧地重游，触景生情，所到之处都会引发他无限的回忆和感慨。他几乎每日向我述说着他的陈年往事，娓娓而谈，情真意切，动人心弦。我成了他最好的知音与听伴，对他的人生经历，我耳熟能详，感同身受，我们有着共同的喜怒哀乐。我敬佩他质朴豁达的品格，白手起家的创业精神，对皮革业锲而不舍的探索追求，爱国爱乡的拳拳赤子之心，乐善好施几十年如一日的坚持……所见所闻，使我深受感动。他是我学习的榜样，是我一生中最尊敬的良师益友。

从20世纪80年代开始，孙先生就以对香港皮革业所做的卓越贡献和坚持不懈报效家乡的爱国精神而倍受社会关注。他的事迹曾被香港的《大公报》、《星岛晚报》、《明报》以及《人民日报》、《人民政协报》、《河北日报》、《相知》等许多媒体报道，曾被编入《群英谱》、《香港服装史》、《枣强县志》、

《枣强珍闻大观》、《大营皮毛志》等书。通过收集这些资料并仔细阅读，我对自己身边的这位亲人肃然起敬，认识不断升华。《香港服装史之香港制衣先驱——孙佐民》一文中，详细介绍了他在香港皮草业发展史中的历史功绩，称他为“皮草生产模式的革命者，将皮草制造工业化，推动香港皮草业蓬勃发展”。他创出多个第一，他是香港首位开创皮草工厂的先驱，是将成件起转变为分科生产的企业家。他打破皮草行业传男不传女的旧传统，率先启用女工入行，他善于吸收欧美先进技术，将手工制作改进为机器化生产，他发起创立香港皮毛厂商会，并出任第一届主席……30年后的今天，香港已成为世界毛皮中心。饮水思源，孙先生在香港皮草界德高望重，他对皮草业的贡献确实功不可没。出于深深的感动和敬佩之心，我下决心做一件事：协助他写回忆录，把他一生的奋斗史和香港皮草业的发展史结合起来看，我想这将是一部很有价值的历史资料，它将通过一位皮草商人的成长，见证香港皮草业的发展历程。

本传整理历时3年多。我俩和我们的四人文字整理小组，远隔千山万水，多是通过电话、电邮保持着密切联系，随时补充材料，提出许许多多意见，反复求证修改。文稿没有什么艺术加工和华丽辞藻，力求准确记录孙先生自己的叙事内容和他本人的语言风格，希望做到文如其人，让读者阅读文章时就如同聆听他在述说自己那些动人的故事。

文字整理小组的诸位精诚合作，各尽所能，数易其稿。尽管如此，由于我们水平所限，本传一定还有很多不妥或纰漏之处，敬请读者指正。

孙张学华

2012年2月